永 春 县 农 业 局
永春县地方志编纂委员会办公室　编纂

永春芦柑志

YONGCHUN LUGANZHI

中国农业出版社

一、永春风貌

永春县城概貌（2015年 摄）

县城城南街城雕寓意永春县为芦柑之乡
（2015年 摄）

县城留安山与留安塔（2012年，谢大显 摄）

二、芦柑果园

1978年的湖洋公社桃源大队印龟崙柑橘场（刘文泽 提供）

20世纪80年代初期的北碇华侨茶果场北碇管理区（东关镇 提供）

永春县天马柑橘场（2004年 摄）

永春县猛虎柑橘场（2008年，王少华 摄）

桃城镇洋上村柑橘园（2008年 摄）

2015年春定植的建林生态农业专业合作社芦柑果园（位于东关镇小湖洋）（2016年4月 摄）

三、芦柑果实

（王少华　摄）

（王少华 摄）

四、发展历史

1954年尤扬祖引种于猛虎山的芦柑园（2015年 摄）

1959年，福建省委书记处书记林一心（左）、省华侨事务委员会主任王汉杰（中）视察北硿华侨农场，右为北硿华侨农场技术员叶天培

（东关镇 提供）

1960年11月，中央华侨事务委员会副主任方方（右一）、黄长水（右三），全国侨联副主席尤扬祖（右二）到北硿华侨茶果场视察

（东关镇提供，杨北钊 摄）

1974年，县扩干会组织参观湖洋公社桃源大队印龟崙柑橘场（林联勇 提供）

1978年，晋江地区推广建设"天马式"茶果生产基地。图为当年天马柑橘场场长刘孔永（左二）在果园（天马柑橘场 提供）

1978年12月，中国农业科学院柑橘研究所品种研究室主任叶荫民（左二）到北硿华侨茶果场考察指导

（东关镇提供，刘声洽 摄）

1980年1月，县园艺学会首次年会代表合影（刘金恬 提供）

1986年，福建省果树研究所戴良昭（左二）、湖洋乡桃源村刘金昭（右二）等开展柑橘园土壤改良试验

（刘文泽 提供）

1991年11月，世界银行官员姚肯豪（右二）考察世界银行永春柑橘项目贷款实施情况

福建省永春县
中国100个水果总产量最高县市
china's Top 100 counties (cities) in Fruit production
第（73）位
中华人民共和国统计局

1995年11月，第四届永春芦柑节受县政府表彰的柑橘科技人员参加踩街活动

1996年12月，福建农业大学校长吕柳新（右二）到永春县柑橘良种场考察指导

1997—1999年实施的"海峡两岸永春芦柑生产技术综合改进合作项目",提高了芦柑生产科技水平

1999年11月,中国农业交流协会会长相重扬(中)到永春组织实施"海峡两岸永春芦柑生产技术综合改进合作项目",与福建农林大学园艺学院院长潘东明(左)深入果园指导

2001—2003年,实施国家级永春芦柑标准化示范区建设,提高了芦柑产业竞争力

2005年12月，中国农业科学院柑橘研究所原副所长赵学源(左)到永春指导黄龙病防控工作

2005年12月，福建省农业科学院原院长柯冲（左）在永春县作"黄龙病防治技术讲座"

2009年10月，举办"永春芦柑产业可持续发展研讨会"

2010年6月，中国农业科学院柑橘研究所所长周常勇（右一）考察永春芦柑生产

2014年5月9日，华中农业大学校长、中国工程院院士邓秀新（右二）到猛虎柑橘场考察指导

2015年10月10日，永春县柑橘同业公会召开第五届会员大会

（柑橘同业公会　提供）

五、生产技术

永春绿源柑橘苗木繁育场（2012年，王少华 摄）

1979年，天马柑橘场使用机动喷雾器施药防治病虫
（天马柑橘场 提供）

永春县柑橘良种场自然草生栽培果园（1998年 摄）

20世纪80年代初期，湖洋桃源印龟崙山地喷灌果园（刘声洽 摄）

天马柑橘场立体结果的自然开心形树冠（2005年 摄）

猛虎柑橘场芦柑采收（2005年 摄）

永春县聚富果品有限公司芦柑出口包装厂（2013年 摄）

六、果品加工

永春逢源食品饮料有限公司生产芦柑果汁饮料等产品（2005年 摄）

福建省宏顺食品饮料有限公司引进美国
FMC全果榨汁生产线生产芦柑浓缩果汁
　　　　　　　　　　　　（2008年 摄）

中国汇源果汁集团创办的永春汇源食品饮
料有限公司
　　　　　　　　　　（2012年 摄）

七、标准化建设

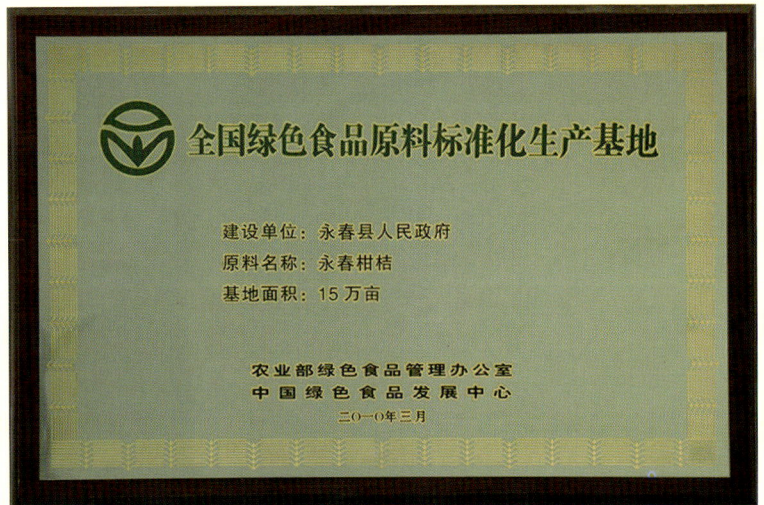

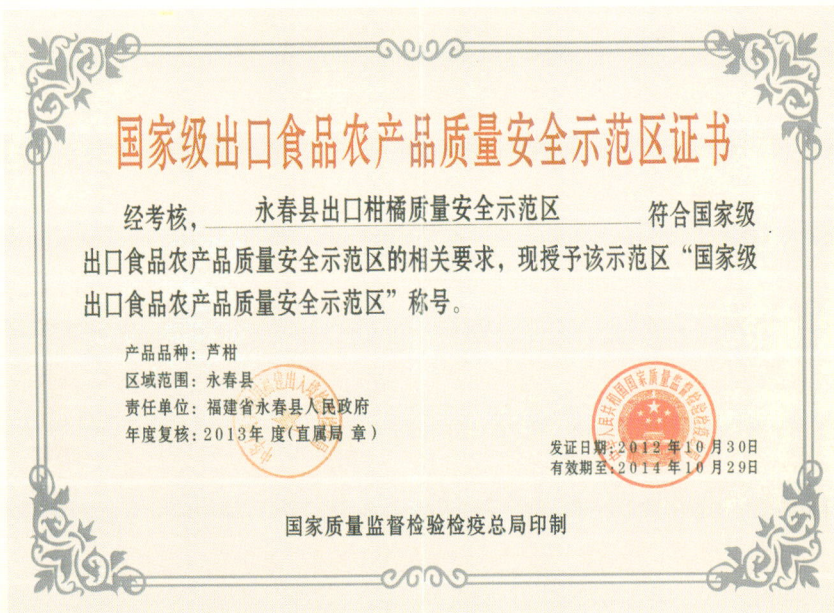

授予:

福建省永春县人民政府
芦柑生产

国家农业标准化示范区

国家标准化管理委员会
二〇〇五年十月

授予:福建省永春县

全国农业标准化示范县(农场)

示范产品:芦柑

有效期:2012.1—2016.12

二〇一三年十二月

无公害农产品

产地认定证书

经审核,该产地符合无公害农产品产地相关标准和
要求,被认定为福建省无公害农产品产地
特此颁证。

生产单位:永春县人民政府（永春县无公害农产品绿色食品领导小组办公室）
产地名称:福建省泉州市永春县无公害水果产地
产地地址:见产地证书附件
产品名称:芦柑
产地规模:10000 公顷
证书编号:WNCR-FJ10-00199
颁证日期:2010 年 10 月 09 日
证书有效期:2010 年 10 月至 2013 年 10 月

2011 年 10 月至 2012 年 10 月
（年检盖章有效）

2012 年 10 月至 2013 年 10 月
（年检盖章有效）

全国绿色食品原料标准化生产基地

建设单位:永春县人民政府

原料名称:永春柑桔

基地面积:15 万亩

农业部绿色食品管理办公室
中国绿色食品发展中心
二〇一〇年三月

国家级出口食品农产品质量安全示范区证书

经考核, 永春县出口柑橘质量安全示范区 符合国家级
出口食品农产品质量安全示范区的相关要求,现授予该示范区"国家级
出口食品农产品质量安全示范区"称号。

产品品种:芦柑
区域范围:永春县
责任单位:福建省永春县人民政府
年度复核:2013 年 度(直属局 章)

发证日期:2012 年 10 月 30 日
有效期至:2014 年 10 月 29 日

国家质量监督检验检疫总局印制

八、品牌建设

1989年，永春芦柑获全国优质水果评比芦柑第一名，被农业部授予"优质农产品"称号

1994年，永春芦柑获福建省首届优质柑橘果品评选金奖，芦柑第一名

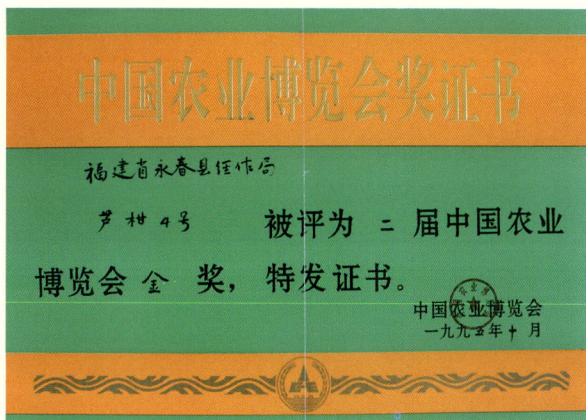

1995年，永春芦柑获第二届中国农业博览会金奖，芦柑评比第一名

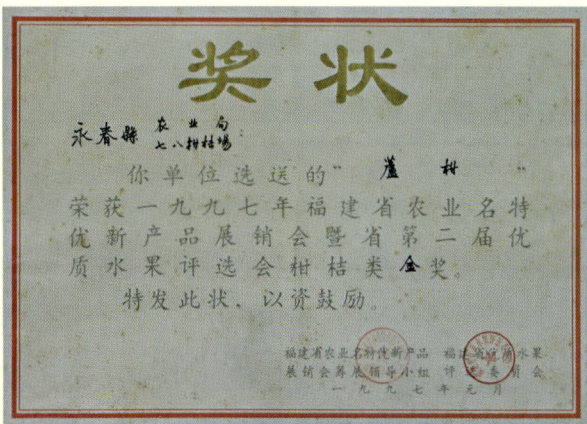

1997年，永春芦柑获福建省第二届优质柑橘评选金奖，芦柑第一名

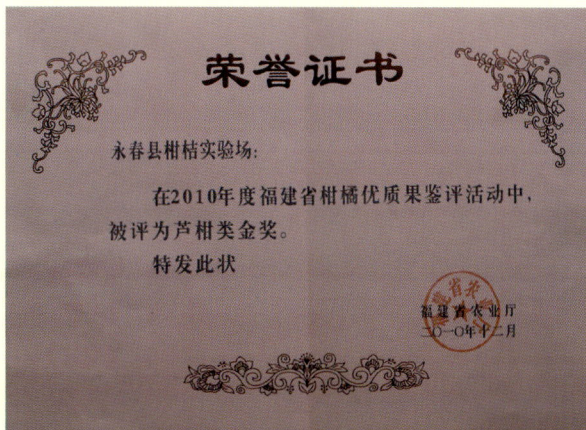

2010年，永春芦柑获福建省柑橘优质果鉴评金奖，芦柑第一名

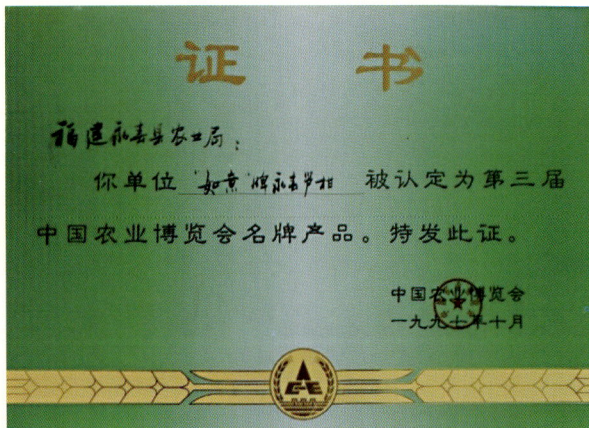

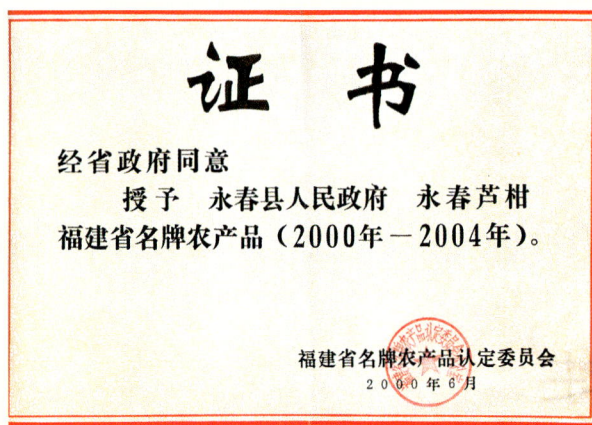

福建省永春县

证书

中国芦柑之乡

中国特产之乡推荐暨宣传活动组织委员会
一九九七年四月

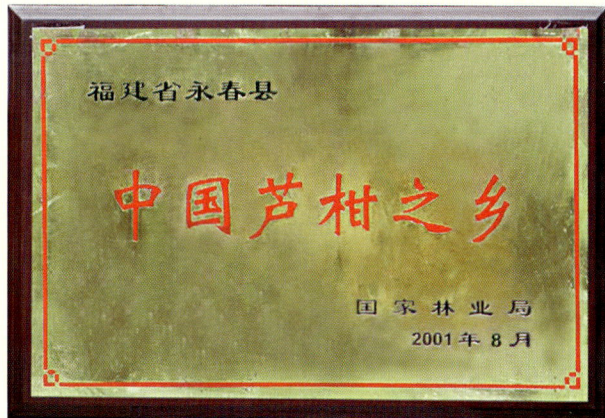

福建省永春县

中国芦柑之乡

国家林业局
2001年8月

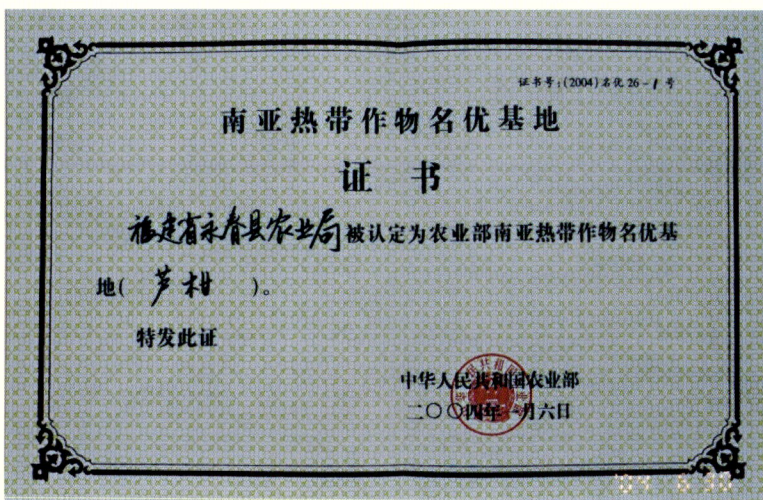

证书号：(2004)名优26-1号

南亚热带作物名优基地

证书

福建省永春县农业局被认定为农业部南亚热带作物名优基地(芦柑)。

特发此证

中华人民共和国农业部
二〇〇四年二月六日

2005年11月29日，国家质检总局批准对永春芦柑实施地理标志产品保护（图为永春芦柑地理标志产品专用标志）

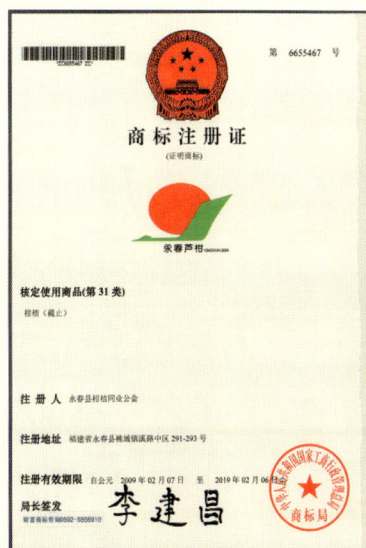

第 6655467 号

商标注册证
(证明商标)

核定使用商品(第31类)

柑桔(截止)

注 册 人 永春县柑桔同业公会

注册地址 福建省永春县桃城镇溪路中区291-293号

注册有效期限 自公元 2009 年 02 月 07 日 至 2019 年 02 月 06 日止

局长签发 李建昌

2009年2月7日，"永春芦柑"证明商标获国家工商行政管理总局商标局注册

九、宣传推介

1991年11月，首届永春芦柑节开幕式

1992年12月，福建省副省长苏昌培在第二届永春芦柑节开幕式上讲话

1993年11月，第三届永春芦柑节开幕式表演大型团体操《乡情浓似酒》

1995年11月，第四届永春芦柑节文艺踩街活动

1995年11月，马来西亚马六甲中华总商会会长吴国基在第四届永春芦柑节代表与会客商讲话

1998年11月，举办"中国永春芦柑订货会"。中国农业科学院柑橘研究所原所长何天富在会上致词（左图），举行订货会签约仪式（右图）

2004年11月，举办"永春芦柑贸洽会"

2008年11月，举办永春县"生态·芦柑"新闻采风活动(左图)；中国农业科学院柑橘研究所原所长沈兆敏出席活动，喜摘永春芦柑（右图）

2007年11月，农业部在杭州举办的全国名优果品交易博览会上的永春芦柑展馆

2009年9月，沈阳永春芦柑推介展馆

十、两岸交流

1998年8月，台湾嘉义技术学院教授吕明雄（中）在永春指导芦柑生产

1998年11月，中国农业交流协会会长相重扬（右七）、台湾财团法人农村发展基金会董事长王友钊（右六）等领导、专家视察"海峡两岸永春芦柑生产技术综合改进合作项目"实施情况

1998年11月23—26日，"海峡两岸福建柑橘发展研讨会"在永春召开

1999年4月，永春县农业考察团赴台湾考察，拜访台湾财团法人农村发展基金会

2004年9月，台湾省柑橘策略联盟参访团到永春考察

2006年11月7日，台湾省台中云冈乡农会柑橘考察团到桃城镇七八柑橘场考察

十一、国际交流

2007年11月6日，智利农业部植物检疫专家考察永春芦柑生产基地

2008年10月24日，美国农业部佛罗里达园艺试验室专家到永春考察

2003年2月26日，日本香川县农协柑橘考察团到永春考察

2008年12月1日，日本中央果实基金会、鹿儿岛大学专家到永春考察

十二、芦柑文化

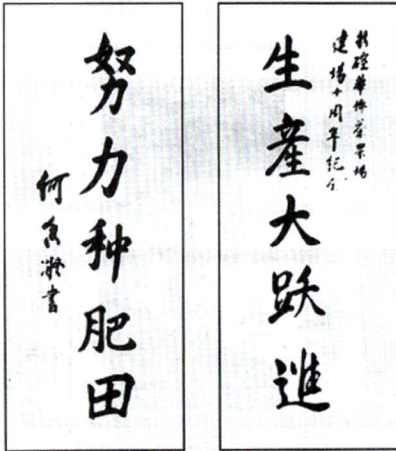

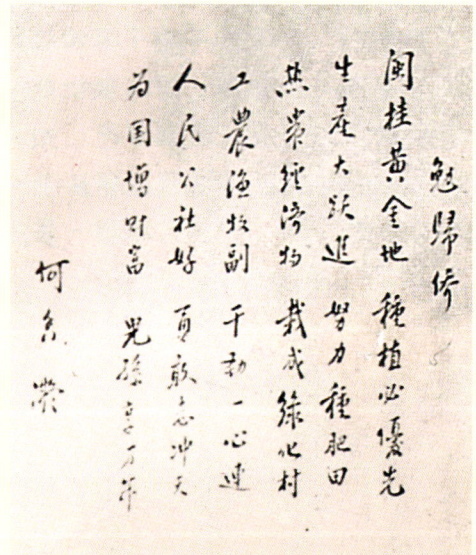

全国人大副委员长何香凝题诗赠画鼓励
北碚华侨茶果场

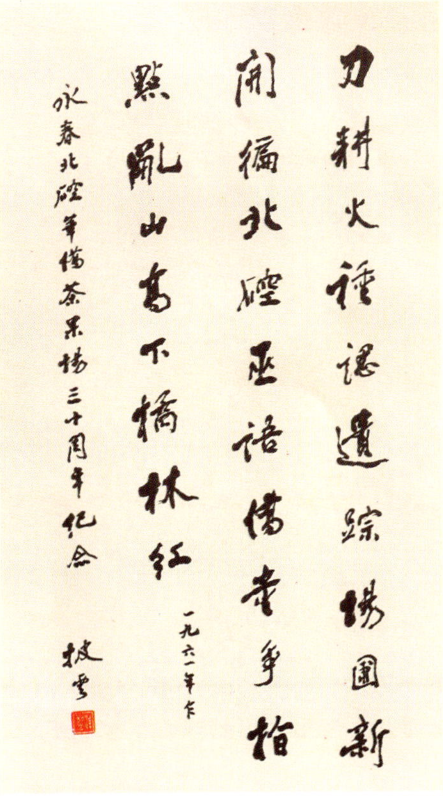

刀耕火種遺蹤楊圃新
開編北碇巫語僑耆爭栢
照亂山高下橘林紅

永春北碇華僑茶果場三十周年紀念

一九六一年冬

披雲

1961年10月，著名僑領、詩人、書法家
梁披雲回鄉參訪時寫下詩作《永春北碇》

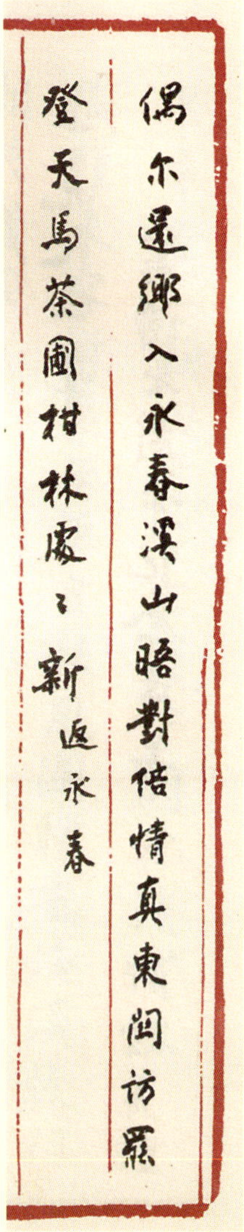

偶爾還鄉入永春溪山暗對倍情真東閩訪罷
登天馬茶園柑林來了新返永春

1980年，梁披雲回鄉參訪撰寫的
詩作《返永春》

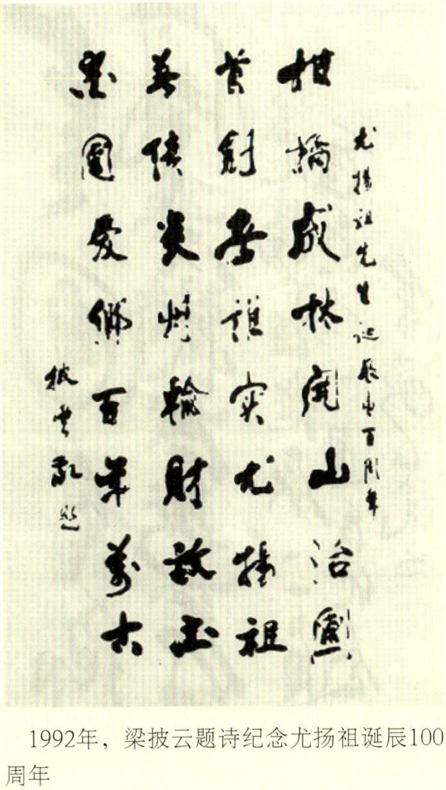

柑橘成林虎山治圍
賢喬勸子祺實尤揚祖
善偉炎�

輪財故玉
楽園愛鄉百年壽大

尤揚祖先生誕辰一百周年

披雲敬題

1992年，梁披雲題詩紀念尤揚祖誕辰100
周年

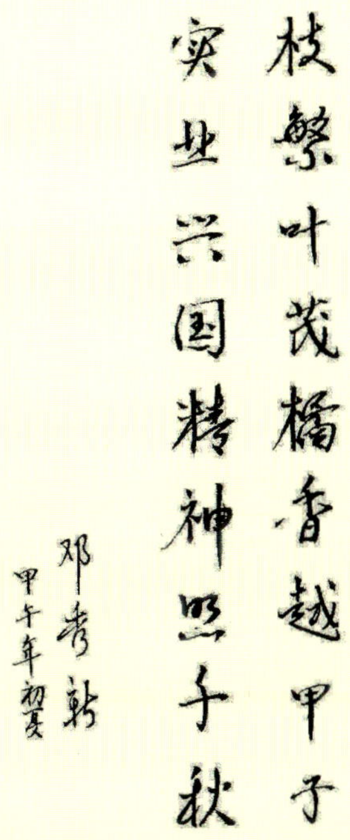

枝繁葉茂橘香越甲子
實業興國精神照千秋

鄧秀新
甲午年初夏

2014年5月，華中農業大學校長鄧秀新到
猛虎柑橘場考察1954年尤揚祖種植的蘆柑果
園，題詞紀念尤揚祖

永春芦柑

余光中

一对孪生的绿孩子
乡人送来我手中
圆滚滚的肚皮
酿着甜津津的梦

梦见天真的绿油油
熟成诱惑的金闪闪
把半山的果园
烘成暖洋洋的冬天

向山县慷慨的母体
用深根吮吸乳香
爬上茂枝密叶
向高坡索讨阳光

轻的变重,酸的变甘
直到胀孕的果腹
再包也包不住
蠢蠢不安的瓤瓣

於是村姑上梯来
来采满筐的金果
去满足渴望的馋客
安慰焦喉与爆舌
——2004.8.5

台湾"乡愁"诗人余光中,1928年出生于南京,1934年随父回到家乡永春县桃城镇洋上村居住半年。2003年9月,余光中再次回到洋上村,离开时把用于祭祖尚未成熟转色的一对并蒂芦柑带回台湾。2004年8月5日,写下诗作《永春芦柑》

(照片资料除署名外,其余由陈跃飞拍摄、收集)

《永春芦柑志》
编 纂 委 员 会

主　　任：郑永璘　陈佩芳

副 主 任：陈丽红　汪立新

成　　员：周文瀚　林良金　陈跃飞

主　　编：陈跃飞

副 主 编：林士农　潘东明

芦柑是中国传统柑橘良种，也是我国南方亚热带地区的特产品种，其果实外形美观，品质优良，有"东方佳果"、"远东柑王"之美誉，在世界柑橘产业中具有独特地位。

永春芦柑的发展始于20世纪50年代，爱国归侨尤扬祖先生率先将芦柑引种于猛虎山，由于当地自然条件优越和重视科学的种植技术，芦柑生产取得了显著的经济效益。在县委、县政府的领导和有关部门的支持下，永春芦柑的栽培面积迅速扩大，1977年全县柑橘种植面积和产量双双跃居福建省首位，成为永春县农业的重要支柱。改革开放后更是快速发展，1995年柑橘种植面积达到140 619亩*，芦柑占95%以上，成为全国芦柑生产大县。进入20世纪90年代，永春县柑橘生产实施依靠科技提高产业竞争力、争创品牌大力开拓市场的发展战略，积极开展对外科技交流，吸收国内外先进经验，制定综合栽培技术措施，实施标准化生产等，从而实现了持续丰产稳产，果品品质不断提高，进一步促进了永春芦柑产业的持续发展。

永春芦柑品质极优，曾连续五次获全国、全省芦柑评比第一名，中国农业博览会、中国国际农业博览会认定永春芦柑为名牌产品，中国果品流通协会授予永春芦柑"中华名果"称号。

永春芦柑量多质优，为进一步创名牌拓市场，永春县政府先后举办了四届芦柑节，大力宣传推介永春芦柑，极大地提高了永春芦柑产业的竞争力。产品不仅畅销全国各地，还远销世界28个国家和地区，连续10多年柑橘出口量居全国首位，成为全国最大柑橘生产出口基地。永春芦柑产业的发展，不仅对当地社会经济发展发挥重大作用，也为中国柑橘产业走向世界作出重要贡献。

永春芦柑的发展是我国柑橘产业成功的典范，凝聚了永春人民的辛勤劳动和智慧。《永春芦柑志》的作者们均为长期从事柑橘生产、科研、教学、技术

---

* 亩为非法定计量单位，1公顷＝15亩，下同。

推广的专家，具有深厚的学术造诣和丰富的实践经验，亲身经历了永春芦柑发展历程，他们与地方志编纂专家一起，详细记载了永春芦柑的发展历程和先进的生产技术。全书资料丰富，科学性、先进性和实用性强，是永春芦柑生产经验的结晶和科技成果的展示，可为规模经营柑橘产业的地区提供良好的借鉴，也为从事柑橘生产、科研与教学的科技工作者提供了十分宝贵的参考资料。值《永春芦柑志》出版之际，特作此序致贺。

原福建农业大学校长、福建省园艺学会原理事长　吕柳新

2018 年 2 月

永春是著名的中国芦柑之乡。新中国成立初期，由爱国华侨尤扬祖先生率先成片引种芦柑，之后在历届党委政府和全县人民的努力下，迅速走上了规模化、品牌化、产业化发展之路。目前，永春县芦柑种植面积达 12.5 万亩，年产量 19.7 万吨，其栽培规模、出口量连续多年位居全国前列，曾连续五次获全国、全省优质芦柑评选第一名，成为中国地理标志产品，被誉为象征吉祥、幸福、发达的"东方佳果"。2015 年 1 月，永春芦柑得到习近平总书记的点赞。

小小一枚芦柑，不仅见证了永春发展的辉煌历史，更是承载着永春儿女的乡愁记忆。为积极回应社会各界要求重振永春芦柑雄风的热切期盼，永春县组织编纂了《永春芦柑志》。该书分为 13 章，从栽培、储运、加工、管理和文化等方面，详细记载了永春芦柑产业发展历程，展现了永春人民的辛劳和智慧，对进一步总结经验，促进芦柑产业持续发展，推动永春芦柑走向世界具有重要意义。

芦柑果香甜，美名扬四海。当前，乡村振兴的春风吹遍神州大地。全县上下务必紧紧抓住这一重大历史性机遇，以习近平新时代中国特色社会主义思想为指导，持续深化现代农业竞赛活动，通过适当扩量、提升品质、注重营销、打响品牌，推动芦柑产业转型升级进入快车道，带动农民增收致富，实现乡村振兴，为奋力谱写永春绿色崛起新篇做出新的更大贡献。

中共永春县委书记　蔡萌芽

永春县人民政府县长　庄永智

2018 年 3 月

凡例

一、本志坚持辩证唯物主义和历史唯物主义观点，坚持实事求是的原则，如实记述永春芦柑产业发展历程，力求思想性、科学性和资料性的统一。记述内容包括永春芦柑生产发展与生产技术变迁的历史和现状，是一部地方性专志。

二、永春柑橘种植品种以芦柑为主，20世纪90年代以来芦柑占95％以上。本志以《永春芦柑志》为名，主要记述永春芦柑情况，在第三章品种资源中全面记述永春栽培的柑橘品种，其余章节也有少量其他柑橘品种的记述。

三、全志由概述、大事记、专志、附录、后记，以及照片资料组成。

四、记述年限，上溯至有史料记载之时，下至2015年，个别资料根据需要适当下延。遵循详今略古的原则，并根据章节轻重及资料多寡，详略有别，力求突出地方和专业特色。

五、历史纪年，清代及以前用朝代、年号、年份，并加注公元纪年（公元后，只写阿拉伯数字纪年）。民国期间用民国年份，亦加注公元纪年。中华人民共和国成立以来，一律用公元纪年。

六、地名和机构名称，一般按当时名称记述。

七、本志所采用的计量单位，除引文中保留原用的单位及果园、林地等面积采用亩外，其余均采用法定计量单位。1955年3月1日前使用的人民币按一万比一折算成新币。

八、本志所用资料，取自档案、文件、统计年鉴、旧志或有关部门提供的资料，一般不注明出处；凡引用报刊和有关著作原文的，则注明出处。

目录

概　述

一

永春古称桃林场。隋开皇九年（589 年），南安县以其西北二乡置桃林场，属南安县。五代后唐长兴四年（933 年）升桃林场为桃源县，后晋天福三年（938 年）改桃源县为永春县。清雍正十二年（1734 年）升永春县为永春州，辖德化、大田二县。民国二年（1913 年）废永春州，复改为县，一直至今。

永春县位于福建省东南部，东经 117°40′55″～118°31′9″，北纬 25°13′15″～25°33′45″。东邻仙游，南接南安、安溪，西连漳平，北与德化、大田交界。全境东西长 84.7 千米，南北宽 37.2 千米，狭长如带。2015 年，全县土地面积 1 455 平方千米；总人口 590 848 人，其中乡村人口 321 624 人，占 54.43%；设 18 个镇，4 个乡，236 个村（居）委会（209 个行政村、27 个社区居委会），8 个国有农林茶果场。1985 年经国务院批准，被列为闽南金三角经济开放县，享受沿海地区开放优惠政策。永春县是著名侨乡，旅居海外的华侨、华裔及港澳台同胞 120 多万人，遍布世界 50 多个国家和地区。改革开放以来，充分发挥山区、侨乡、开放县的优势，开拓进取，社会面貌发生深刻变化，综合实力不断增强。2015 年，全县实现地区生产总值 306.021 7 亿元，农林牧渔业总产值 38.485 1 亿元，工业总产值 487.358 2 亿元，全社会固定资产投资总额 113.645 7 亿元，社会消费品零售总额 93.548 3 亿元，公共财政总收入（不含基金）15.649 8 亿元，公共财政预算收入 10.683 5 亿元，农村居民人均可支配收入 12 549 元，城镇居民人均可支配收入 26 178 元。

二

永春县地处南亚热带与中亚热带过渡气候区，适宜柑橘栽培。明清年间已有柑橘栽培的记载，但至中华人民共和国成立前仅零星种植。20 世纪 50 年代永春山地柑橘成片栽培试验获得成功，60 年代中期后进入推广种植阶段，1977 年全县柑橘种植面积 8 444 亩，产量 3 956 吨，面积、产量跃居福建省首位。1978 年改革开放后柑橘生产快速发展，1995

年全县柑橘种植面积 140 619 亩，产量 131 131 吨，成为柑橘生产大县。此后依靠科技提高产业竞争力、争创品牌开拓市场成效显著，永春芦柑产量快速增长，知名度提升，市场占有率提高，成为出口量居全国首位的柑橘生产强县。2005 年全县柑橘种植面积152 095 亩，产量 244 358 吨，达历史最高。2015 年，全县柑橘种植面积 123 849 亩，产量190 788 吨。

三

芦柑是我国传统栽培的柑橘良种，以在南亚热带气候区栽培品质最优。永春县属芦柑栽培最适宜区，芦柑栽培的优越自然条件主要有三个方面：一是永春芦柑分布于南亚热带北段至中亚热带南缘气候区，热量充足，雨量充沛，所产芦柑果实含糖量高，甜酸适度，风味浓郁。二是永春芦柑 90％以上为山地栽培，通风透光，日照充足，日夜温差大；山地红壤土层深厚，地下水位低，根系发达，利于果实养分积累。三是一年中各月降水量变化趋势是 1～6 月递增，7 月、8 月降水也多，9 月减少，10 月至翌年 1 月为旱季，芦柑采收前的 10 月、11 月降水较少，对果实内含物和贮运性能提高非常有利。

永春芦柑发展的措施经验主要有三个方面：一是发挥资源优势发展芦柑生产。20 世纪 50 年代山地成片栽培芦柑获得成功后，根据自然条件特别适宜芦柑栽培的优势，60 年代就确立芦柑为主要栽培品种，数十年持之以恒发展芦柑生产，使之成为栽培规模居全国前茅的芦柑生产基地。二是依靠科技提高产业竞争力。20 世纪 90 年代，发挥永春县与台湾一水之隔，自然条件相似，亲缘、人缘相近，语言相通的优势，开展海峡两岸农业交流合作，学习借鉴台湾芦柑生产技术，对传统以产量为中心的芦柑生产技术进行综合改进，取得提高品质、降低成本、增加效益的显著成效，实现生产技术从以数量为中心向质量效益为中心的转变。同时，实施芦柑标准化生产，发布实施《永春芦柑综合标准》，示范推广安全生态优质高效芦柑标准化生产技术，2005 年 10 月国家标准化管理委员会授予永春芦柑生产"国家农业标准化示范区"称号，2011 年 12 月，农业部授予永春县"全国农业标准化示范县（芦柑）"称号，极大地提高了芦柑产业竞争力。1978—2015 年，永春芦柑获得省、部级科技成果奖励 12 项，市、厅级科技成果奖励 18 项，县级科技成果 28 项，科技进步在芦柑产业发展中发挥关键作用。三是争创品牌开拓市场。1989 年、1994 年、1995 年、1997 年和 2010 年，永春芦柑连续五次获全国、全省芦柑评比第一名，赢得品质声誉。1991—1993 年和 1995 年举办四届"永春芦柑节"，宣传推介永春芦柑。1997 年永春芦柑被认定为第三届中国农业博览会名牌产品，1999 年、2001 年二度被认定为中国国际农业博览会名牌产品，1999 年、2001 年和 2003 年三次被中国果品流通协会授予"中华名果"称号。在中国优质农产品开发服务协会等 6 家协（学）会组织的评选中，永春芦柑名列"2011 消费者最喜爱的中国农产品区域公用品牌"第 19 位，居柑橘类品牌第一位。永春芦柑不仅畅销全国各地，20 世纪 90 年代柑橘出口量以平均二年翻一番的速度高速增长，连续 10 多年柑橘出口量居全国首位，远销世界 28 个国家和地区。2006 年永春柑橘出口 99 944 吨，占全国柑橘出口量的 22.97％，所占比例为历年最高；2008 年全县柑橘出口 14.624 8 万吨，出口额 1.024 3 亿美元，达历年最多。

四

　　20世纪90年代至21世纪初，永春芦柑产业达到鼎盛时期。全县有80％以上的农户种植芦柑，涉柑果农10多万人，芦柑产业常年总产值达10多亿元，全县果农、营销商及相关业者从芦柑产业中获得收入3亿～5亿元，成为农民收入的重要来源。芦柑产业的发展带动了运输业、纸箱包装、农资销售、劳务服务、果品加工等相关产业的发展，形成了产前、产中、产后社会化服务体系，间接产值超过芦柑生产的直接产值。

　　永春县高度重视芦柑产业发展，并借助永春芦柑品牌，促进社会经济发展。20世纪90年代初期，着眼永春发展大局，借助独具特色的芦柑产业取得的成绩，举办四届"永春芦柑节"，展示各项事业取得的成就，以柑为媒，经济唱戏；把芦柑节与举办爱国侨领尤扬祖诞辰100周年纪念活动、"世界永春社团联谊会"成立等有机结合起来，激发海内外永春人民奋发向上、爱国爱乡的热情，为永春发展凝聚人心、蓄积力量，对社会经济发展意义重大。芦柑是永春有史以来最著名的产品，是永春的"城市名片"，海内外许多人通过芦柑了解永春、认识永春，芦柑让永春走向世界。永春人民为芦柑产业发展付出辛勤的劳动和汗水，芦柑产业带给永春人民幸福与荣耀。

五

　　在永春芦柑发展历程中，受到中央、省、市各级领导和各界人士的关怀指导。1982年11月3日，中共中央总书记胡耀邦到永春视察小水电，在会议厅看到摆放的永春芦柑，询问了解永春芦柑生产情况，对陪同视察的福建省委书记项南说：在北京、福州是看不到这么好的橘子的。2015年1月12日，中共中央总书记习近平与中央党校县委书记培训班学员座谈交流时，与参加培训的永春县委书记林锦明亲切交谈，询问了解永春芦柑生产情况，并向在场的刘云山等中央领导说道："永春芦柑非常有名，很甜很好吃，永春芦柑可以保存贮藏，特别是到这个季节尤其好吃。"对永春芦柑给予肯定关怀。1982年11月3～4日，时任国家水利电力部副部长的李鹏陪同胡耀邦总书记到永春视察小水电，对永春小水电和永春芦柑留下深刻印象。1991年9月14日，得知永春县将举办首届芦柑节，李鹏总理在北京题写"大力发展永春经济，芦柑远销四海"和"愿永春芦柑远销四海"的题词予以祝贺鼓励。1991年10月，时任福建省省长的贾庆林为首届永春芦柑节题词："茶果上山，粮经并举。"1991年12月27日，中共中央顾问委员会常务委员姬鹏飞与夫人中国外交协会原副会长许寒冰到永春县桃城镇七八柑橘场视察时，挥毫写下"春满桃源"的题词；1992年秋，姬鹏飞为第二届永春芦柑节暨纪念尤扬祖诞辰100周年活动题词："团结海外侨胞，振兴永春经济。"1992年10月30日，中共中央政治局候补委员、全国人大常委会副委员长王汉斌为第二届永春芦柑节暨纪念尤扬祖诞辰100周年活动题词："弘扬尤扬祖先生热爱祖国建设家乡的可贵精神。"1992年11月，时任全国政协副主席的卢嘉锡为第二届永春芦柑节暨纪念尤扬祖诞辰100周年活动题词："华侨领袖，爱国爱乡，育柑兴教，功在国家。"1993年秋，全国人大常委会副委员长卢嘉锡为第三届永春芦柑节题词："以柑为媒，繁荣永春。"1995 年冬，全国人大常委会原副委员长彭冲为第四届永春芦柑节题词："勤劳创业，永春新花。"众多专家关心永春柑橘业发展，中国科学院上海生化研究所科学家彭加木、中国农业科学院柑橘研究所所长叶荫民、何天富、沈兆敏、周常勇，华中农业大学校长、中国工程院院士邓秀新、福建农学院院长李来荣、福建农业大学校长吕柳新、福建省农业科学院院长柯冲等亲临指导，对永春芦柑产业发展作出贡献。

2000 年以来，受柑橘黄龙病蔓延危害影响，芦柑生产遭遇挫折。这与永春县地处南亚热带与中亚热带气候区、属柑橘黄龙病疫区有关，与产区社会经济发展、产业结构变化有关，与柑橘黄龙病这一科技难题尚未完全攻克有关。柑橘黄龙病分布世界 40 多个国家和地区，在我国发生危害已有百年以上历史，南部柑橘产区长期受其危害，柑橘生产多有起伏，但依然薪火相传，持续不断，永春柑橘产业也将克服黄龙病的危害，持续发展。

永春县有关部门决定编纂出版《永春芦柑志》，记载柑橘产业发展历程，展现柑橘产业取得的业绩，颂扬发展过程中艰苦创业、开拓进取、科学发展的精神，目的在于以史为鉴，提供交流，承前启后，继往开来，促进柑橘产业持续发展。

大事记

隋

隋开皇九年（589 年）

划南安县西北二乡设置桃林场，属南安县。

唐

后唐长兴四年（933 年）

闽王延钧称帝，升桃林场为桃源县。

后晋天福三年（938 年）

闽王昶改桃源县为永春县。

明

明嘉靖五年（1526 年）

知县柴镳聘同安林希元编修《永春县志》，志中有香橼、金橘的记载，为永春柑橘最早文字记载。

清

清康熙二十三年（1684 年）

知县郑功勋聘漳浦蔡祚周和邑人宋祖墀重修《永春县志》，物产中记有香橼、金橘。

清雍正十二年（1734 年）

升永春县为直隶州，辖德化、大田二县。

清乾隆二十二年（1757 年）

知州杜昌丁聘永福人黄任编修《永春州志》。志中有柑、金橘、香橼、佛手柑、橘、柚、橙的记载。

清乾隆五十二年（1787 年）

知州郑一崧聘颜璹重修《永春州志》。志中有柑、金橘、香橼、佛手柑、橘、柚、橙的记载。

中 华 民 国

民国二年（1913 年）

3 月，废永春州，恢复为县。

民国十九年（1930 年）

由郑翘松编纂的《永春县志》，有橘、金橘、香橼、佛手柑、橙、柚的记载。

民国二十一年（1932 年）

1 月 16 日、1 月 30 日、3 月 5 日、3 月 12 日和 4 月 23 日的永春《崇道报》有县建设局、锦斗公共实业场、桂洋公共实业场和五斗区种植场等从漳州引进种植柑、柚情况的报道。

民国三十八年（1949 年）

民国期间，全县零星种植的柑橘约 2 500 株，折合 50 亩。

中 华 人 民 共 和 国

1952 年

是年至次年，永春华兴种植实业股份有限公司分批从漳州来永春推销果苗的朱雨电手中买下 52 株福橘等柑橘苗木，种植于海龙坑山上。

是年，全县柑橘种植面积 30 亩。

1953 年

是年冬，归侨尤扬祖回乡创办猛虎山华侨垦殖场。次年春从漳州引种芦柑 240 株，种植于猛虎山鸡屎坑山上。

1954 年

5 月，永春县北硿华侨垦殖场成立。次年春从漳州引种新会橙 50 株，成活 48 株；1957 年又种植柑橘 100 亩。

是年冬及次年春，中央华侨事务委员会主任何香凝先后捐赠其出版诗画所得的稿费 2 000 元和 5 000 元，作为北硿华侨垦殖场的生产基金。

1955 年

11 月，华侨邱清秀、郑金案、陈宝生等合资创办天马山华侨垦殖场，其后尤扬祖投入资金，合作经营。1956 年春垦殖场引种芦柑、蕉柑 10 亩。

是年，湖洋龙山郑启存等归侨创办湖洋石鼓尖华侨垦殖场，于 1957 年春种植福橘 100 株。

1956 年

10 月，旅居印度尼西亚的华侨颜清桂创办石鼓醒狮华侨垦殖场，于 1958 年春种植福橘 80 株。

是年，福建省人民委员会将柑橘列为统一收购商品。1957 年起，全省柑橘主要品种收购价格收归省统一管理和制定。

1959 年

是年，福建省委书记处书记林一心、福建省华侨事务委员会主任王汉杰到北硿华侨农场视察。

1960 年

11 月，中央华侨事务委员会副主任方方、黄长水，全国侨联副主席尤扬祖到北硿华侨茶果场视察。

是年，全县柑橘种植面积 1 200 亩，产量 20 吨。

1964 年

4 月 1 日，天马山华侨垦殖场由福建省农业厅接办，更名为永春县天马山果树试验站。

是年，国务院召开柑橘专业会议。省人民委员会成立柑橘生产办公室，省长魏金水任办公室主任。各主产地、县相应成立办公室，永春县亦成立柑橘生产办公室，统抓柑橘生产恢复工作。

是年，福建省省长魏金水到北硿华侨茶果场视察。

是年，全县柑橘种植面积减至 519 亩。

1965 年

3 月 16 日，猛虎山华侨农场由福建省农业厅接办，更名为国营永春县猛虎果林场。

是年及次年，国家柑橘收购价格在原有基础上，平均每 50 千克增加价外补贴 4 元；免征柑橘特产税，鼓励发展柑橘生产。

1966 年

4 月 9 日，永春县人民委员会印发《县人委关于当前果树生产工作的几个意见》（［66］永农字第 086 号）。

1970 年

8 月 28 日，永春县革命委员会转发福建省革命委员会生产指挥部《关于柑橘恢复征收特产税和茶叶、水果恢复征收地方附加的通知》（闽革产［70］280 号），柑橘恢复征收特产税，由税务部门负责征收；茶叶、水果恢复征收地方附加，由农业税征收部门负责征收。

1971 年

是年，全县柑橘种植面积 4 868 亩，产量 522 吨。

1972 年

11 月，中央电影新闻制片厂到北硿华侨茶果场拍摄《柑橘熟了的时候》纪录片。

1974 年

是年，受多年片面强调"以粮为纲"影响，柑橘生产发展停滞，全县柑橘种植面积

4 823亩。

1975 年

12月，福州军区司令员皮定均到永春视察，深入天马柑橘场调研。

1977 年

10月16日，福建省农业局、供销社在永春县联合召开全省柑橘生产会议。

10月26日，永春县革命委员会印发《关于积极发展柑橘生产的通知》（永革发〔1977〕181号）。

是年，全县柑橘种植面积8 444亩，产量3 956吨，面积、产量跃居福建省首位。

1978 年

6月，永春县被中华人民共和国农林部农业局、全国供销总社土产果品局确定为柑橘生产基地县，全国共建立100个柑橘生产基地县。

9月26日，永春县天马山果林场〔天马山果树试验站〕完成的"柑橘的丰产栽培"获福建省科学技术成果奖。

11月1日，《福建日报》专题报道永春县天马山果树试验站的先进事迹，并发表评论员文章《学习天马，向山取宝》。

11月6日，中共永春县委印发《关于学习天马站，创办更多的天马式生产基地，大力发展山区经济的通知》（永委发〔1978〕147号），落实省、市开展学习永春县天马山果树试验站，创办"开马式"茶果生产基地工作。

11月11日，福建省革命委员会印发《福建省革命委员会关于加速发展多种经营生产的意见》（闽革〔1978〕100号）。

12月，中国农业科学院柑橘研究所品种研究室主任叶荫民到永春考察指导。

是年，中共晋江地委在永春县召开地、县、公社三级参加的大型会议，号召学习永春县天马山果树试验站，提出在全地区建立150个"天马式"茶果生产基地。

是年，天马柑橘场被评为全国农垦系统1978年先进集体，获国家农垦总局表彰。

1979 年

2月16日，福建省委第一书记廖志高到永春县检查工作，指出"柑橘要扎扎实实搞几年，为永春人民做件好事。"

4月上旬，中国科学院上海生化研究所科学家彭加木到永春调查柑橘黄龙病，7日下午作"柑橘病毒及黄龙病防治"学术报告，听讲人数450人。

4月24日，成立永春县经济作物技术推广站和永春县柑橘科学研究所。

5月7日，成立永春县园艺学会。

10月2日，在石鼓公社创办永春县柑橘良种场。

是年，福建农学院原院长李来荣到永春考察指导，作"关于柑橘生产与生态平衡"学术报告，听讲人数270人。

是年，中国农业科学院柑橘研究所刘孝仲到永春考察指导，作"柑橘栽培技术"学术报告，听讲人数230人。

是年，天马柑橘场、猛虎柑橘场被评为全国农垦系统1979年先进集体，获国家农垦部表彰。

至是年，全县建立 25 个（社、队茶果场）"天马式"茶果基地。

1980 年

1 月 20 日，县文联《橘红》文艺小报创刊出版。

6 月，永春县革命委员会召开全县多种经营会议，大力发展以柑橘为主，茶果并举的多种经营。

10 月，福建农学院原院长李来荣到永春考察指导，作"丘陵山区综合开发利用"学术报告，听讲人数 250 人。

12 月，成立永春县经济作物局。

12 月，猛虎柑橘场副场长李文港被选举为永春县人民政府副县长。

1981 年

3 月 27～29 日，召开全县柑橘生产工作会议。

6 月，柑橘专家、北硿华侨茶果场农业科科长叶天培被推举担任晋江地区园艺学会首任理事长。

是年，中国农业科学院柑橘研究所副所长沈兆敏到永春考察指导，作"考察澳大利亚及柑橘生产发展"学术报告，听讲人数 150 人。

1982 年

8 月 29 日，永春县经济作物局等完成的"山地柑橘栽培"获 1981 年度福建省推广应用科技成果奖三等奖。

8 月，永春县第四中学校办柑橘场成效显著，被评为全国勤工俭学先进单位，获教育部、国家计委、财政部、国家经委表彰。

9 月 6 日，县人民政府发布《关于保护山林、发展林业的布告》，组织 1100 多人的工作队进行"林业三定"，共划定农民自留山 12 万多亩，占山林总面积的 9.3%。

11 月 3 日，中共中央总书记胡耀邦到永春视察小水电，在县招待所会议厅看到桌上摆放永春生产的芦柑时，询问了解永春柑橘产量及生长情况，对陪同视察的福建省委书记项南说：在北京、福州是看不到这么好的橘子的。

是年，中华人民共和国农牧渔业部副部长朱荣到永春视察，指出永春气候、土壤条件好，适合柑橘生产，可大力发展。

1983 年

3 月 27 日，福建省省长胡平到北硿华侨茶果场视察。

5 月，永春县经济作物局编印《永春县山地柑橘栽培管理要点》技术手册。

11 月，中央顾问委员会委员江一真到永春县做山区经济调查，深入天马柑橘场等调研。

12 月 22～26 日，由中国农业科学院柑橘研究所主持召开的全国柑橘良种区试点和部分基地县科研协作会议在上海举行，全国 13 个省、直辖市、自治区柑橘产区派员参加，永春县由县政府副县长李文港带队参加。

12 月，曾任天马柑橘场场长的刘孔永任永春县代理县长。

是年，福建省政府修订颁发《福建省农林特产税征收规定》（闽政〔1982〕17 号），由财政部门组织征收柑橘特产税。

1984 年

1 月 15 日，召开全县柑橘基地建设会议，县政府副县长李文港传达在上海召开的全国柑橘基地会议精神，制定实施柑橘基地建设的规划和措施。

6 月 22 日，成立永春县柑橘研究会。

7 月 19 日，国务院批转《国家体改委、商业部、农牧渔业部关于进一步做好农村商品流通工作的报告的通知》（国发〔1984〕96 号），取消柑橘二类农副产品派购管理，市场放开，自由购销。

8 月，福建省农业厅、福建省农业科学院柑橘无检疫性病（虫）良种联合开发小组与县经济作物局签订合同，于碧卿林场西山工区建设永春县西山柑橘无检疫性病（虫）良种母本园，组织生产提供无检疫性病（虫）柑橘良种接穗。

10 月，北硿华侨茶果场被评为全国华侨企业科技先进单位，在国务院侨务办公室召开的全国华侨企业科技表彰大会上受到表彰。

1985 年

4 月 1 日，永春县猛虎柑橘场完成的"柑橘高产稳产栽培"和永春县科委、天马柑橘场等完成的"柑橘防腐保鲜试验"获福建省 1983 年度推广应用科技成果奖四等奖。

4 月 15～16 日，世界银行评议估价团团长邱瑞裕（祖籍永春）到永春县考察。邱瑞裕先生前后三次来永春，达成世界银行向永春柑橘项目投资（贷款）协议，核定总投资额 3 086.7 万元，其中世界银行提供贷款 2 213.8 万元，其余为永春县配套和自筹资金。

5 月，永春第二食品厂试产成功柑橘全果加工天然芦柑汁和芦柑果酱，开始批量生产。同年 12 月 12 日，省食品工业公司在永春召开永春县柑橘全果加工扩大生产规模技术讨论会，同意扩大生产，设计能力年加工芦柑鲜果 1 250 吨。

6 月 20～22 日，全国柑橘科技考察组一行 14 人到永春调查考察。

11 月 24～30 日，国家农牧渔业部农垦局在永春县召开全国国营农场柑橘技术协作会议，有 13 省、区派员参加。

1986 年

1 月，农牧渔业部和福建省农业厅、永春县经济作物局联合在岵山乡南石村创办永春县夏橙示范场，为全省建立的两个夏橙示范场之一。

7 月 16 日，国务院南亚热带作物指导调查组福建小组一行 4 人，到永春县调查柑橘、茶叶生产加工情况。

8 月 18 日，中国农学会闽南三角区农业考察团一行 29 人到永春考察柑橘生产情况。

11 月上旬，由范·维尔森博士率领的澳大利亚柑橘专家考察团一行 4 人到永春考察山地红壤柑橘生产情况。

1987 年

7 月 24 日，成立永春县水果贮藏保鲜研究会。

1988 年

6 月 14 日，福建省省长王兆国、泉州市市长陈荣春到湖洋乡视察，看到山地农业综合开发成效显著时，两人互为补充，即兴赋诗：高山远山森林山，低山近山茶果山，溪边平地水稻田，林茂粮丰茶果香。

9月，永春县第四中学校办柑橘场成绩显著，被评为全国中小学勤工俭学先进集体，获国家教育委员会、国家计划委员会、财政部、劳动部表彰。

12月，永春第二食品厂生产的留安塔牌天然芦柑浓果汁获中国首届食品博览会铜奖。

1989 年

12月28日，农业部在江西南昌举行第二次全国优质水果评比，永春芦柑以88.49分名列芦柑评比第一名，被农业部授予"优质农产品"称号。

1990 年

11月3～4日，国务院侨务办公室主任廖晖一行到永春视察北硿华侨茶果场和侨建工程县文化中心大楼。

11月15日，世界银行官员姚肯豪到永春视察世界银行永春柑橘项目贷款实施情况。

1991 年

9月14日，国务院总理李鹏在北京为首届永春芦柑节题词："大力发展永春经济，芦柑远销四海"和"愿永春芦柑远销四海。"

10月，福建省委副书记、省长贾庆林为首届永春芦柑节题词："茶果上山，粮经并举。"

11月11日，福建省委副书记、省长贾庆林到永春视察，深入湖洋桃源村、上板村柑橘园调研。

11月18～20日，举办首届永春芦柑节。福建省人大常委会副主任、泉州市委书记张明俊，福建省副省长苏昌培等省、市领导及部门负责人200多人，世界银行官员姚肯豪，海外"三胞"127人，客商500多人参加盛会。

12月27日，中共中央顾问委员会常务委员姬鹏飞与夫人中国外交协会原副会长许寒冰到桃城镇七八柑橘场视察，姬老挥毫写下"春满桃源"的题词。

12月28～29日，低温伴随降雨，出现雨淞冻害，全县约有2万亩柑橘园不同程度受灾，造成永春柑橘栽培史上最严重冻害。

1992 年

1月，农业部农业司、中国农业科学院柑橘研究所主编，上海科学技术出版社出版的《中国名特优柑橘及其栽培》，介绍了名特优柑橘"永春芦柑"的品种品质特征、产地条件与栽培情况。

8月，中国农业科学院柑橘研究所等编著，四川科学技术出版社出版的《中国柑橘技术大全》，介绍了名优柑橘"永春芦柑"和永春县天马柑橘场简况。

10月30日，中共中央政治局候补委员、全国人大常委会副委员长王汉斌为纪念尤扬祖诞辰100周年题词："弘扬尤扬祖先生热爱祖国建设家乡的可贵精神。"

11月，全国政协副主席卢嘉锡为纪念尤扬祖诞辰100周年题词："华侨领袖，爱国爱乡，育柑兴教，功在国家。"

12月4～6日，举办第二届永春芦柑节暨纪念尤扬祖诞辰100周年系列活动。福建省副省长苏昌培、福建省政协副主席许集美、泉州市委书记陈营官、泉州市政府市长林大穆等省市领导，海外"三胞"150多人，客商500多人，共1 200多名嘉宾参加盛会。

是年秋，全国人大常委会原副委员长姬鹏飞为第二届永春芦柑节暨纪念尤扬祖诞辰

100 周年活动题词："团结海外侨胞，振兴永春经济。"

1993 年

11 月 18～20 日，举办第三届中国永春芦柑节暨世界永春社团联谊会成立系列活动。福建省人大常委会副主任苏昌培、泉州市人大常委会主任王继超等省市领导，海外侨亲 460 多人，客商 400 多人参加盛会。

11 月 18 日，建筑面积 700 平方米，投资 300 万元的永春柑橘批发市场落成剪彩。

11 月，福建省园艺学会年会在永春召开。

是年秋月，全国人大常委会副委员长卢嘉锡为第三届永春芦柑节题词："以柑为媒，繁荣永春。"

1994 年

12 月 25 日，在福建省首届优质柑橘评选中，永春湖洋桃美村柑橘场芦柑获芦柑评比第一名，永春县天马柑橘场芦柑获第二名，永春县桃城镇七八柑橘场芦柑获第三名，均获金奖。

1995 年

10 月 8 日，参加在福州举办的海峡两岸亚热带、热带果树产销研讨会的中国台湾财团法人农村发展基金会执行长王友钊等 14 位台湾专家，应邀考察永春芦柑生产，永春县委书记张贻伦、县长洪泽生参加考察活动，并提出开展海峡两岸永春芦柑生产技术改进合作项目的意向。

10 月 26 日，第二届中国农业博览会优质柑橘评比结果公布，永春县选送的四个芦柑样品囊括了芦柑评比前四名，均获金奖。

11 月 26～28 日，举办第四届中国永春芦柑节。福建省委副书记何少川，福建省委常委、组织部长陈营官，福建省人大常委会副主任苏昌培，福建省副省长施性谋，泉州市委书记丘广钟、市人大常委会主任尤垂镇、市政协主席傅圆圆等各级领导，嘉宾 300 多人，海外"三胞" 500 多人，参加盛会。

12 月 20～23 日，中国农业交流协会秘书长瞿宁康、副秘书长翁永庆及福建省农业厅有关人员到永春开展"海峡两岸永春芦柑生产技术综合改进合作项目"预备性考察。

是年冬月，全国人大常委会原副委员长彭冲为第四届永春芦柑节题词："勤劳创业，永春新花。"

1996 年

3 月 8～11 日，中国台湾财团法人农村发展基金会委派台湾嘉义农专教授吕明雄和中国台湾青果运销合作社主任秘书陈志宏到永春开展"海峡两岸永春芦柑生产技术综合改进合作项目"可行性考察。

8 月，撤销永春县经济作物局，与县农业局合并组建为新的永春县农业局。

9 月 11～13 日，中国农业交流协会、中国台湾财团法人农村发展基金会、闽台经济文化交往促进会农业分会及永春县相关人员，在永春商定"福建省永春县芦柑生产技术综合改进计划"。项目获两岸有关部门批准，于 1997—1999 年实施。

10 月，成立永春县柑橘同业公会。

12 月 13 日，福建农业大学校长、果树专家吕柳新到永春考察指导柑橘生产。

12月17~26日，永春县政府副县长庄进勇、永春县政府调研员李文港和永春县农业局副局长陈建国参加农业部组织的海峡两岸农业合作水果考察团赴台考察。

1997 年

1月1日，北硿华侨茶果场下放由地方政府管理。

1月15日，福建省优质水果评选委员会开展的第二届优质柑橘果品评选结果揭晓，永春县天马柑橘场芦柑获全省芦柑评比第一名，永春县柑橘良种场芦柑获第三名，永春县桃城镇七八柑橘场芦柑获第六名，均获金奖。

1月21~26日，中国台湾嘉义农专教授吕明雄、中国台湾青果运销合作社主任秘书陈志宏到永春县开展海峡两岸永春芦柑合作项目培训交流活动。农业部台办邀请四川、广东、广西、湖南、湖北、云南、贵州、江西、浙江、海南等省、区农业厅派员到永春观摩交流。

6月11~12日，中国农业交流协会会长、农业部原副部长相重扬，中国台湾财团法人农村发展基金会专门委员曲先泽等到永春检查指导海峡两岸永春芦柑合作项目。

8月，中国特产之乡推荐暨宣传活动组委会授予永春县"中国芦柑之乡"称号。

10月24日，中国台湾财团法人农村发展基金会执行长王友钊、专门委员曲先泽，闽台经济文化交往促进会农业分会副会长杨思知等到永春指导海峡两岸永春芦柑合作项目。

10月，永春县农业局申报的"如意"牌永春芦柑和永春逢源食品饮料公司申报的"逢滢"牌芦柑果汁饮料，被认定为第三届中国农业博览会名牌产品。

11月11日，永春县举办"中国芦柑之乡"命名庆典暨1997年永春芦柑贸洽会，邀请东南亚及东北三省、上海、西安等地的重点客户170多人参加贸洽会。

11月，永春逢源饮料有限公司申报的"逢源"牌果汁饮料被福建省人民政府授予"福建名牌产品"称号。

1998 年

10月，北硿华侨茶果场改制，由北硿华侨茶果场及东平镇的东关、溪南、美升、东美、外碧村组建成东关镇。

11月20~22日，举办中国永春芦柑订货会，8个国家和地区、24个省市的163家客户300多人以及中央电视台、人民日报等中央、省、市新闻单位记者参加大会。

11月20~26日，中国农业科学院柑橘研究所原所长何天富到永春参加中国永春芦柑订货会和海峡两岸福建柑橘发展研讨会。

11月23~26日，中国农业交流协会、中国台湾财团法人农村发展基金会和福建省农业厅在永春县共同举办海峡两岸福建柑橘发展研讨会。

12月，中国农业交流协会、中国台湾财团法人农村发展基金会、福建省永春县农业局编印《芦柑生产综合改进技术实用推广手册》，分三次印刷，印数45 000册。

1999 年

4月12~21日，应台北市农会邀请，永春县农业考察团一行8人赴台湾省考察，永春县委书记张贻伦任考察团团长。

6月15~18日，中国农业科学院柑橘研究所所长沈兆敏到永春考察指导芦柑生产。

6月，由中国果树研究所朱佳满主编，中国农业出版社出版的《名特优果树适地适栽与高产栽培图表解》，介绍了名优果品"永春芦柑"产地、产品概况。

7月13～14日，福建省技术监督局在永春县召开全省农业产业化综合标准化工作会议，交流参观了永春芦柑实施标准化生产的经验和果园现场。

9月，永春县人民政府申报的"云台"牌永春芦柑被认定为"'99中国国际农业博览会"名牌产品。

11月17～18日，举办1999中国永春芦柑贸洽会暨秋季茶王赛活动。

11月19～21日，福建省农业厅组织"海峡两岸永春芦柑生产技术综合改进合作项目"验收评审会，中国农业交流协会会长相重扬、福建省农业厅副厅长邓恩发，中国柑橘研究所研究员沈兆敏、何天富等参加验收评审。

12月23日，出现－3.3℃低温，为永春县气象站有记录以来的最低气温，全县14.4万亩柑橘园，约有20％果园遭受不同程度冻害。

12月，永春县人民政府申报的"如意"牌永春芦柑，被中国果品流通协会评为全国优质果品，授予"中华名果"称号。2001年和2003年又二次获此荣誉。

12月，永春县日升农副产品科技咨询有限公司申报的"日绿"牌永春芦柑，被中国绿色食品发展中心认定为绿色食品A级产品。

12月，由农业部种植业管理司、中国农业科学院柑橘研究所主编，永春县人民政府等单位协编，中国农业出版社出版的《中国柚类栽培》，介绍了永春蜜柚栽培、芦柑生产等情况。

是年，永春县县长潘燕燕、永春县农业局局长许良景，参加福建省农业厅组织的农业考察团赴台湾省考察。

2000 年

3月，由永春县人民政府农业办公室、农业局组织编写的《中国永春芦柑栽培》由中国农业出版社出版发行。

5月，县农业局、科技局编印《山地芦柑施肥技术推广手册》，印数8 000册。

6月，福建省名牌农产品认定委员会授予永春县人民政府申报的永春芦柑"福建省名牌农产品"称号。

9月30日，福建省地方标准《永春芦柑标准综合体》由福建省质量技术监督局发布，2000年11月1日实施。

11月15～17日，世界永春社团联谊会第四届代表大会暨2000年中国（永春）芦柑贸洽会、秋季茶王赛在永春县举行。

12月15日，永春县经济作物技术推广站参加完成的（第二完成单位）"柑橘（芦柑）优质丰产综合配套栽培技术"获农业部2000年全国农牧渔业丰收奖三等奖。

2001 年

9月3日，永春县被国家林业局命名为第二批"中国名特优经济林之乡——芦柑之乡"，并被授予"全国经济林建设先进县"称号。

10月31日，永春县经济作物技术推广站参加完成的（第三完成单位）"柑橘营养诊断、配方施肥技术推广"获农业部2001年全国农牧渔业丰收奖二等奖。

11月9日，永春县农业局完成的"海峡两岸永春芦柑生产技术综合改进合作项目"

获 2001 年度福建省科学技术进步奖三等奖。

11 月，永春县人民政府申报的永春芦柑被认定为 2001 年中国国际农业博览会名牌产品。

12 月，县农业局、质量技术监督局、科技局编印《永春芦柑标准化生产技术推广手册》，印数 10 000 册。

是年，韩国济州农业技术院高富瑛和济州柑橘农协丁元泰两位专家到永春考察柑橘生产。

2002 年

4 月 10～11 日，海峡两岸农业交流协会会长、农业部原副部长万宝瑞、农业部台办副主任任爱农，中国台湾财团法人农村发展基金会董事长王友钊、执行长涂勋等到永春考察两岸芦柑合作项目。

4 月 26 日，福建省委书记宋德福，省委副书记、秘书长黄瑞霖，副省长、泉州市委书记刘德章，泉州市长施永康，市委常委、秘书长吴汉民等到永春检查工作，深入桃城镇七八柑橘场调研芦柑生产。

5 月 28 日，华中农业大学教授、中国柑橘学会理事长邓秀新到永春考察芦柑生产。

10 月 7 日，日本和歌山县农林水产委员会委员长生驹三雄带领柑橘考察团一行 9 人到天马柑橘场和猛虎柑橘场考察。

11 月 22 日，永春县柑橘科技开发中心完成的"永春芦柑产业化技术研究与开发"获 2002 年度福建省科学技术奖三等奖。

11 月 29 日，永春县召开农业产业化、标准化暨芦柑促销工作会议。

2003 年

2 月 26 日，日本香川县农协园艺部部长安藤昭则带领柑橘考察团一行 10 人到天马柑橘场及水果市场考察。

4 月 18 日，全县重点柑橘病虫害防治现场会在湖洋镇召开，重点防治对象柑橘粉虱、柑橘黄龙病、砂皮病、橘小实蝇等。

8 月，陈跃飞、潘东明等编著的《中国永春芦柑栽培》获第三届泉州市自然科学优秀论文一等奖。

8 月，县农业局、质量技术监督局、科技局编印《无公害芦柑生产技术推广手册》，印数 10 000 册。

11 月 24～26 日，福建省农业厅在永春县召开全省农业标准化示范区工作会议，交流参观了永春芦柑标准化示范区建设的经验和果园现场。

12 月，永春县柑橘同业公会被农业部授予"农民专业合作组织先进单位"。

12 月，县农业局、科技局编辑《永春县柑橘科技文集》付印，印数 800 册。

2004 年

1 月 6 日，永春芦柑生产基地被认定为农业部南亚热带作物名优基地。

2 月 11 日，永春县政府在外山乡召开首次"全县柑橘黄龙病防控现场会"，县长陈泽荣部署防控工作。

5 月，永春县被福建省质量技术监局确定为全省唯一农业标准化示范单位代表参加全国农业标准化示范区经验交流会，永春芦柑标准化示范项目工作经验被推荐为会议交流材料。

6月，撤销永春县经济作物技术推广站、永春县柑橘科学研究所，并入永春县农业技术推广站，加挂"永春县柑橘茶叶科学研究所"牌子。

9月1～2日，中国台湾柑橘策略联盟考察团一行21人到永春考察。

10月30日，中国农业科学院柑橘研究所所长周常勇到永春考察指导。

11月25～26日，举办永春芦柑贸洽会。中国农业科学院柑橘研究所原所长沈兆敏等来自全国各地的嘉宾、客商以及新闻媒体记者参加贸洽会。

是年产季，根据《中共福建省委、福建省人民政府关于全面开展农村税费改革试点工作的通知》（闽委〔2003〕40号），停止征收柑橘特产税。

2005 年

3月21日，福建省地方标准《永春芦柑标准综合体》（2000年9月30日发布）修订更名为《永春芦柑综合标准》，由福建省质量技术监督局发布，2005年4月11日实施。

8月21日，国家标准化管理委员会副主任张延华等视察永春芦柑标准化项目，到桃城镇七八柑橘场实地调研。

10月24日，福建省省长黄小晶到桃城镇七八柑橘场视察调研。

10月，国家标准化管理委员会授予永春县人民政府芦柑生产"国家农业标准化示范区"称号；授予永春县人民政府"全国农业标准化示范区建设先进单位"称号。

11月29日，国家质检总局发出第165号公告，"批准自即日起对永春芦柑实施地理标志产品保护。"

12月13～14日，中国农业科学院柑橘研究所原副所长赵学源，福建省农业科学院原院长柯冲到永春指导黄龙病防控工作。举办"柑橘黄龙病防控技术讲座"，县四套班子主要领导，乡镇、县直机关领导，农技人员、果农等听取讲座。

12月30日，福建省科学技术厅印发《关于批准福建省科技特派员工作示范点的通知》（闽科社〔2005〕40号），设立永春芦柑推广示范基地，委任永春县农业局农业技术推广研究员陈跃飞为基地科技特派员。

2006 年

7月，永春县柑橘良种繁育与标准化示范基地项目获农业部批复同意实施，2007年12月开工建设，2008年12月建成投入生产，具备年提供20万～30万株无病毒柑橘良种苗木的生产能力。

9月18日，国家标准《地理标志产品　永春芦柑》由中华人民共和国国家质量监督检验检疫总局、中国国家标准化管理委员会发布，2007年2月1日实施。

10月，农业部在大连召开"全国苹果高层论坛暨'一村一品'经验交流会"，会议安排永春县专题介绍芦柑产业发展的经验和做法。

11月6～8日，中国台湾台中县云冈乡农会柑橘考察团一行11人到永春参访考察。

11月9～10日，福建省农业厅在永春县召开全省柑橘黄龙病防控现场会。

12月31日，永春县农业技术推广站等完成的"芦柑绿色食品标准研究及示范基地建设"获2006年度福建省科学技术奖三等奖。

是年产季，永春柑橘出口 99 944 吨，占全国柑橘出口量 22.97%，所占比例为历年最高。

2007 年

9 月，永春县农业技术推广站、永春县农业科学研究所、天马柑橘场编印《芦柑（A 级绿色食品）生产技术推广手册》，印数 10 000 册。

11 月 5~7 日，国家质检总局安排来自智利农业部的植检专家 Susana Biscupovich Fellenberg 和 Beatriz Giglia Fernandez，到永春考察芦柑出口基地生产情况。

12 月，永春县人民政府（永春县无公害农产品绿色食品领导小组办公室）申报的永春县无公害芦柑产地（产地规模 15 万亩），被福建省农业厅认定为福建省无公害农产品产地。

12 月，国家现代农业柑橘技术体系设立永春芦柑综合试验站。

2008 年

10 月 24 日，参加在福建省农业科学院举办的中美柑橘黄龙病研究学术研讨会的美国农业部佛罗里达园艺试验室专家 Calvin E. Arnold、Kim Bowman、Yongping Duan 和 Eddie Wayne Stover 等到永春考察柑橘生产。

11 月 25~26 日，举办永春"生态·芦柑"新闻采风会。邀请全国 20 多家新闻媒体记者，实地考察芦柑生产基地，举办新闻采风座谈会。中国农业科学院柑橘研究所原所长沈兆敏应邀出席活动。

12 月 1~2 日，日本中央果实基金会（财团法人）部长、审议役小平基，日本鹿儿岛大学农学部园艺系教授、农学博士富永茂人到永春考察交流。

是年产季，永春柑橘出口量 146 248 吨，出口额 10 243 万美元，为历年最高。

2009 年

10 月 6~8 日，举办永春芦柑产业可持续发展研讨会。华中农业大学校长邓秀新、中国农业科学院柑橘研究所原副所长赵学源、台湾嘉义大学教授吕明雄等 10 多位专家参加研讨会。

2010 年

3 月，农业部绿色食品管理办公室、中国绿色食品发展中心授予永春县人民政府创建的 15 万亩永春柑橘基地为全国绿色食品原料标准化生产基地。

6 月 30 日，参加在福建农业科学院召开的第二届中美柑橘黄龙病研究学术研讨会的中国农业科学院柑橘研究所所长周常勇、华南农业大学邓晓玲、重庆大学王中康，台湾大学洪挺轩等专家到永春县猛虎柑橘场、桃城镇洋上村柑橘园参观考察。

12 月 28 日，福建省农业厅组织全省柑橘优质果鉴评活动，永春县柑橘实验场芦柑获芦柑评比第一名，获得金奖；永春县猛虎柑橘场芦柑居第二名，获得银奖。至此，永春芦柑连续五次获得全国、全省芦柑评比第一名。

2011 年

11 月，在中国优质农产品开发服务协会等 6 家协（学）会组织的评选中，永春芦柑名列"2011 消费者最喜爱的中国农产品区域公用品牌"第 19 位，居柑橘类品牌第一位。

12 月，农业部授予永春县"全国农业标准化示范县（芦柑）"称号。

2012 年

10 月，国家质量监督检验检疫总局授予永春县出口柑橘质量安全示范区"国家级出口食品农产品质量安全示范区"称号。

2013 年

5 月 6~7 日，国家现代农业柑橘产业技术体系首席科学家、华中农业大学校长、中国工程院院士邓秀新到永春指导柑橘生产。

8 月 20 日，永春县人民政府与华中农业大学签署"关于研发芦柑黄龙病防控技术"的合作协议，合作期限三年。

2014 年

5 月 8~9 日，华中农业大学校长、中国工程院院士邓秀新参加福建省举办的现代农业发展战略暨"院士专家八闽行"活动，到永春考察柑橘产业。

12 月 26 日，在福建省农业厅举办的 2014 年全省宽皮橘果实鉴评中，永春县猛虎柑橘场芦柑获芦柑评比第三名，获得银奖；永春县日升农副产品科技咨询有限公司芦柑获芦柑评比第六名，获得铜奖。

2015 年

1 月 12 日，中共中央总书记习近平与中央党校县委书记培训班学员座谈交流时，与参加培训的永春县委书记林锦明亲切交谈，询问了解永春芦柑生产情况，并向在场的刘云山等中央领导说道："永春芦柑非常有名，很甜很好吃，永春芦柑可以保存贮藏，特别是到这个季节尤其好吃。"

9 月，永春芦柑在中国优质农产品开发服务协会开展的"2015 网上评选系列活动"中被评为"2015 最受消费者喜爱的中国农产品区域公用品牌"。

10 月 10 日，永春县柑橘同业公会召开第五届会员大会，450 名会员出席大会。

10 月 28 日，永春芦柑被中国优质农产品开发服务协会评为"2015 最具投资价值的中国农产品区域公用品牌"。

11 月 25 日，华中农业大学邀请湖南农业大学、浙江省柑橘研究所、华南农业大学、福建省果树研究所和福建省农业厅专家考察"黄龙病疫区永春芦柑种植新模式"示范现场，形成现场考察意见。

12 月 18 日，农业部绿色食品管理办公室、中国绿色食品发展中心批准"福建省永春县全国绿色食品（永春柑橘）标准化生产基地"继续为全国绿色食品原料标准化生产基地。

第一章
自然地理与栽培历史

第一节　自然地理

一、地理状况

永春县位于福建省东南部，泉州市中北部，晋江东溪上游。东邻仙游，南接南安、安溪，西连漳平，北与德化、大田交界。地处东经 117°40′55″～118°31′9″，北纬 25°13′15″～25°33′45″之间；全境东西长 84.7 千米，南北宽 37.2 千米，狭长如带。戴云山脉自德化南伸永春县，绵延全境。全县以雪山为群峰之冠，海拔 1 366 米；东关的鱼目隘海拔 83 米，为全县最低处，两者相对高差 1 283 米。全县地势纬向呈北高南低，经向西北高，东南低，地势总趋势由西北向东南倾斜。由于地形地势的因素，习惯上以蓬壶镇马跳为界，把全县东西两部分分别称为外半县和内半县。西部内半县多山，地势较高，海拔多在 400～800 米，属于山区和高山区。东部外半县地势较低，沿桃溪中下游两岸海拔多在 100～400 米，属于平原区和半山区。

二、气候条件

(一) 气候带

永春县地处南亚热带和中亚热带过渡气候区。南亚热带和中亚热带分界线横穿永春中部的大吕山、马跳、埔头、上沙、外丘、仙溪和湖城，在此线以东（或南）为南亚热带气候区，此线以西（或北）为中亚热带气候区，而千米以上高山呈北亚热带气候。

(二) 气候要素

1. 气温　永春县气象站（1956 年 10 月至 1964 年 12 月观测站海拔高度 149.3 米，1965—2014 年 170.3 米，2015 年起 183.8 米）观测资料，1959—2008 年年平均气温 20.5℃，7 月均温 28.2℃，1 月均温 12.2℃；极端高温历年平均 37.5℃，2003 年 7 月 15 日极端高温达 39.6℃为历年最高；极端低温历年平均 0.2℃，1999 年 12 月 23 日极端低温－3.3℃为历年最低。≥10℃年积温多年平均 7 217℃。气温垂直变化率平均

0.6℃/100 米。由于海拔高度等的差异，全县各地年平均气温多为 17℃～21℃，≥10℃年积温 5 500℃～7 350℃。各月平均气温见表 1-1。

表 1-1 1959—2008 年永春县各月平均气温

单位：℃

月份	1	2	3	4	5	6	7	8	9	10	11	12	全年
气温	12.2	13.0	15.6	19.9	23.3	25.9	28.2	27.7	25.9	22.3	18.3	14.0	20.5

2. 降水 1959—2008 年年平均降水量 1 728 毫米，2004 年降水量 1 219 毫米为历年最少，1990 年降水量 2 515 毫米为历年最多。一年中各月降水量变化趋势是 1～6 月递增，7 月略减，8 月回升，9 月减少，10 月至翌年 1 月降水量最少。各月平均降水量见表 1-2。

表 1-2 1959—2008 年永春县各月平均降水量

单位：毫米

月份	1	2	3	4	5	6	7	8	9	10	11	12	全年
降水量	43.5	79.2	130.9	156.0	239.6	286.8	207.6	281.7	184.4	53.9	33.6	31.2	1 728.4

3. 湿度 1959—2008 年年平均相对湿度 77%，年变化与降水量的变化趋势一致。5～6 月湿度较高，平均 82%；11 月至翌年 1 月较低，平均 71%。各月平均相对湿度见表 1-3。

表 1-3 1959—2008 年永春县各月平均相对湿度

单位：%

月份	1	2	3	4	5	6	7	8	9	10	11	12	全年
相对湿度	72	77	79	79	81	83	78	79	77	73	70	70	77

4. 蒸发 1980—2008 年年平均蒸发量 1 616 毫米，年变化趋势与气温年变化基本一致，7 月最多为 209 毫米，2 月最少为 76 毫米。各月平均蒸发量见表 1-4。

表 1-4 1980—2008 年永春县各月平均蒸发量

单位：毫米

月份	1	2	3	4	5	6	7	8	9	10	11	12	全年
蒸发量	86.9	75.8	94.0	118.6	138.2	150.7	209.4	191.7	165.3	159.4	123.4	102.6	1 616.1

5. 日照 全年可照时数 4 422 小时，1959—2008 年年平均实际日照时数 1 755 小时。实照时数最多为 1963 年 2 398 小时，最少为 1997 年 1 406 小时。一年中日照时数最多是 7～8 月，平均月日照时数可达 200 小时，最少是 2～5 月，平均月日照时数 120 小时以下。各月平均日照时数见表 1-5。

表 1-5 1959—2008 年永春县各月平均日照时数

单位：小时

月份	1	2	3	4	5	6	7	8	9	10	11	12	全年
日照时数	131.8	96.0	101.8	110.7	117.7	129.9	217.0	196.8	172.7	173.1	151.6	156.1	1 755.3

（三）灾害性天气

影响芦柑栽培的常见灾害性气候，一为台风暴雨，一般出现在7～9月，平均每年2～3次。二为秋冬干旱，历年约有四分之三的年份出现不同程度的秋冬干旱。三为个别年份局部地区偶尔出现的冰雹为害。低温冻害仅个别年份高海拔或低洼果园发生，海拔650米以下果园基本上无冻害的威胁。

三、土壤条件

永春土壤母岩系火山岩类和沉积岩类组成，火山岩类约占全县面积85％（其中花岗岩类约占30％），沉积岩类约占15％。成土母质以坡积母质为主，占耕地93.17％；冲积母质占耕地1.53％；冲积、坡积二元覆盖母质占5.30％。永春县地处南亚热带季风雨林带和中亚热带常绿阔叶林带，土壤分布特点主要是随地形升高，而呈现垂直地带性分布。永春县海拔从83～1 366米，海拔1 230～1 366米为地带性黄壤，海拔700～1 230米为红壤向黄壤过渡带的黄红壤，海拔250～950米的中低山、高丘开阔处为地带性红壤，海拔83～250米的低丘为地带性砖红壤性红壤。由于永春县地势由东南向西北逐步抬升，气候和地形的变化引起水热条件的差异，从而形成了土壤的水平地带性分布规律，即从东南向西北砖红壤性红壤—红壤—黄红壤—黄壤的分布趋势。红壤占永春土地总面积65.90％，占林地面积93.34％。

四、植被状况

全县已查明的维管束植物有193科817属1 583种。其中蕨类植物35科58属97种，种子植物158科759属1 486种。种子植物中裸子植物10科21属35种，被子植物148科738属1 451种。被子植物中双子叶植物129科578属1 176种，单子叶植物有19科160属275种。境内分布的国家Ⅰ级保护树种有5种：水松、水杉、银杏、南方红豆杉、钟萼木。国家Ⅱ级保护树种11种：金毛狗、黑桫椤、刺桫椤、榉树、樟树、闽楠、半枫荷、花榈木、红豆树、鹅掌楸、福建柏；省级保护树种16种：油杉、青钱柳、沉水樟、红锥、华南桂、细柄半枫荷、红楠、福建悬钩子、绒毛小叶红豆、短柱树参、多毛羊奶子、刨花润楠、福建酸竹、鳞苞锥、乌冈栎、白桂木。

永春植物分布显示南亚热带到中亚热带的交错特色。南亚热带季风雨林区主要代表植物有米槠、厚壳桂、青岗栎、南岭黄檀、木棉、相思树、竹柏、油杉、桃金娘、白背叶、秤星树、麻竹、青皮竹等，以及荔枝、龙眼、黄皮果等热带性水果。中亚热带常绿阔叶林区主要代表植物有三尖杉、红豆杉、细柄阿丁枫、青钱柳、甜槠等中亚热带敏感性树种。

永春县山清水秀，有林地151.8万亩，森林覆盖率69.5％，绿化程度94.8％。境内溪流纵横，有桃溪、湖洋、坑仔口、一都溪四大水系，水资源总量18.21亿立方米。山地果园生态环境良好，群山环抱，林木昌盛，空气清新，水源清澈，具有生产无公害柑橘的优越自然条件。

第二节　栽培历史

一、零星种植阶段

（一）明朝时期

明嘉靖五年（1526 年）《永春县志》是现存最早的永春县志，在物产中介绍了香橼和金橘，为永春有关柑橘最早的文字记载。称香橼"肉厚瓤少，气极芬香，陶隐居云性温宜人，摘其叶煎汤可藻小儿。"称金橘"似橘而小，其色如金，野生为多，蜜煎妙。"

（二）清朝时期

清康熙二十三年（1684 年）《永春县志》物产名称中记有香橼、金橘。至此时期，永春史志中柑橘类植物仅发现香橼、金橘的文字记载。

清乾隆二十二年（1757 年）《永春州志》有柑、金橘、香橼、佛手柑、橘、柚、橙的记载。介绍柑中的凤柑：皮皱，不堪食。金橘：其实小如弹，黄如金，谓之金橘。介绍香橼和佛手柑：枸橼皮似橙而金色，气极芬香。肉厚白如芦菔，形长如小瓜，置衣笥中，数日香不歇。佛手柑皮色与香橼无异，长者近尺，垂指参差如人手。小者径寸，有伸指，亦有如拳者。其芬香异常，虽干而经年不歇。介绍橘时，引典故尉瑾以橘较葡萄优劣：金衣素里，见苞作贡，向齿自消，良应不及。介绍柚肉有红、白二种。

清乾隆五十二年（1787 年）《永春州志》有柑、金橘、香橼、佛手柑、橘、柚、橙的记载，记载的柑橘种类和介绍的内容与清乾隆二十二年（1757 年）《永春州志》一致。

在永春东平镇云美村石竹尖山上海拔 680 米处曾有一株树龄百年以上的福橘树，1990年出版的《永春县志》记载其为清道光至同治年间野生的福橘树，1980 年尚采鲜果 38 千克，2005 年前后该树死亡。

（三）民国时期

1. 民国十九年（1930 年）《永春县志》有关柑橘的记载　民国十九年（1930 年）《永春县志》有橘、金橘、香橼、佛手柑、橙、柚的记载。称橘："闽地谓之柑，以味名也，树易蠹，永地少种之者，市上所有皆自外来。"金橘："永地有大小两种。小者仅如弹丸，稍大者如雀卵，名大橘，以糖煮数次，谓之蜜橘。出西边远村者尤佳，有贵客挚友至，酬之以下茶。"香橼："永人讹作香杨，皮似橙而金色，气极芬香，一名枸橼。"佛手柑："独产闽中，皮色与香橼无异，长者近尺，垂指参差如人手，小者径寸，芬香异常，可入药。"橙："似柑而味过之，永地稀见。"柚："有红白二种，其名文旦者最佳，自漳州来，永地无之。"

民国十九年（1930 年）《永春县志》与清乾隆二十二年（1757 年）《永春州志》时过173 年，所记载的柑橘种类并无增加。

2. 民国二十一年（1932 年）从漳州引种柑、柚的情况

（1）永春《崇道报》的相关报道。1932 年 1 月 16 日《崇道报》刊登报道《建设局购到大批果苗》："建设局近来对于提倡种植极为注意，日前向大田购到大批茶桐等果子，五日再由漳州运到大批柚、柑果苗植于建设局后田中，闻将颁给果苗于各乡，劝令乡民种植云。"同年 3 月 5 日《崇道报》又刊登报道《建设局又购大批果苗，黄文标君购买数百株，分赠其家乡叔姪》："建设局昨由漳州购到大批梨、桃、柿、柑等果苗共一大车，分售各区种植，以促种植业之进展。建设局长黄文标购买梨、柿、柑等果苗各二百余株，分赠其家乡叔姪，每户各一株，使全乡各户均得栽种。限各户所栽均要培养成树，如有枯干不能长成者均要再购补种，以底于成，望将来该乡成为果实出产之模范村云。"

1932年1月30日《崇道报》刊登报道《锦斗公共实业场》："林妙庆等倡办锦斗实业场已志前报，该场为一小山，现已开辟就绪，果园作螺旋式由山下环至山上，整齐美观。在山之上面开一体育场，为该地学校及居民运动之用。该果园每方丈植一果树，全场可植六千株，现已植下五千株左右，大都为漳州种之红柑及桃、李等果。雇种有植学识〔有种植学识〕之漳州工匠督种，将来成绩当大有可观。闻辟场之资本为妙庆先筹开支，而将来出产拟以百分之几为地主分领，余均充入该区为教育费。"同年3月12日《崇道报》又刊登报道《造林》："锦斗公共实业场兹购到多量果苗，满场栽插，由是引起一般民众种植的兴趣，居民厝屋前后余地及一切荒园俱争购果苗栽插。同时，桂、玉两乡亦均辟有公共实业场，植以桃、李、柑、梨等果，此后果培养有方，三五年后开花结果，增进利源殊属不少。"

1932年4月23日《崇道报》刊登报道《耕牛损种植场被罚金》："五斗区种植场栽种桃、李、柑橘约一万株，际兹春雨淋漓正发芽生叶，近有八坑康某之耕牛，因失牧守，走到该场乱冲，将树苗芽叶吃食，后被在场工人看见，以该牛闯入种植场系主人不谨所致，遂把耕牛牵去，牛主人处以相当罚金为戒。"

（2）永春《崇道报》相关报道的调查考证。1932年永春《崇道报》报道的柑橘种植情况，未见后续资料，长期未载入永春柑橘栽培历史资料中，几乎不为人知。直至2015年陈跃飞、林联勇等依当年资料线索，开展调查考证，其历史过程得以显现，撰写的《一段鲜为人知的芦柑栽培史》刊登于《桃源乡讯》2015年第48期。

①建设局提倡种植情况。当年《崇道报》的二则报道提到永春县建设局从漳州购买柚、柑等苗木，采取赠送、分售等方式，提倡种植。资料中未提及各种果苗数量与种植地点，由于时间久远，缺乏相关资料，种植情况已难考证。而报道中提到当时县建设局局长黄文标购买果苗赠送家乡叔姪种植的情况，2015年12月1日到黄文标家乡永春县达埔镇洑溪村实地调查，当地87岁的黄恭全老人（1929年12月出生）仍记得当年黄文标的亲属每户分得柿、柑等苗木各一株种植的说法。而其种植结果不够理想，当地长辈们少有记忆，也未存留当年种植的果树可考证。

②锦斗公共实业场与桂洋公共实业场。据查证，当年《崇道报》提及的锦斗公共实业场和桂洋公共实业场，均由林妙庆倡办。林妙庆为永春桂洋人，民国十七年（1928年）就任永春民团局局长。民国二十年（1931年）林妙庆和王长师热心扩充锦斗小学校为总校，所缺经费由林妙庆拨充。次年（1932年）林妙庆筹资在当年锦斗小学校（现锦斗镇中心小学）后的福坪山上（现称虎坪山）创办锦斗实业场，种植果树，计划将来出产扣除投资分成外，盈余充当教育经费。可惜林妙庆于果园种植当年10月（1932年）不幸因病去世，果园可能因此疏于管理，种植未获成功。2015年8月26日实地调查时，当地长辈们对当年果园情况均少有记忆，仅王天成先生依稀记得1962年上小学时，虎坪山上尚有数株柑橘大树，叶片稀少。

桂洋公共实业场为林妙庆在家乡所倡办，预期收益提供当地学校教育经费。种植地点在堀后头山、十八梯山及林妙庆旧居周边，面积有数百亩之多，主要种植桃、李、柿、梨、杨梅、油茶、板栗等作物。当年林妙庆去世后实业场疏于管理，1960年收归桂洋村林业队集体管理时，尚有梨树495株、油茶10多亩，板栗20多亩。2015年12月8日实地调查，当地尚存当年种植的梨树数株，长辈们并无当年实业场种植柑橘的记忆。

③五斗区种植场。据调查，当年《崇道报》报道的五斗区种植场（"五斗"为"玉斗"的俗称）地址为现玉斗镇竹溪村大帽寨山上，当年果园由当地康氏宗亲会创办，收益拟充教育等公益之用。当年以种植桃、李等水果为主，柑橘可能少量种植，当地长辈多称该园为"桃李园"，少有种植柑橘的记忆。2015年9月6日实地调查时，园地已改植茶叶等作物，山上尚存一株可能为当年种植的杨梅老树。

（3）玉斗新珩村赵国器引种芦柑的情况。颜春木撰写的《永春柑橘》（《永春文史资料》第11辑，1991年）中记述：20世纪40年代末期，玉斗乡新珩村有一农户种植柑橘，年产量500多千克，其详情长期未有资料介绍。2015年8月6日陈跃飞等到玉斗镇新珩村实地调查，找到了现年76岁（1940年出生）的赵义芳老人，其对家里种植柑橘的往事记忆清晰。据介绍，其父赵国器民国三年（1914年）出生，民国时期（1942年左右）曾任永春锦斗乡副乡长，赵义芳的姑姑为林妙庆的弟媳。赵义芳少年懂事时，家中有约140株漳州柑已成年结果，为民国二十一年（1932年）县建设局推广柑橘种植、林妙庆创办锦斗公共实业场时，其父引进种植于新珩村其住宅屋后与侧旁；民国三十五年（1946年）又从家中果园所结果实获取种籽播种育苗扩种50多株，柑橘总株数近200株。所种漳州柑为芦柑实生苗，枝条上长满了刺，当年果园管理没有农药和化肥可施用，仅用石灰浆涂刷树干，配制稀释的石灰水喷洒枝叶，施用人畜粪肥，少有整枝修剪，树体高大，产量较低，最高时年产量1 000多千克。1949年底，因屋后芦柑树影响邻里住宅视野而被砍除，仅房屋侧旁20余株得以保留，至1980年因新建房屋用地需要而砍除。早期果园管理粗放，结果量少，所结果实相对粗皮大果，果汁较不丰富，挑往达埔、蓬壶等地销售。而留至1980年的植株，随着树龄增长，栽培技术到位，产量较高，果实性状品质与其后大宗种植的芦柑无异。

可见，民国二十一年（1932年）县建设局黄文标、林妙庆等从漳州引进柑、柚等苗木推广种植，所称漳州柑为实生芦柑苗木，数量应有数千株之多。除锦斗公共实业场、桂洋公共实业场、玉斗区种植场和赵国器种植外，其余苗木可能农户分散种植。当时缺乏农药、化肥与生产技术，柑橘实生苗童期长，结果迟，多数种植未获成功。

（四）新中国成立前永春柑橘仅零星栽培

以上资料显示，明嘉靖五年（1526年）《永春县志》和清康熙二十三年（1684年）《永春县志》有香橼、金橘的记载，清乾隆二十二年（1757年）《永春州志》、清乾隆五十二年（1787年）《永春州志》和民国十九年（1930年）《永春县志》有柑、橘、金橘、香橼、佛手柑、橙、柚的记载，但至民国十九年（1930年）史志中均无柑橘批量引进种植的记载。1932年由黄文标、林妙庆等从漳州引进一定数量的实生芦柑、柚子苗木试验种植，创办种植场，多数未获成功；玉斗新珩村赵国器种植的190多株芦柑园成为民国时期永春柑橘种植第一大户，而其多数芦柑树亦于 1949 年底砍除。颜春木撰写的《永春柑橘》（《永春文史资料》第 11 辑，1991 年）记载，20 世纪 40 年代末期，全县零星种植的柑橘约 2 500 株，折合 50 亩。因此，至新中国成立前，永春柑橘仅零星种植，而无规模栽培。1952 年，全县统计柑橘种植面积仅 30 亩。

民国时期永春民间习惯称芦柑为漳州柑或红柑，因此，至新中国成立前，永春县并未出现芦柑的文字记载。从对赵义芳的调查中可确认至少在 1932 年就有一定数量芦柑的引进种植，20 世纪 40 年代末期全县零星种植的 2 500 株柑橘中，许多可能就为当年所引种。

二、试验种植阶段

新中国成立初期，东南亚国家许多华侨受各种因素影响，回归祖国。为妥善安置，在时任中央华侨事务委员会主任何香凝的建议下，中央决定支持归国华侨去开辟农场，从事生产建设。1952 年起，广东、福建、广西、云南等地，纷纷建立华侨农场。1955 年 8 月国务院发布《华侨申请使用国有的荒山荒地条例》。永春华侨深受鼓舞，大力开发种植业，试验种植柑橘。

1917 年，旅居马来亚的华侨李辉芳、李载起、郑文炳等合资创办永春华兴种植实业股份有限公司，1918 年在太平虎巷种植茶叶 7 万多株，其后茶园发展至 192 亩。新中国成立后，公司增资扩营，开发海龙坑山地，1950 年种植茶叶 283 亩。当时，每年开春漳州一带的果农常到永春推销柑橘等苗木，一些民众常买下几株，在房前屋后或溪旁田边种植；华兴公司也于 1952 年、1953 年，分批从漳州来永春推销果苗的朱雨电手中买下 52 株福橘等柑橘苗木，种植于海龙坑山上。1956 年华兴公司实行公私合营，1958 年由晋江地区商业部门接办，改名为永春茶场，1960 年永春茶场与永春北碇华侨农场合并，更名为福建省永春北碇华侨茶果场。《永春科普》1981 年第 4 期刊载的《"老牛深知夕阳短，不用扬鞭自奋蹄"——访永春北碇华侨茶果场技术员叶天培》文中介绍，华兴公司1952 年种植的 52 株柑橘园，1974—1980 年连续七年亩产超过 5 000 千克，其中 1975 年亩产达 7 250 千克。该果园于 2000 年后死亡。

永春达埔猛虎山原系蓬莱村尤氏族产，1929 年蓬莱村旅居印尼的华侨尤扬祖出资雇人看护，封山育林；旧时世乱频仍，社会不宁，其开发山地种植未能如愿。新中国成立后，1953 年尤扬祖先生举家回国定居，是年冬即在家乡创办蓬莱猛虎山华侨垦殖场（1960 年更名为福建省永春县达埔猛虎山华侨农场）。1954 年春，通过漳州九湖长福经销果苗的朱雨电从漳州引进 240 株芦柑高压苗木，种植于海拔 600 多米的鸡屎坑山上。1957 年春又从漳州引种 139 株芦柑、蕉柑、印子柑、文旦柚等苗木。1959 年 1 月从福建农学院引种六月柑、温州蜜柑、本地早、四季橘等品种。1965 年 3 月猛虎山华侨农场由福建省农业厅接办，改名为国营永春县猛虎果林场，现称国营永春县猛虎柑橘场。1954 年种植的 240 株芦柑尚存 217 株，2015 年平均株产 73.5 千克。该果园树龄已 60 多年，生长结果良好，为福建省树龄最高的成片柑橘园。

1911 年，旅居马来亚的华侨颜穆闻回乡创办北碇华侨垦殖公司，在北碇山上种植茶、果等作物，1919 年后因故放弃经营，垦殖场荒芜。1953 年，为安置归国华侨，福建省侨委拨款 4 万多元，于 1954 年 5 月在颜穆闻先生创办过垦殖场的地方创办永春北碇华侨垦殖场。1955年春从漳州引进新会橙苗木50株,种植于北硿山地上,种后成活48株;1957年又种植柑橘100亩。1955年底北硿华侨垦殖场改为高级农业生产合作社,1957年改为永春北硿华侨农场。1960年永春北硿华侨农场与永春茶场合并,改名为福建省永春北硿华侨茶果场。1955年种植的48株新会橙果园于20世纪80年代初期死亡,更新种植芦柑。2013年7月17日陈跃飞等到北硿实地调查,1957年种植的100亩柑橘园,多数已死亡,尚存约20亩柑橘园树势衰弱,已放弃管理。

1955年11月,华侨邱清秀、郑金案、陈宝生等合资创办天马山华侨垦殖场,其后尤扬祖投入资金,合作经营。1956年春垦殖场引种芦柑、蕉柑10亩(500株),种植于海拔500多米的山地上。1964年4月天马山华侨垦殖场由福建省农业厅接办,改名为天马山果树试验站,现称永春县天马柑橘场。1956年种植的10亩柑橘园,受柑橘黄龙病危害,于2013年初全园更新,重新种植芦柑。

湖洋龙山村民郑启存,1928年离乡赴马来亚谋生,1951年冬回到家乡。1955年8月6日国务院发布《华侨申请使用国有的荒山荒地条例》,郑启存邀集郑作余、郑启槐、郑焱共4位归侨同乡(1959年其他股东退出,由郑启存独资经营),于8月间向永春县人民政府提出申请,要求使用湖洋石鼓尖荒山;9月2日获取批准书,土地使用期限20年。1955年冬,永春县湖洋石鼓尖华侨垦殖场成立,开发荒山,种植油茶、水果等作物,于1957年种植福橘100株。受"文化大革命"冲击,1966年10月湖洋公社接管石鼓尖华侨垦殖场,更名为湖洋公社红卫场,其后扩大柑橘种植面积至110亩。早期种植的100株福橘,20世纪80年代后高接换种为芦柑;2012年1月17日陈跃飞等到石鼓尖实地察看,多数植株依然存在,树势衰弱,已放弃管理。该果园于2013年砍除。

1917年,石鼓卿园村旅外华侨集资在醒狮山金狮寺创办发兴茶叶公司,种植茶叶。几经变迁,20世纪50年代初,醒狮场成为永春县劳改农场。1956年10月,旅居印尼的华侨颜清桂,应邀回国参加国庆典礼后回到家乡,县侨务科依据国务院《华侨申请使用国有的荒山荒地条例》,与之协商,由其经营醒狮场。颜清桂接办后,除种植地瓜、中药材、茶叶、油茶等作物外,于1958年春种植福橘80株。1962年醒狮场由石鼓乡并入"五一场"管理,1964年移交石鼓乡政府管理。其后柑橘种植面积扩大至150亩。2013年3月22日陈跃飞等到醒狮柑橘场实地察看,1958年种植的80株福橘树已于20世纪80年代高接换种为芦柑,多数植株依然存在,受柑橘黄龙病等病虫危害,植株残缺,已无栽培效益,放弃管理。

在华侨垦殖场开荒种植柑橘的带动下,一些社队也开始试验种植柑橘,1960年全县柑橘面积达1 200亩。此后受"三年国民经济困难"影响,1964年全县柑橘种植面积减至519亩。但猛虎、北硿、天马、石鼓尖、醒狮等农场柑橘生产得以坚持,并初获成效。

永春早期柑橘试验种植得益于国家侨务政策及永春华侨投资建设家乡的举措,众多侨亲为柑橘业发展作出贡献。其中以曾担任全国侨联副主席、福建省副省长的尤扬祖最为突出,其于1953年回乡创办猛虎山华侨垦殖场,率先成片试验种植柑橘;并与邱清秀等合资经营天马山华侨垦殖场,1954年与省侨委领导一起到北硿实地察看,创办北硿华侨垦殖场;1957年初从福州聘请熟悉果树栽培的叶天培来永春,负责指导柑橘生产,使柑橘试验种植获得成功,为其后永春柑橘发展、成为著名的"中国芦柑之乡"奠定基础。对其功绩，著名诗人梁披云在纪念尤扬祖诞辰 100 周年时撰诗称赞：柑橘成林，开山治圃；首创者谁，实尤扬祖；著绩炎州，输财故土；爱国爱乡，百年万古。

三、推广种植阶段

1959—1961 年"三年困难时期"，我国柑橘业发展受挫。1964 年 3 月 23 日至 4 月 2 日，国务院召开全国柑橘专业会议，部署柑橘生产恢复和发展工作。贯彻会议精神，福建省人民委员会成立柑橘生产办公室，省长魏金水任办公室主任，各主产地、县相应成立办公室，永春县也成立柑橘生产办公室，统抓柑橘生产恢复发展工作。国家对柑橘发展制定许多优惠政策：1965—1966 年柑橘收购价格在原有基础上，采取每 50 千克平均增加价外补贴 4 元的措施；免收柑橘特产税、农业税，鼓励发展柑橘生产。由此，20 世纪 60 年代中期后，永春柑橘生产进入推广种植阶段，湖洋半山柑橘场、红卫柑橘场、桃源印龟崙柑橘场等均在此期建立，天马、猛虎、北硿等柑橘场扩大种植规模。1966 年全县新种植柑橘 5 万多株，面积近千亩，当年种植的面积相当于此前全县历年种植柑橘的总和，种植区域遍布全县 22 个公社。1967 年，晋江专员公署农业局、晋江专区外贸站继当年 6 月份召开全区抓革命、促生产柑橘工作座谈会之后，于当年 11 月 21～25 日又在永春县召开晋江专区柑橘生产座谈会，有省、市、县农业、外贸等 27 位代表参会。会上对永春县坚持柑橘上山不与粮食争地，运用国营农场带动社队，自力更生艰苦创业，设立柑橘生产办公室，充实技术辅导力量，成立专业队科学种柑，以短养长、长短结合等经验，加以肯定推广。其后几年，全县柑橘种植面积快速增长，从 1965 年 855 亩增长至 1970 年 4 730 亩。

20 世纪 70 年代初，受片面强调"以粮为纲"的影响，把发展柑橘生产作为资本主义批判，大量柑橘苗木烧毁。永春县革命委员会印发的《批转县农业科、商业局〈关于建立柑橘生产基地和育苗基地的意见〉》（永革发〔1977〕012 号）文中介绍，1970 年后全县有 20 多万株柑橘苗木被烧毁；1990 年出版的《永春县志》记载当时全县烧毁柑橘苗木 300 万株（可能包含砧木苗）；柑橘生产发展停滞，1970—1974 年全县柑橘种植面积保持于 4 730～4 823 亩之间。虽受此影响，各级对柑橘生产仍较重视，1971 年 3 月 7 日，永春县革命委员会生产组召开全县茶叶、柑橘生产工作会议。1972 年 10 月 19～22 日，晋江地区革命委员会农林科、商业科在永春县召开全区柑橘生产座谈会。1974 年 2 月 10～20 日，永春县革命委员会生产指挥组在北硿华侨茶果场召开为期 10 天的全县柑橘生产工作座谈会议。1975 年 1 月 4～7 日，县革委会生产指挥组召开全县柑橘生产经验交流会议；同年 4 月 21～26 日召开全县柑橘等水果生产会议，分别在湖洋公社、吾峰公社、猛虎果场召开柑橘等水果生产检查会议。有效的工作促进了柑橘生产稳定发展，1975 年后面积增长较快，1977 年全县柑橘种植面积 8 444 亩，年产 3 956 吨，柑橘面积、产量跃居福建省首位。

四、快速发展阶段

1978 年改革开放后，永春县柑橘生产进入快速发展阶段。当时农业人口多，工业化程度低，农村发展经济并无过多选择，已有基础的柑橘生产成为农民发展生产的首选。政府推行落实的几项政策措施，有力地促进了柑橘生产的发展。一是 1978 年中共晋江地委号召学习永春县天马山果树试验站（1978 年 11 月更名为国营永春县天马柑橘场）艰苦创业的精神，在全地区建立 150 个"天马式"茶果生产基地。1978—1979 年，永春县建立了 25 个 100 亩以上"天马式"茶果基地，柑橘园面积达 6 495 亩。这些基地均为公社、大队集体办场，分布全县各地，为其后柑橘生产快速发展发挥重要示范带动作用。二是 1982 年落实林业"三定"，全县划定给农民长期经营的自留山 125 705 亩，政府发给《自留山证》，同时将 20 多万亩荒山承包给农民开发垦殖，坚持谁种谁有，允许继承转让，为农民种植柑橘提供了土地资源。坚持国有、集体、个人一起上，采取多种形式所有制发展柑橘生产。三是 1984 年国家改变柑橘购销政策，取消柑橘二类农产品派购管理，改为生产者依据市场议价销售，当时柑橘供应短缺，价格大幅上扬，极大地调动了农民种植柑橘的积极性。四是 1985 年永春柑橘生产项目获世界银行批准立项，给予贷款支持，累计放贷 2 614 万元，新发展柑橘园项目 53 个，面积 21 400 亩。1977 年至 1995 年为柑橘迅速发展时期，柑橘种植面积从 8 444 亩增至 140 619 亩，柑橘总产从 3 956 吨增至 131 131 吨，成为柑橘生产大县。

在此期间，各级对发展柑橘生产极为重视。1977 年 10 月 16 日福建省农业局、供销社联合在永春县召开全省柑橘生产会议。1977 年 10 月 26 日，永春县革命委员会印发《关于积极发展柑橘生产的通知》（永革发〔1977〕181 号）。1978 年 11 月 6 日，中共永春县委印发《关于学习天马站，创办更多的天马式生产基地，大力发展山区经济的通知》（永委发〔1978〕147 号）。1978 年 11 月 11 日，福建省革命委员会印发《福建省革命委员会关于加速发展多种经营生产的意见》（闽革〔1978〕100 号）。1979 年 2 月 21～23 日，县革命委员会召开全县春季柑园、茶园生产管理会议。1980 年 6 月，县革命委员会召开全县多种经营会议，提出在抓好粮食生产的同时，大力发展以柑橘为主，茶果并举的多种经营。1981 年 3 月 27～29 日，县政府召开全县柑橘生产工作会议。1984 年 1 月 15 日，县政府召开全县柑橘基地建设会议。

五、转型升级阶段

随着柑橘生产的快速发展，进入 20 世纪 90 年代后，一些年份因柑橘丰收，供过于求，出现全国性柑橘滞销，我国柑橘生产开始由卖方市场转为买方市场。在此期间，面对竞争，永春县实施依靠科技提高产品竞争力，争创品牌开拓市场的发展战略，取得显著成效。"海峡两岸永春芦柑生产技术综合改进合作项目"和"永春芦柑生产标准化示范区建设"项目的实施，极大地提升了芦柑生产科技水平。永春芦柑连续五次获得全国、全省芦柑评比第一名，1991—1993 年、1995 年举办四届"永春芦柑节"，永春芦柑知名度、市场占有率不断提高，20 世纪 90 年代全县柑橘出口量以平均二年翻一番的速度增长，柑橘出口量连续 10 多年居全国首位。2005 年全县柑橘种植面积 152 095 亩，产量 244 358 吨，达历史最高。2008 年全县柑橘出口 146 248 吨，出口额 10 243 万美元，为历年最多。永春芦柑产业实现转型升级，成为柑橘生产强县。

20 世纪 90 年代后期，随着社会经济发展，城镇化、工业化进程加快，产业结构变化，柑橘生产比较效益较低，传统小农经济满足不了农民对小康生活的需求，农村劳力转移，开始出现一些粗放管理或放弃管理的果园，柑橘黄龙病病树不及时清除，柑橘木虱大量发生。2000 年以后，柑橘黄龙病开始在永春县蔓延危害，2004 年后进入流行发生期，许多柑橘园成片死亡，生产遭受毁灭性破坏，柑橘产业发展遭遇重大挫折。

永春县高度重视柑橘黄龙病防控工作，在柑橘黄龙病流行危害的 2004 年至 2010 年，县政府召开 12 次全县性柑橘生产及黄龙病防控工作会议，连年组织实施统一清除病树、统一防治柑橘木虱，由农业部立项支持的永春县柑橘无病苗木繁育基地于 2008 年 12 月建成投入生产，为生产提供柑橘无病苗木。通过各项措施，努力降低黄龙病危害造成的损失。

第二章
规模与分布

第一节　种植规模

新中国成立前永春县柑橘仅零星栽培，1952年全县柑橘种植面积30亩。1953—1965年为试验种植阶段，1965年全县柑橘种植面积855亩，产量37吨。1966—1977年为推广种植阶段，1977年全县柑橘种植面积8 444亩，产量3 956吨，面积、产量跃居全省第一。1978—1995年为快速发展阶段，1995年全县柑橘种植面积140 619亩，产量131 131吨。1996—2005年为柑橘产业转型升级阶段，2005年柑橘种植面积152 095亩，产量244 358吨，达历史最高。2000年后柑橘黄龙病开始蔓延危害，2005年后种植面积有所减少。2015年全县柑橘种植面积123 849亩，产量190 788吨。1952—2015年全县柑橘生产统计见表2-1。

表 2-1　1952—2015年永春县柑橘生产统计

单位：亩、吨

年份	面积	产量	年份	面积	产量	年份	面积	产量	年份	面积	产量
1952	30	—	1963	1 146	47	1974	4 823	2 095	1985	55 056	11 975
1953	50	—	1964	519	35	1975	6 031	1 690	1986	72 835	14 722
1954	120	0.25	1965	855	37	1976	7 370	2 566	1987	89 065	20 002
1955	250	3	1966	1 629	109	1977	8 444	3 956	1988	97 841	24 555
1956	276	3	1967	2 397	166	1978	15 925	3 048	1989	100 747	30 388
1957	576	8	1968	3 289	133	1979	23 494	5 254	1990	100 705	35 858
1958	476	15	1969	3 576	272	1980	28 762	4 963	1991	105 986	47 428
1959	1 100	18	1970	4 730	532	1981	38 155	6 568	1992	107 945	57 718
1960	1 200	20	1971	4 868	522	1982	39 537	6 931	1993	120 615	69 604
1961	1 143	13	1972	4 809	569	1983	41 206	7 196	1994	130 471	112 277
1962	1 142	15	1973	4 885	928	1984	44 142	9 204	1995	140 619	131 131

（续）

年份	面积	产量	年份	面积	产量	年份	面积	产量	年份	面积	产量
1996	142 038	151 340	2001	147 152	193 837	2006	151 973	242 340	2011	130 915	203 195
1997	144 550	167 911	2002	148 774	209 458	2007	148 456	233 408	2012	126 866	193 208
1998	143 318	182 579	2003	150 450	217 726	2008	144 712	231 164	2013	127 009	191 462
1999	144 304	194 548	2004	151 035	232 909	2009	140 501	222 089	2014	122 600	186 457
2000	143 071	200 656	2005	152 095	244 358	2010	134 654	205 706	2015	123 849	190 788

第二节　种植分布

一、地理分布

永春县从南到北、由东至西，境内所有乡镇及各村均有芦柑种植。永春县海拔高度83～1 366 米，20 世纪 50 年代种植的芦柑果园海拔均在 700 米以下。60 年代后期天马柑橘场第四生产队种植的芦柑最高达 925 米，1991 年冻害后海拔 800 米以上柑橘园受冻而砍伐。2000 年后，横口乡有果农在福联村水池下、福中村岭头亭等多地海拔达 900～920 米的山地种植少量芦柑，亦常遭受冻害损失。东关镇鱼目隘海拔 83 米为县境最低处，其周边就有芦柑种植。因此，永春芦柑在海拔 100～925 米均有分布，多数果园分布于海拔100～700 米。

二、各乡镇场柑橘种植分布

（一）1977 年全县柑橘种植分布

1977 年全县柑橘种植面积 8 444 亩，年产 3 956 吨，柑橘面积、产量居福建省首位，当年全县柑橘种植分布见表 2-2。虽然当年全县所有乡镇均有柑橘栽培，但尚有玉斗、苏坑、呈祥、横口、曲斗无产量统计数据。

表 2-2　1977 年永春县柑橘生产统计

单位：亩、吨

社、场名称	面积	产量	社、场名称	面积	产量	社、场名称	面积	产量
湖洋	1 380	466.65	介福	196	12.65	曲斗	12	0
蓬壶	612	17.45	锦斗	188	0.8	茶场	1 131	1 153.7
达埔	539	134.8	石鼓	142	45.5	农场	120	4.2
吾峰	512	304.5	坑仔口	162	0.15	天马场	265	554.1
东平	468	200.5	玉斗	162	0	猛虎场	375	665.6
城关	500	13.5	苏坑	110	0	碧卿场	70	19.85
五里街	481	167.25	一都	40	12.5	大荣场	22	45
岵山	354	0.6	呈祥	36	0	溪塔场	10	0
仙夹	291	0.95	桂洋	29	0.1	永春县（合计）	8 444	3 956
外山	222	135.5	横口	15	0			

（二）2005年全县柑橘种植分布

在柑橘生产鼎盛时期，柑橘生产分布全县各行政村、社区居委会，有80%以上农户种植柑橘。以柑橘面积、产量历史最高的2005年统计数据分析，当年全县柑橘种植面积152 095亩，产量244 358吨，东部外半县（以马跳为界）柑橘种植面积123 166亩，占全县81.0%，产量204 230吨，占83.6%；西部内半县柑橘种植面积28 929亩，占全县19.0%，产量40 128吨，占全县16.4%。种植面积超万亩的有湖洋、桃城和岵山镇，产量超万吨的有湖洋、桃城、岵山、达埔、东关、东平、坑仔口、五里街、蓬壶和石鼓10个镇。详见表2-3。

永春柑橘主要分布于外半县区域，与芦柑栽培对自然条件的要求、永春县地形及气候条件等因素相关。芦柑栽培以南亚热带至中亚热带南缘气候区为理想，永春县西部内半县多山，地势较高，海拔多在400～800米，多数属中亚热带气候区。东部外半县地势较低，沿桃溪中下游两岸海拔多在100～400米，多属南亚热带气候区。全县人口分布也以外半县为集中，交通条件等较好。

表2-3 2005年永春县柑橘生产统计

单位：亩、吨

单位名称	面积	产量	单位名称	面积	产量	单位名称	面积	产量
湖洋镇	27 975	54 818	玉斗镇	4 550	6 788	县农场	542	800
桃城镇	16 536	25 853	下洋镇	4 329	3 768	天马山柑橘场	481	1 000
岵山镇	10 850	15 848	介福乡	4 217	4 670	猛虎柑橘场	650	900
达埔镇	9 656	16 797	仙夹镇	2 984	3 423	柑橘良种场	200	500
东关镇	8 530	12 980	桂洋镇	3 900	5 065	碧卿林场	624	1 300
东平镇	7 831	12 970	一都镇	3 760	7 204	大荣林场	365	310
坑仔口镇	7 448	11 257	苏坑镇	2 969	4 000	溪塔伐木场	254	55
五里街镇	7 332	13 174	外山乡	2 740	3 828	介福林场	350	220
蓬壶镇	7 084	12 031	锦斗镇	2 134	2 396	永春县（合计）	152 095	244 358
石鼓镇	6 957	10 660	横口乡	1 272	1 805			
吾峰镇	5 200	9 258	呈祥乡	375	680			

（三）2015年全县柑橘种植分布

2015年全县柑橘生产统计见表2-4。

表2-4 2015年永春县柑橘生产统计

单位：亩、吨

单位名称	面积	产量	单位名称	面积	产量	单位名称	面积	产量
湖洋镇	20 510	41 542	达埔镇	5 336	6 940	一都镇	2 870	5 855
桃城镇	16 556	24 715	吾峰镇	5 200	9 510	外山乡	2 524	2 967
东关镇	9 155	11 014	玉斗镇	4 550	5 062	苏坑镇	1 807	2 559
石鼓镇	7 995	11 364	坑仔口镇	4 220	7 111	锦斗镇	1 700	1 963

（续）

单位名称	面 积	产 量	单位名称	面 积	产 量	单位名称	面 积	产 量
东平镇	7 570	9 729	下洋镇	4 129	4 273	横口乡	1 200	1 560
五里街镇	6 369	11 027	介福乡	2 736	3 685	呈祥乡	100	240
岵山镇	5 632	11 592	桂洋镇	3 405	4 955	农场合计	1 670	1 250
蓬壶镇	5 575	8 665	仙夹镇	3 040	3 210	永春县（合计）	123 849	190 788

第三章
品种资源

第一节　柑橘品种

　　明嘉靖五年（1526 年）《永春县志》和清康熙二十三年（1684 年）《永春县志》中柑橘类植物仅记有香橼、金橘。清乾隆二十二年（1757 年）《永春州志》、清乾隆五十二年（1787 年）《永春州志》和民国十九年（1930 年）《永春县志》有柑、金橘、香橼、佛手柑、橘、柚、橙的记载。民国二十一年（1932 年）永春县曾从漳州引入一批芦柑、柚子苗木试验种植。20 世纪 50 年代引种了芦柑、蕉柑、福橘、柳橙、新会橙、雪柑、夏橙、温州蜜柑、本地早、四季橘等品种。60 年代引进了早橘、椪橘、南丰蜜橘等品种。70 年代末至 80 年代初天马柑橘场、柑橘良种场、北硿华侨茶果场、湖洋桃源大队柑橘场均建立柑橘品种园，引进脐橙、血橙、葡萄柚、夏橙等试验种植，各场都有 30～40 多个品种。2008 年永春绿源柑橘苗木繁育场承担"福建省柑橘种质资源圃建设（永春圃）"项目，收集 68 个柑橘品种、品系于苗木繁育场网室内。2014—2015 年一些果场引进了红肉型琯溪蜜柚、沙糖橘、茂谷柑、橘柚、不知火、春甜橘、贡柑、巴西柑等成片栽培。据不完全统计，全县先后引进种植的柑橘品种、品系近百个。虽然引进种植的品种众多，由于芦柑种性优良，永春县自然条件特别适宜芦柑栽培，20 世纪 60 年代就确立芦柑为主栽品种。永春县物价委员会送省物委《请下达 1965 年柑橘收购价格的报告》（［65］永物价字第 116 号）中介绍，当年永春柑橘种植 70％以上是芦柑。永春县经济作物局经济作物区划小组编制的《永春县柑橘资源与区划报告》（1984 年 12 月）记述，1982 年全县柑橘种植面积 39 537 亩，其中芦柑 30 268 亩（占 76.6％），甜橙类 2 278 亩（占 5.8％），温州蜜柑 3 023 亩（占 7.6％），其他柑橘品种 3 968 亩（占 10.0％）；1984 年芦柑占 80％以上。20 世纪 80 年代末期至 90 年代初期，许多温州蜜柑、蕉柑、福橘、甜橙、早橘、椪橘等果园通过高接换种或更新种植成为芦柑果园，90 年代后全县柑橘品种芦柑占 95％以上。2010 年后新种植的柑橘品种仍以芦柑为主，但有多样化的趋势。县农业局陈跃飞曾对全县柑橘品种资源开展调查，撰写《永春柑橘品种资源与分类》刊登于《泉州农业科技》2000 年第 4 期。

柑橘在植物分类上属芸香科（Rutaceae）、柑橘亚科（Aurantioideae）、柑橘族（Citreae）、柑橘亚族（Citrinae）。生产上栽培利用的有枳属、金柑属和柑橘属。永春县引进种植的柑橘品种资源分述如下：

一、枳属（*Poncirus* Raf.）

枳壳 别名枸橘等。果实苦涩不堪食用，主要用作砧木。为永春芦柑通用砧木（福橘和枳壳）之一，永春早期多用福橘为砧，20 世纪 70 年代后期开始，以枳砧为主。多从外地调入种子，播种培育实生砧木苗，供嫁接育苗之用。

二、金柑属（*Fortunella* Swingle）

圆金柑 别名罗纹、金橘。可供鲜食、制作蜜饯或盆栽观赏，仅少量零星栽培。

罗浮 别名金枣、长实金柑等。供鲜食、加工蜜饯或盆栽观赏，仅少量零星栽培。

金弹 又名金柑，是金柑属中果形较大、品质最好、产量较高、经济价值较好的一种。果实宜鲜食或加工，有少量栽培。

长寿金柑 别名寿星橘、月月橘等。一年多次开花结果，果实味酸难以食用，多作盆景观赏，仅少量零星栽培。

山金柑 别名山金橘、山金豆，果小汁少味酸，多用于加工蜜饯或观赏，永春有少量野生及栽培。用山金柑为原料加工的蜜饯"金橘糖"是永春著名特产，有数百年以上历史，远销省内外及东南亚各地。加工所用的山金柑鲜果多从外地购进。

四季橘 四季开花结果，果实味酸难以食用，主供观赏。永春县家庭盆栽观赏者较多。

三、柑橘属（*Citrus* Linn）

（一）宜昌橙类（*Citrus ichangensis* Wingle）

宜昌橙 原产我国。果实不能食用，能耐 −15℃ 低温，可作抗寒育种亲本和矮化砧木。天马柑橘场曾引入品种园试验种植。

香橙 原产我国。果肉甚酸，不能生食，可供药用。能耐 −10℃ 低温，可作砧木或育种材料。柑橘良种场曾引入品种园栽植。

（二）枸橼类（*Citrus medica* Linn）

香橼 别名枸橼，原产我国，明、清年间永春已有香橼的记载。果实不能生食，可供药用或制蜜饯。永春县有少量种植，多用于加工蜜饯或作供品，市场有香橼丝、香橼片蜜饯销售。

佛手 为枸橼的一个变种。果实先端开裂，分散成指状或卷曲成拳状。清朝年间永春已有佛手的记载，现有少量种植，果实多供制干药用、观赏或作供品。

柠檬 果实多作饮料或药用。县柑橘良种场、北硿华侨茶果场等曾引进尤力克柠檬等于品种园试验种植。2015 年，永春东泰芦柑专业合作社从漳浦引进青柠檬 2500 株成片种植。

（三）橙类

1. 酸橙（*Citrus aurantium* Linn）　　我国原产，性状与甜橙相似，果肉酸苦，多作砧木或药用。

代代　是酸橙的一种，猛虎柑橘场曾引种数株。

日本夏橙　原产日本，是酸橙与柚的天然杂种，猛虎柑橘场曾引种数株。

2. 甜橙（*Citrus sinensis* Osbeck）

（1）普通甜橙类。

柳橙　又名印子柑，原产广东新会及广州近郊。果顶有大而明显的印环，果面沟纹自蒂部延伸至顶部的称明柳橙，沟纹只至果面一半的称半柳橙，沟纹不明显的称暗柳橙。柳橙主要分布在广东、福建、台湾等南亚热带产区，20世纪50年代就引入永春种植，是永春县栽培较多的柑橘品种之一，在甜橙类中栽培数量居首位，种植最多时全县上千亩。柳橙栽培要求积温较高，以在低海拔南亚热带气候区栽培品质较有保证，高海拔果园表现果皮较厚，可溶性固形物、糖等内含物含量较低，风味淡。

雪柑　原产广东潮汕地区，20世纪50年代引入种植，是早期栽培数量较多的甜橙类品种之一，种植最多时全县数百亩。

新会橙　原产广东新会，又名滑身子。对热量要求较高，适栽于南亚热带气候区，品质较好，风味浓郁，果形较小。20世纪50年代引入永春栽培，分布较广，但仅少量栽培。

改良橙　原产漳州，广东称红江橙，是柳橙和红橘的嫁接嵌合体。果肉有红、黄和红黄相间三种类型。永春各地有少量栽培，20世纪80年代猛虎柑橘场曾到广东红江农场引入红肉型的红江橙接穗，少量繁殖种植。

哈姆林　原产美国，1965年从摩洛哥引入我国。天马柑橘场、北碇华侨茶果场、湖洋桃源柑橘场等曾引种于品种园，并有少量种植。

锦橙　又名鹅蛋柑26号，20世纪40年代四川江津从实生甜橙中选出。县柑橘良种场、天马柑橘场等曾引种于品种园，适应性较差，抗性较低。

先锋橙　又名鹅蛋柑20号，从四川江津先锋乡实生树中选出。县柑橘良种场等曾引入品种园试验种植，适应性较差。

桃叶橙　原产湖北秭归，天马柑橘场曾引种于品种园，适应性较差。

冰糖橙　又名冰糖包，原产湖南黔阳县龙田公社长迹大队。天马柑橘场、县柑橘良种场曾引种于品种园。

卡特尼拉甜橙　原产西班牙，1965年从摩洛哥引入我国。北碇华侨茶果场海龙坑试验站曾引入品种园试验种植。

迳农橙　为1958年在崇安县武夷公社发现的一株甜橙实生树，其性状与雪柑相似。柑橘良种场曾引入品种园试验种植。

武夷橙　为1975年在崇安县综合农场发现的柑橘优良单株选育而成。县柑橘良种场曾引入品种园试种。

化州橙　原产广东化州，猛虎柑橘场等曾引入数株试验种植。

花叶橙　又名古巴花叶橙。因叶片和果实成熟前颜色黄绿相间而得名。天马柑橘场、县柑橘良种场、湖洋桃源大队柑橘场、醒狮柑橘场等曾各引入数株种植。

（2）脐橙类。

纽荷尔脐橙　原产美国，1978年引入我国，表现优质早结丰产，适应性较强，是我国栽培较多的脐橙品种。20世纪90年代后引入永春，是脐橙主栽品种之一，有小面积种植。

朋娜脐橙　原产美国，1978年引入我国，表现较好，是我国各地种植较多的脐橙品种。20世纪90年代后引入永春种植，是脐橙主栽品种之一，有小面积种植。

华盛顿脐橙　原产南美巴西，主产于美国、澳大利亚等。我国20世纪30年代从美国引进。20世纪70年代天马柑橘场、县柑橘良种场等曾引入品种园试种，适应性较差、产量低。

奉园72-1脐橙　1972年从四川奉节县园艺场的华盛顿脐橙中选出，县柑橘良种场曾引入品种园试验种植。

罗伯逊脐橙　原产美国，从华盛顿脐橙芽变中选育而成。20世纪70年代末期引入永春试验种植，树形较矮化开张，结果性能较好。天马柑橘场、县柑橘良种场、北碴华侨茶果场、桃源大队柑橘场等曾少量种植。

汤姆逊脐橙　原产美国，由华盛顿脐橙芽变选育而来，天马柑橘场等曾引入品种园试种。

克拉斯特脐橙　原产美国，天马柑橘场、县柑橘良种场等曾引入品种园试种，适应性较差。

（3）血橙类。血橙类果实充分成熟时呈深红色并带紫红色斑纹，汁胞充分成熟或经贮藏后熟呈血红色，因此而得名。成熟期1～2月。引入永春栽培表现抗性较强，结果性能较好，仅少量种植。

红玉血橙　又名路比血橙，主产地中海国家。天马柑橘场、县柑橘良种场、北碴华侨茶果场等曾引进试验种植，少量栽培。

马尔他斯血橙　原产地中海沿岸国家。天马柑橘场、县柑橘良种场等曾引入品种园试验种植。

脐血橙　原产西班牙。北碴华侨茶果场、县柑橘良种场曾引入试验种植。

摩洛血橙　原产意大利。北碴华侨茶果场、县柑橘良种场曾引入试验种植。

（4）夏橙类。夏橙主产美国、西班牙等国。其成熟期为次年4月至5月，对调节市场供应意义重大。20世纪50年代就引入试种，1986年建立永春县夏橙示范场成片种植，种植最多时全县200多亩，引进试种的品种、品系较多。由于夏橙挂果时间长，冬季较易落果，产量较低，成本较高，市场优价不明显等原因，栽培日渐减少。

伏令夏橙　原产西班牙，20世纪40年代已引入我国。天马柑橘场、猛虎柑橘场、北碴华侨茶果场、湖洋桃源大队柑橘场、岵山白叶场等均曾引入小面积栽培。夏橙示范场曾成片种植近百亩，是永春县主要栽培的夏橙品种。

刘金刚夏橙　由美国华侨刘金刚从伏令夏橙芽变中选育而成。夏橙示范、北碴华侨茶果场、猛虎柑橘场等曾引入少量种植。

五月红夏橙　从四川江津的实生甜橙中选出。夏橙示范场、北碴华侨茶果场、县柑橘良种场等曾引入少量栽培。

奥灵达夏橙 1939 年美国加利福尼亚州从伏灵夏橙的实生苗中选出。1978 年引入我国，岵山白叶场等曾引入试种。

卡特夏橙 美国 1935 年选出，1978 年引入我国，岵山白叶场等曾引入试种。

阿尔及尔夏橙 又名阿夏，1972 年从阿尔及利亚引入我国，岵山白叶场曾引入试种。

（四）宽皮柑橘类

芦柑 别名椪柑等，是优良的宽皮柑橘品种，20 世纪 50 年代从漳州引入永春成片栽培，为永春柑橘主栽品种，20 世纪 90 年代后占全县柑橘的 95％以上。芦柑主要有硬芦和冇芦两大品系，硬芦品质优良，永春种植的芦柑 99％以上为硬芦品系，冇芦仅个别果园混杂零星分布，极为少见。

岩溪晚熟芦柑 1981 年长泰县从岩溪青年果场选育而成，成熟期为次年 1 月下旬至 2 月初。永春县 20 世纪 80 年代就有果农引入接穗高接试种，1997 年 5 月县柑橘良种场从长泰岩溪五四青年场引入 350 株苗木种植。种植最多时全县上百亩。

太田芦柑 原产日本，较普通芦柑成熟期提早 15～20 天，我国于 20 世纪 80 年代中期引进。2001 年天马柑橘场从中国柑橘研究所引进太田芦柑接穗，对 15 亩蕉柑果园实施高接换种，取得良好成效，其后全县扩大种植上百亩。

溪南芦柑 1987 年福建省果树研究所选自漳平市溪南镇吾老村芦柑园的少核芽变营养系单株，1995 年 2 月通过品种审定。1990 年省果树研究所引入北硿华侨茶果场进行区域试验。

花叶芦柑 永春县柑橘良种场 1982 年定植的枳砧芦柑果园，1996 年发现两株芦柑出现花叶芽变枝条，枝条生长缓慢，芽变的小侧枝上每年结果 3～5 个；叶片和果实形状与普通芦柑无异，而叶片颜色表现叶缘黄化"绿叶黄镶边"的花叶症状，果实未成熟时表现黄绿相间的纵向条纹斑，成熟时绿色部分转深橙色而斑纹淡化，叶片与果实"花叶"性状与古巴花叶橙相似。

华柑 2 号芦柑 华柑 2 号芦柑是华中农业大学、长阳土家族自治县农业技术推广中心等从老系实生硬芦发现培育的优良单株。2008 年从华中农业大学引进接穗和母本树至永春绿源柑橘苗木繁育基地，培育无病苗木，全县种植 1 000 多亩。

温州蜜柑 原产浙江黄岩，是我国栽培最广泛的柑橘品种之一，在永春栽培分布较广，为栽培较多的品种之一，主要在内半县栽培，种植最多时全县达 3 000 亩。温州蜜柑在南亚热带栽培品质不如中亚热带产区，相对粗皮大果，较不化渣，由于品质、市场、效益等因素，20 世纪 80 年代末期至 90 年代，多数果园高接换种为芦柑。

蕉柑 又名桶柑，有粗桶和细桶两个品系。主产广东、福建、台湾等地。20 世纪 50 年代引入永春栽培，品质优异，耐贮运，是栽培较多的品种之一，种植最多时全县约 2 000 亩。永春蕉柑栽培由于积温相对于潮汕、漳州产区较低，多为山地栽培，果实较小，产量较芦柑为低。20 世纪 80 年代末期开始，许多蕉柑果园高接换种为芦柑。

福橘 又名红橘、川橘等，为永春县最早引入栽培的品种之一，分布较广，种植最多时全县数百亩。其适应性、丰产性较好，但品质不如芦柑，不耐贮运，20 世纪 80 年代末期至 90 年代，多数高接换种为芦柑，种植数量逐年减少。

红柿柑　又名 439，系浙江柑橘研究所以欧柑为母本，改良橙为父本，人工杂交培育的品种。北硿华侨茶果场曾引入试验栽培。

1232 橘橙　中国农业科学院柑橘研究所以伏令夏橙为母本，江南柑和朱砂柑为父本杂交育成。20 世纪 80 年代初县柑橘良种场曾引入品种园试种。

本地早　原产浙江黄岩，又名天台山蜜橘。20 世纪 60 年代引入永春，分布较广，品质优异，湖洋桃源、天马柑橘场等早期柑橘场有小面积栽培。

早橘　原产浙江黄岩，20 世纪 60 年代引入永春，品质相对较差，较不化渣，湖洋半山柑橘场、天马柑橘场等早期柑橘场有小面积栽培。20 世纪 80 年代后期至 90 年代初期，大多高接换种为芦柑。

龙岩黄斜本地早 3 号　1973 年从福建龙岩黄斜农场后龙山柑橘园选出的适于罐藏和鲜食的优良株系，湖洋桃源柑橘场曾引入品种园试种。

椪橘　原产浙江黄岩，20 世纪 60 年代引入永春，适应性较强，丰产性好，品质相对较差，在天马等早期柑橘场有分布，小面积栽培，20 世纪 80 年代后期至 90 年代初期多数高接换种为芦柑。

南丰蜜橘　又名金钱蜜橘、邵武蜜橘，原产江西南丰，单果重仅 30～50 克。20 世纪 60 年代引入永春，天马柑橘场、猛虎柑橘场、桃源大队柑橘场等果园少量种植。南丰蜜橘在永春栽培品质不及原产地，较不化渣。

克里迈丁红橘　又名阿尔及利亚红橘，1965 年从摩洛哥引入我国。20 世纪 70 年代末期天马柑橘场曾引入接穗高接换种 20 多株，品质优良。

朱红橘　为我国古老的柑橘品种之一，20 世纪 60 年代引入永春，天马柑橘场、猛虎柑橘场、北硿华侨茶果场等老柑橘园有少量零星栽培。

大红袍　原产四川，20 世纪 60 年代引入永春，天马柑橘场、猛虎柑橘场、北硿华侨茶果场等老果园零星栽培。

韦尔金柳叶橘　原产摩洛哥，20 世纪 60 年代引入我国。70 年代末期天马柑橘场引入少量试验种植，结果性好，易大小年结果。

年橘　原产广东。天马柑橘场曾引种于品种园。

马鼻蜜橘　原产福建连江马鼻，果实蒂部多有不规则肋起 4～5 条或隆起呈乳头状，俗称"钟蒂"。北硿华侨茶果场北硿管理区、小湖洋管理区，猛虎柑橘场等曾少量零星种植。

沙糖橘　原产广东四会。21 世纪初引入永春少量种植。2014 年永春东泰芦柑专业合作社于湖洋锦凤村种植沙糖橘 200 亩，2015 年又种植 4 000 株。

茂谷柑　原产美国，1997 年县柑橘良种场从台湾引入接穗高接试种。21 世纪初福建省农科院曾在永春开展茂谷柑引种试验。2015 年，东泰芦柑专业合作社引入 8 000 株成片种植。

建阳橘柚　建阳橘柚系从日本引进的甜春橘柚嫁接后代中选育而成，是橘和柚的杂种，2003 年通过福建省非主要农作物品种认定。2015 年，永春建林生态农业专业合作社引进橘柚 3 000 株、永春华兴芦柑种植与管理专业合作社引进橘柚 1 500 株成片种植。

不知火　原产日本，为清见橘橙和中野 3 号椪柑的杂交种，1992 年由日本引入我国试种。2015 年永春县建林生态农业专业合作社等多个柑橘场引进成片栽培。

贡柑 主产于广东四会市。2015 年，永春东泰芦柑专业合作社引种 3 500 株。

春甜橘 广东省紫金县 20 世纪 60 年代从当地农家晚熟品种"三月红"选育而成的晚熟甜橘新株系。2015 年，永春东泰芦柑专业合作社引种春甜橘 2 500 株。

巴西柑 原产巴西。2015 年，永春东泰芦柑专业合作社引种 2 500 株。

（五）柚类

1. 柚（*Citrus grandis* Osbeck）

琯溪蜜柚 原产福建平和，是我国种植数量最多的柚类品种之一。20 世纪 80 年代初引入永春，栽培较多。2010 年后，又引入平和选育的芽变新品种红绵蜜柚、三红蜜柚、黄金蜜柚，成片栽培数百亩。

文旦柚 原产福建长泰，仅少量零星栽培。

坪山柚 原产福建华安县新圩镇坪山村，仅少量零星栽培。

沙田柚 原产广西容县，曾引入少量零星种植。

芦芝柚 原产漳平市芦芝乡，于 8 月桂花开时可采，又名桂花柚。县柑橘良种场曾引种于品种园。

世界蜜柚 原产地不详，20 世纪 70 年代末期天马柑橘场、县柑橘良种场曾从中国柑橘研究所引入品种园试验种植。

泰国蜜柚 1993 年从福建农大引入永春少量试验种植。

度尾文旦柚 原产福建仙游度尾镇，仅一些果园少量种植。

2. 葡萄柚（*Citrus paradisii* Macf.） 葡萄柚是重要的柑橘类果树，世界不少地方广为种植，其起源于拉丁美洲的巴巴多斯岛，20 世纪 70 年代末期天马柑橘场引入多个品系试验种植，抗性较强，丰产性好。

马叙葡萄柚 又名马叙无核葡萄柚，原产美国佛罗里达州，天马柑橘场曾引入品种园试验种植。

邓肯葡萄柚 原产美国佛罗里达州，天马柑橘场曾引入品种园试验种植。

汤姆逊葡萄柚 原产美国，天马柑橘场曾引入品种园试种。

四、永春柑橘种植品种一览表

1952—2015 年永春柑橘种植品种概况见表 3-1。

表 3-1　1952—2015 年永春柑橘种植品种概况

种植最多时面积（亩）	品 种 名 称	备注
＞140 000	芦柑	
1 500～3 000	温州蜜柑、蕉柑	
500～1 500	柳橙、琯溪蜜柚、华柑 2 号芦柑	
100～500	福橘、雪柑、本地早、早橘、椪橘、伏令夏橙、纽荷尔脐橙、朋娜脐橙、岩溪晚芦、太田芦柑、沙糖橘、茂谷柑	

（续）

种植最多时面积（亩）	品种名称	备注
10～100	新会橙、改良橙、南丰蜜橘、罗伯逊脐橙、哈姆林、度尾文旦柚、刘金刚夏橙、红玉血橙、枳壳、金弹、山金柑、香橼、佛手、柠檬、橘柚、不知火、贡柑、春甜橘、巴西柑	
<10	文旦柚、坪山柚、沙田柚、芦芝柚、世界蜜柚、泰国蜜柚，马叙葡萄柚、邓肯葡萄柚、汤姆逊葡萄柚，马尔他斯血橙、脐血橙、摩洛血橙，五月红夏橙、奥灵达夏橙、卡特夏橙、阿尔及尔夏橙，华盛顿脐橙、汤姆逊脐橙、克拉斯特脐橙、奉园 72-1 脐橙，圆金柑、罗浮、长寿金柑、四季橘，代代、日本夏橙，宜昌橙、香橙，锦橙、先锋橙、桃叶橙、冰糖橙、卡特尼拉甜橙、武夷橙、迳农橙、化州橙、花叶橙，马鼻蜜橘、溪南芦柑、花叶芦柑、大红袍、朱红橘、年橘、龙岩黄斜本地早、克里迈丁红橘、韦尔金柳叶橘、1232 橘橙、红柿柑	零星少量种植或仅限于品种园试验种植

第二节　芦柑溯源

芦柑别名椪柑等，学名 *Citrus reticulate* Blanco，英文名称 Ponkan。在植物分类上属芸香科、柑橘属、宽皮柑橘类、橘类中的一个品种。

周开隆、叶荫民主编的《中国果树志　柑橘卷》（中国林业出版社，2010 年）记述，芦柑原产于我国广东和福建一带。我国南宋时期韩彦直撰写的世界上第一部柑橘专著《橘录》（1178 年）介绍：柑橘有 27 种，而乳柑推第一，谓为真柑；"真柑，在品类中最贵可珍……，一名乳柑，谓其味似乳酪。"许多专家认为《橘录》中所称真柑、乳柑即为芦柑。福建存世最早的地方志，南宋淳熙九年梁克家编纂的《三山志》（1182 年）记载：柑类有朱柑、乳柑、黄柑 ……。明黄仲昭编纂的《八闽通志》（1491 年）记述：乳柑，兴福间亦有之，而漳地尤宜。胡芦柑，有脐，盖乳柑之别种也。乳柑，福人谓之佛苏柑。所记乳柑、胡芦柑、佛苏柑被认为亦为芦柑的前称。最早在文献中出现芦柑的记载为明凌登名《榕城随笔》："漳南产柑橘，其种不一，而颗皆硕大，芦柑为最，红柑次之。芦柑色稍黄，红柑则正赤，皆佳种也。"清沈定均《漳州府志》（1776 年）："柑橘之属，甜美特异，有仙柑、雪柑、芦柑、虎头柑、蜜桶柑。"福建农业大学教授林铮撰写的《福建果树栽培历史》（福建教育出版社，2000 年），认为芦柑可能由乳柑进化而来，早期人们以其品类最贵可珍、味似乳酪、形像胡芦而称真柑、乳柑、胡芦柑，其后由胡芦柑简化为芦柑而得名。潘文力、冼星彩编著的《椪柑栽培技术》（广东科技出版社，1990 年）介绍《橘录》中称椪柑为乳柑，又名真柑；认为我国古代记述的壶柑、乳柑、真柑，实际上都是椪柑。

《中国果树志　柑橘卷》介绍，关于芦柑的学名，1923 年田中长三郎曾命名为 *Citrus poonensis*，以后发现 Blanco 于 1837 年在《菲律宾植物志》上发表的 *Citrus reticulata* 即为芦柑，遂订正为 *Citrus reticulata*。

芦柑在漳州、潮汕等积温较高的南亚热带产区种植，热量充足，果实生长后期仍继续膨大，果皮生长常快于囊瓣生长，果实硕大而果皮与囊瓣间易出现空隙，俗称"浮皮"。

因此，在闽南地区至 20 世纪 60～70 年代民间方言多称芦柑为"Pong"柑，意指果实硕大、果皮宽松。闽南语读音"Pong"在汉语拼音中并无相应汉字，但在闽南语中"Pong"字的普通话读音为"Peng"，则有相应汉字"碰"等。李学柱撰写的《柑橘品种名称趣谈——纪念柑橘专家曾勉、林越》（《中国柑橘》1988 年第 3 期）文中介绍，当年中国柑橘研究所首任所长曾勉到广东潮汕地区时（同为闽南语系），采用潮汕音"Peng（碰）柑"，但将"石"偏旁换成"木"偏旁，首创"椪柑"名称。到了 1978 年，"椪"字被正式收进《现代汉语词典》。由于学术界与官方多数使用，目前柑橘产区中称为椪柑的远多于芦柑，在福建则多称为芦柑。

第三节　永春芦柑

一、永春芦柑品种特性

永春芦柑 20 世纪 50 年代从漳州引进种植，经长期培育而成，属硬芦品系；果实顶部有数条放射状沟纹，又称八卦芦柑。永春芦柑树势强健，枝梢较细，直立紧凑，主干有棱，叶片长椭圆形。果实较大，扁圆或高扁圆形，顶部微凹，间有 6～8 条放射状沟纹，柱痕较大，有的呈小脐。蒂周常有 6～10 个瘤状凸起，或呈放射条沟与棱起。果皮橙黄色至深橙色，中等厚，较坚硬，故名硬芦。果实较紧实，耐贮藏，果皮易剥离，囊瓣肥大，长肾形，9～12 瓣，中心柱大而空，种子 5～10 余粒。一般单果重 100～180 克，可溶性固形物 12%～15%。每升果汁含糖 110～130 克，含酸 5～10 克，维生素 C250～350 毫克。果肉质地脆嫩，汁多化渣，甜酸适口，风味浓郁，品质极佳。11～12 月成熟，是世界上品质最优良的宽皮柑橘品种之一。

二、永春芦柑品质的检测分析

（一）参加全国芦柑评比、品牌认定样品的品质分析

永春芦柑参加全国优质柑橘评比和品牌认定的果实品质分析结果见表 3-2。

表 3-2　永春芦柑果实品质分析结果

分析时间	可溶性固形物（%）	糖（克/升）	酸（克/升）	维生素 C（毫克/升）	检测单位	备　注
1989	13.8	117.6	9.3	279.3	中国农业科学院柑橘研究所	全国优质水果评比芦柑第一名样品
1994	14.5	124.3	6.7	331.3	中国农业科学院柑橘研究所	第二届中国农业博览会芦柑第一名样品
1994	13.5	121.5	5.6	360.4	中国农业科学院柑橘研究所	第二届中国农业博览会芦柑第二名样品
1994	13.2	114.7	6.3	253.4	中国农业科学院柑橘研究所	第二届中国农业博览会芦柑第三名样品
1994	13.5	107.8	7.0	328.0	中国农业科学院柑橘研究所	第二届中国农业博览会芦柑第四名样品
1999	13.7	130.3	4.7	268.9	中国农业科学院柑橘研究所	中国国际农业博览会名牌产品送检样品
2001	12.5	108.1	5.1	201.4	中国农业科学院柑橘研究所	中国国际农业博览会名牌产品送检样品
平均	13.53	117.8	6.4	289.0		

（二）永春芦柑鲜食与加工品质专项检测

2007年产季中国农业科学院柑橘研究所开展柑橘鲜食与加工品质专项调查检测，2008年1月22日对永春芦柑鲜果样品进行检测，结果见表3-3。

表3-3　永春芦柑鲜食与加工品质检测结果

检测项目	检测结果	宽皮橘国标值	检测项目	检测结果	宽皮橘国标值
单果重（克）	143.7	—	维生素C（毫克/升）	214.7	—
可食率（%）	69.4	—	可挥发香精油（%）	0.005 3	—
出汁率（%）	43.7	—	色泽（USDA分值）	42.32	—
可溶性固形物（°Brix）	13.8	—	钾（毫克/千克）	1 046.82	1 250
可滴定酸（克/升）	5.1	—	总磷（毫克/千克）	138.75	130
固酸比	27.1	—	氨基酸态氮（毫克/千克）	355.152	305
总糖（克/升）	114.0	—	L-脯氨酸（毫克/千克）	1 067.4	685
还原糖（克/升）	51.9	—	总D-异柠檬酸（毫克/千克）	35.275	140
转化糖（克/升）	117.2	—	总黄酮（毫克/千克）	1 376.4	1 100

中国农业科学院柑橘研究所项目组对检测结果的评价：永春芦柑果肉中磷、氨基态氮、L-脯氨酸和总黄酮的含量已超过国标中宽皮柑橘规定值，说明这些营养物质的含量是丰富的。此外，其可溶性固形物含量、固酸比、维生素C含量、风味和色泽等性状均是宽皮柑橘中的佼佼者，无论是鲜食，还是制汁，均属于优良品种。

三、永春芦柑生物学特性的田间观测

1984—1986年，天马柑橘场与福建省气象科学研究所合作，开展"海拔高度对山地柑橘生长结果影响的研究"，对天马柑橘场不同海拔果园芦柑生物学特性开展观测研究，观测结果见于陈跃飞《海拔高度对山地柑橘生产的影响》（《福建果树》1992年第1期）和《中国永春芦柑栽培》（中国农业出版社，2000年）。

（一）芦柑物候期

永春芦柑春芽萌发、开花、生理落果等物候期随果园海拔升高而延迟，海拔每上升100米延迟3.4～4.0天。详见表3-4、表3-5、表3-6。

表3-4　永春芦柑春梢发芽与抽梢物候期

单位：日/月

果园海拔（米）	400	600	750	900	延迟天数/海拔上升100米
发芽期（25%春芽长0.2厘米）	18/2	26/2	5/3	10/3	4.0
停梢期（95%春梢自剪）	14/4	21/4	1/5	6/5	4.0

注：1984—1986年观测平均值。

表 3-5　永春芦柑现蕾、开花物候期

单位：日/月

果园海拔（米）	400	600	750	900	延迟天数/海拔上升 100 米
现蕾期	10/3	18/3	24/3	30/3	4.0
初花期（5%）	13/4	22/4	28/4	3/5	4.0
盛花期（25%～75%）	15/4 至 20/4	24/4 至 28/4	30/4 至 4/5	5/5 至 8/5	4.0～3.6
终花期（95%）	23/4	2/5	7/5	11/5	3.6
谢花期（95%）	26/4	4/5	9/5	13/5	3.4

注：1984—1986 年观测平均值。

表 3-6　永春芦柑第二次生理落果物候期

单位：日/月

果园海拔（米）	400	600	750	900	延迟天数/上升 100 米
初期（5%）	17/5	25/5	28/5	3/6	3.4
盛期（25%～75%）	21/5 至 1/6	28/5 至 8/6	2/6 至 14/6	8/6 至 21/6	3.6～4.0
终期（95%）	20/6	25/6	3/7	7/7	3.6

注：1984—1986 年观测平均值。

（二）芦柑开花与气温的关系

海拔 400～750 米果园，芦柑开花期平均气温 17.6℃～19.2℃，花期 10～20 天，详见表 3-7。

表 3-7　芦柑开花天数与花期气温的关系

果园海拔（米）	400		600		750		平　均
年　份	1984	1985	1984	1985	1984	1985	
花期（日/月）	11/4 至 30/4	12/4 至 27/4	24/4 至 8/5	24/4 至 3/5	3/5 至 13/5	27/4 至 7/5	
平均气温（℃）	17.60	18.61	17.85	18.82	19.19	18.79	18.48
开花天数（天）	20	16	15	10	11	11	14

（三）芦柑坐果率

不同海拔盛产期果园芦柑坐果率 1.28%～6.86%，平均 3.95%，详见表 3-8。

表 3-8　芦柑坐果率统计

果园海拔（米）	400		600		750		900		平　均
年　份	1985	1986	1985	1986	1985	1986	1985	1986	
花数	437	1 665	759	1 181	469	1 811	423	1 020	
坐果数	30	61	24	38	6	89	14	53	
坐果率（%）	6.86	3.66	3.16	3.22	1.28	4.91	3.31	5.20	3.95

（四）芦柑果实生长动态

永春芦柑谢花后至生理落果结束前果实生长较为缓慢，生理落果结束后 7～8 月果径增长速度最快，果实纵径 7 月日均增长 0.38 毫米，8 月 0.32 毫米；横径 7 月 0.43 毫米，

8月0.39毫米。此后果径增长渐慢，10～11月日均果实纵径增长量降至0.2毫米以下，横径0.3毫米以下。不同海拔果园果径生长动态基本一致，同时表现出低海拔果园物候期早，果实生长高峰期来得早，但生长速率放慢的时期也早。高海拔果园物候期迟，早期果实生长较慢，虽然8月份开始果径日增长量高于低海拔果园，最终也表现果径随果园海拔升高而减小的趋势，详见表3-9、表3-10。

表3-9　永春芦柑果实果径日均增长

单位：毫米/天

果园海拔（米）	果径	7月	8月	9月	10月	11月
400	纵径	0.444	0.260	0.209	0.124	0.112
	横径	0.422	0.353	0.282	0.225	0.233
600	纵径	0.340	0.322	0.226	0.195	0.145
	横径	0.450	0.422	0.320	0.288	0.301
750	纵径	0.373	0.348	0.265	0.205	0.171
	横径	0.409	0.394	0.358	0.332	0.323
900	纵径	0.345	0.351	0.277	0.211	0.174
	横径	0.418	0.370	0.342	0.331	0.282
平均	纵径	0.376	0.320	0.244	0.184	0.151
	横径	0.425	0.385	0.326	0.294	0.285

注：1984—1986年观测平均值。

表3-10　永春芦柑果径生长动态

单位：厘米

日/月	17/7		16/8		19/9		19/10		16/11		24/11	
果园海拔（米）	纵径	横径	纵径	横径	纵径	横径	纵径	横径	纵径	横径	纵径	横径
400	2.44	2.79	3.47	3.99	4.25	5.05	4.70	5.74	4.99	6.43	5.01	6.47
600	1.65	1.82	2.73	3.07	3.81	4.50	4.32	5.44	4.90	6.27	4.94	6.42
750	1.34	1.61	2.43	2.80	3.44	4.13	4.07	5.09	4.55	6.07	4.63	6.27
900	1.14	1.45	2.15	2.62	3.26	3.87	3.96	4.82	4.43	5.75	4.52	5.95

注：1984年观测值。

第四章
栽培技术

永春芦柑栽培技术变迁大致可分为三个阶段。第一阶段 20 世纪 50 年代至 60 年代中期试验种植时期，借鉴其他产区经验，在实践中探索，试验种植获得成功。第二阶段 20 世纪 60 年代中期至 90 年代中期推广种植、快速发展阶段，我国柑橘生产总体供不应求，生产技术以追求产量为中心。第三阶段为 20 世纪 90 年代中期以后，柑橘生产市场竞争趋于激烈，通过改进技术，实现优质化、省力化栽培，提高竞争力，柑橘生产技术从以产量为中心向质量效益为中心转变。1997—1999 年组织实施的"海峡两岸永春芦柑生产技术综合改进合作项目"，借鉴台湾省芦柑生产技术，结合永春实际，综合改进芦柑生产技术，取得提高品质、降低成本、增加收益的显著成效，有效提高了芦柑产业竞争力。

第一节　生态区划

一、生态区划观测研究

（一）果园海拔高度

永春县海拔高度 83～1 366 米，气候垂直差异大，影响着芦柑的生长结果。1983—1986 年天马柑橘场与福建省气象研究所合作，开展"海拔高度对山地柑橘生长结果影响的研究"。对天马柑橘场不同海拔果园的气象因素、生长结果情况等进行观测研究：海拔每上升 100 米，平均气温下降 0.58℃（表 4-1），产量下降 14%～18%（表 4-2），果实单果重下降 7.8%（表 4-3），可溶性固形物和含糖量随海拔上升而下降，酸和维生素 C 含量随海拔上升而增加。高海拔果园积温不足，产量和品质下降，效益较低，永春芦柑以在海拔 600 米以下属南亚热带至中亚热带南缘气候区栽培效果最理想。

表 4-1　海拔高度对气候条件的影响

海拔高度 （米）	年平均气温 （℃）	≥10℃年积温 （℃）	年降水量 （毫米）	年日照时数 （小时）	年平均 相对湿度（%）	年蒸发量 （毫米）	年平均地温 （20 厘米）（℃）
170	20.04	7 217	1 844	1 594	79.7	1 458	22.1

（续）

海拔高度 （米）	年平均气温 （℃）	≥10℃年积温 （℃）	年降水量 （毫米）	年日照时数 （小时）	年平均 相对湿度（%）	年蒸发量 （毫米）	年平均地温 （20厘米）（℃）
400	19.07	6 618	2 068	1 616	79.7	1 280	21.4
600	17.72	6 047	2 219	1 372	80.7	1 187	20.1
750	16.68	5 621	2 143	1 339	85.7	917	19.0
平均±/ 上升100米	−0.58	−275	+52	−44	+1.0	−93	−0.53

注：1984—1985年观测平均值，170米处为永春县气象站资料。

表4-2　海拔高度对芦柑产量的影响

海拔高度（米）	380～420	500～650	650～720	720～900
平均株产（千克）	60	44	37	28

注：1980—1989年大面积盛产期果园产量统计平均值。

表4-3　海拔高度对芦柑单果重的影响

海拔高度（米）	400	600	750	900
平均单果重（克）	132.7	100.3	84.0	81.3

注：1984—1986年观测平均值。

（二）果园坡向

不同坡向的山地，对芦柑生长、产量和品质等产生影响。1981年，天马柑橘场对位于天马山南坡的永春县天马柑橘场和位于北坡的德化县三班柑橘场海拔800米的盛产期芦柑果实取样分析比较，果园坡向对果实品质影响较大（表4-4）。

表4-4　不同坡向对芦柑果实品质的影响

地　点	果园海拔 （米）	坡　向	可溶性固形物 （%）	糖 （克/升）	酸 （克/升）	维生素C （毫克/升）
天马柑橘场	800	天马山南坡	11.2	91.1	9.2	365.2
三班柑橘场	800	天马山北坡	10.0	82.1	9.1	288.6

二、芦柑生态区划气温指标

芦柑适应性广，从边缘热带至北亚热带均有栽培，长期生产实践和众多研究证明，芦柑以在南亚热带中段和北段红壤山地栽培效果最好。不同气候带芦柑表现不同的品质特点：在南亚热带中段产区，果实生长期间温度较高，果实较大，皮松易剥；较高的积温有利于果实含糖量的提高，而果实含酸量因呼吸作用较强分解氧化快，表现含糖较高，含酸较低，维生素C含量也较低（维生素C含量与酸含量呈正相关），糖酸比高，属高糖低酸产区，采收期间果实风味就比较好。南亚热带北段产区，果实生长期间温度有所降低，果实相对紧实；热量条件可保证果实含糖量较高，而含酸量也相对较高，属高糖中酸产区，采收后经短期后熟品质达最佳状态，表现甜酸适度，风味浓郁。中亚热带产区随着温度下降，果实较为紧实，单果重降低，果实含糖量相对较低而含酸相对较高，属低糖高酸产区，早期果实风味偏酸。积温过高的边缘热带产区则表现浮皮、渣多、风味淡、着色差，品质欠佳。

根据永春芦柑的栽培实践和观测研究，参照全国和福建省柑橘生态区划指标，陈跃飞、潘东明编著的《中国永春芦柑栽培》（中国农业出版社，2000 年）提出芦柑生态区划气温指标见表 4-5；永春县芦柑生态区划气温指标见表 4-6。20 世纪 80 年代柑橘快速发展阶段，永春县就推广主要在海拔 600 米以下山地发展芦柑生产，全县约 90％的芦柑果园建立在海拔 600 米以下。

表 4-5 芦柑生态区划气温指标

单位：℃

生态区域	年平均气温	≥10℃的年积温	1月平均气温	极端低温历年平均值
最适宜区	19～22	6 500～7 700	10～14	＞-2
适宜区	17～19 22～23	5 500～6 500 7 700～8 000	7～10 14～15	-4～-2 ＞0

表 4-6 永春县芦柑生态区划气温指标

单位：℃、米

生态区域	年平均气温	≥10℃的年积温	1月平均气温	极端低温历年平均值	果园海拔
最适宜区	19.0～21.0	6 500～7 350	10.0～12.5	＞-2	低于450
适宜区	17.5～19.0	6 000～6 500	8.5～10.0	-2～-3.5	450～650

三、低温冻害观测

（一）低温出现频率

在不同的柑橘品种中，芦柑的耐寒性属中等。枳能耐-20℃低温，金柑能耐-12℃，温州蜜柑-9℃，芦柑-8℃，蕉柑-7℃，甜橙类-6.5℃低温。柑橘冻害常见的有晴冻型和雨（雪）凇型冻害，一般晴冻型冻害芦柑可耐-8℃低温，雨凇型冻害则-4℃开始受冻。永春芦柑种植区域历年少见-8.0℃低温，1999 年 12 月 23 日出现永春县气象站观测史上最低的-3.3℃低温时，属晴冻型低温，一些海拔较高的果园出现 1～2 级冻害；而1991 年 12 月 29 日虽然县气象站观测极端低温仅-1.1℃，由于低温伴随降雨，出现雨凇冻害，出现了永春柑橘栽培史上最严重的冻害，一些高海拔柑橘园出现 3～4 级冻害，海拔 850 米以上的柳橙出现 5 级冻害。

永春县气象站观测资料，1959—2015 年极端最低气温均值 0.16℃。其中出现极端低温≤0℃的年份有 25 年，出现频率 43.9％；≤-1.0℃的有 10 年，出现频率 17.5％；≤-2℃的有 5 年，出现频率 8.8％；≤-3℃的有 1 年，出现频率 1.8％，1999 年 12 月 23 日出现的-3.3℃为历年最低。

（二）柑橘冻害分级

1992 年，福建省农业厅经济作物处开展全省冻害调查采用的柑橘冻害分级标准见表4-7。

表4-7 柑橘冻害分级标准

冻害部位 分级	对树势的影响	叶 片	一年生枝	主 干
0级	基本无损害	叶片正常未因冻脱落	无冻伤	无冻害
一级	稍有影响	25%～50%叶片因冻脱落	除个别晚秋梢略有冻伤之外,余均无冻伤	无冻害
二级	有一定影响	50%～75%叶片因冻脱落	少数秋梢略有冻伤	无冻害
三级	伤害较严重	75%以上叶枯死脱落或缩存	秋梢冻枯长度大于枝长,夏梢稍有影响	无冻害
四级	伤害严重有死亡可能	全部冻伤枯死	秋梢、夏梢均死亡	部分受冻害、腋芽冻死
五级	全死	全部枯死	全冻死	地上部全部冻死

(三)低温冻害观测资料

1.1986年2月低温冻害观测 1986年2月28日至3月1日,永春县出现雪淞冻害,仅高海拔果园受冻。据陈跃飞当年在天马柑橘场观察记载,1986年2月28日上午,天马柑橘场开始零星降霰,半夜开始降雪至次日(3月1日)下午3点左右结束,降雪历时约15小时,在高海拔果园出现雪淞冻害。海拔680米以上果园叶片被冰层包裹,海拔850米处柳橙叶片上冰层平均厚度0.3厘米。约在海拔750米以上柑橘枝杆被冰层包裹,海拔850米处柳橙枝杆包裹的冰层平均厚度0.33厘米。海拔750米以上果园枝叶上冰层持续时间32～36小时,海拔880米处枝叶上冰层持续时间48～52小时。当时福建省气象科学研究所恰好在天马柑橘场开展课题研究,在海拔400米、600米和750米处建立三个气象观测站,记载的气象资料显示:海拔600米处3月1日最低气温－0.2℃,3月2日最低气温－2.3℃(持续约45分钟),3月3日最低气温－0.3℃;海拔750米处3月1日最低气温－1.8℃,3月2日最低气温－4℃(持续约210分钟);3月3日最低气温－1.9℃。

海拔750米以上柑橘园均出现雪淞冻害,受冻后7～10天出现落叶现象。芦柑和蕉柑明显可见因冻害而老叶脱落的现象,但仅零星落叶,落叶率低于5%;芦柑和蕉柑当年春梢尚未萌发,未受冻害。柳橙春梢则多已萌发,海拔700米处当年生春梢未见冻害,海拔800米以上当年春梢均受冻枯萎,850～880米处柳橙老叶因冻害落叶率约15%,落叶率高的单株达30%。

2.1991年低温冻害观测 1991年12月下旬至1992年1月初,出现的低温天气造成永春柑橘栽培史上最严重的冻害。据陈跃飞等当年调查观测,永春县气象站(海拔170.3米)资料,1991年芦柑采收期间及采收后出现高温干旱天气,11月下旬至12月下旬平均气温15.7℃,比历年平均高1.2℃,11月底至12月25日一个月无雨。冻前12月27日平均气温13.6℃,最低气温9.9℃;28日突然降温,日平均气温3.7℃,最低气温1.2℃,地表最低温度－0.1℃;29日日平均气温4.0℃,最低气温－1.1℃,地表最低温度－3.1℃。低温伴随降雨,12月26～31日连日小雨,雨量18.5毫米。其中,26日降雨0.2毫米、27日降雨3.1毫米、28日9.1毫米、30日0.1毫米、31日6.0毫米。出现雨淞冻害,海拔700米以上柑橘树包在冰壳中2～3天。冻后1月上旬平均气温13.0℃,比历年平均高 1.3℃；1 月 15～18 日再次出现低温霜冻天气，连续 4 天平均地表最低气温 −0.6℃～−2.2℃，加重了冻害。

据对天马柑橘场的调查，约在海拔 650 米（最低气温约−4℃）芦柑出现一级冻害，25％～50％叶片因冻脱落；海拔 700 米出现芦柑二级冻害，50％～75％叶片因冻脱落，正常生长秋梢未冻伤；海拔 750 米出现三级冻害，75％以上叶片受冻脱落，少数当年生秋梢被冻伤；海拔 800～900 米出现四级冻害，叶片全部受冻脱落，枝梢受冻不同程度枯干。柳橙和蕉柑海拔 600 米出现一级冻害，海拔 650 米二级冻害，海拔 700 米三级冻害，海拔 750 米以上四级冻害；柳橙在海拔 850 米以上出现五级冻害，地上部枯死。温州蜜柑海拔 800 米以上出现一、二级冻害。品种间的抗寒性依次为温州蜜柑＞芦柑＞蕉柑＞柳橙。

当年调查统计，全县约 2 万亩柑橘园遭受不同程度冻害，约占全县面积 20％。受冻果园中一级冻害占 38％，二级冻害 34％，三级 18％，四级 9％；仅个别高海拔果园柳橙出现五级冻害。

3.1999 年低温冻害观测 1999 年 12 月 23 日，永春县出现有气象记录以来的极端最低气温−3.3℃，低温过程没有降雨，伴有 1～2 米/秒的西北风。虽然极端低温比 1991 年 12 月 29 日的−1.1℃低 2.2℃，但由于没有伴随出现雨雪天气，属晴冻型冻害，全县柑橘受冻比 1991 年较轻。

据当年调查，全县 14.4 万亩柑橘园，约有 20％果园遭受不同程度冻害。受冻果园中 80％为一级冻害，18％为二级冻害，2％的果园出现三级冻害。此次冻害主要为高海拔果园和低洼冷空气沉积的果园受冻伤害，通风较好的果园受冻较轻。

四、产地环境条件检测

1999 年 8 月，华南热带农业环境保护监测站对天马柑橘场的土壤、大气、灌溉水质进行检测，符合绿色食品生产环境要求。

（一）大气质量

1999 年 6 月 1～3 日，华南热带农业环境保护监测站实地对天马柑橘场大气质量进行检测，全场设三个采样点采样分析，每天 8：00、14：00 和 17：00 时三次采样分析，其中氟每天 8：00 和 17：00 二次采样分析，计算日均值，结果见表 4-8。

表 4-8　天马柑橘场大气质量分析结果

单位：毫克/立方米，日均值

采样点	采样时间	二氧化硫	氮氧化物	总悬浮物	氟
1 号采样点	6 月 1 日	0.002	0.010	0.013	0.001 4
	6 月 2 日	0.005	0.008	0.013	0.001 2
	6 月 3 日	0.003	0.009	0.010	0.001 9
2 号采样点	6 月 1 日	0.004	0.011	0.013	0.001 6
	6 月 2 日	0.006	0.009	0.010	0.001 4
	6 月 3 日	0.006	0.012	0.013	0.000 8

（续）

采样点	采样时间	二氧化硫	氮氧化物	总悬浮物	氟
3号采样点	6月1日	0.003	0.014	0.017	0.001 8
	6月2日	0.006	0.010	0.013	0.001 4
	6月3日	0.004	0.003	0.013	0.001 4
平均		0.004	0.010	0.013	0.001 4
指标要求		≤0.15	≤0.10	≤0.30	≤0.007

注：指标要求引自中华人民共和国农业行业标准《绿色食品　产地环境技术条件》（NY/T 391—2000）。

（二）灌溉水质量

1999年6月3日，华南热带农业环境保护监测站实地对天马柑橘场灌溉水质量进行检测，对灌溉水源（山涧）截取3个断面取样检测，结果见表4-9。

表4-9　天马柑橘场灌溉水质量分析结果

单位：毫克/升

采样点	pH	汞	镉	铅	砷	铬	氟化物	氯化物	氰化物
1号断面	7.2	未检出	未检出	未检出	0.008	未检出	0.08	1.8	未检出
2号断面	7.1	未检出	未检出	未检出	0.007	0.004	0.07	2.6	未检出
3号断面	7.2	0.000 04	未检出	未检出	0.006	未检出	0.08	1.6	未检出
指标要求	5.5～8.5	≤0.001	≤0.005	≤0.1	≤0.05	≤0.1	≤2.0	—	—

注：指标要求引自中华人民共和国农业行业标准《绿色食品　产地环境技术条件》（NY/T 391—2000）。

（三）土壤质量检测

1999年6月1日，华南热带农业环境保护监测站对天马柑橘场果园土壤取样分析，共采集8个0～40厘米深度的土壤样品进行分析，结果见表4-10。

表4-10　天马柑橘场果园土壤质量分析结果

单位：毫克/千克

采样点	pH	汞	镉	铅	砷	铬	六六六	DDT
1号采样点	4.0	0.096 0	0.015 8	45.24	7.29	21.34	未检出	未检出
2号采样点	5.9	0.089 0	0.094 1	36.39	7.84	22.52	未检出	未检出
3号采样点	4.8	0.013 7	0.023 5	7.51	5.19	0.300	未检出	未检出
4号采样点	5.0	0.025 4	0.020 5	13.69	2.66	10.59	未检出	未检出
5号采样点	5.0	0.097 1	0.020 0	32.91	14.29	26.87	未检出	未检出
6号采样点	5.0	0.051 0	0.053 6	24.98	5.80	0.32	未检出	未检出
7号采样点	5.0	0.119 8	0.015 6	36.86	11.80	36.70	未检出	未检出
8号采样点	5.0	0.114 8	0.071 4	40.06	5.72	18.57	未检出	未检出
平均	5.0	0.075 9	0.039 3	29.71	7.57	17.15	未检出	未检出
指标要求		≤0.25	≤0.30	≤50	≤25	≤120	—	—

注：指标要求引自中华人民共和国农业行业标准《绿色食品　产地环境技术条件》（NY/T 391—2000）。

第二节　苗木培育

一、育苗历史与育苗方法

1953 年创办的猛虎山华侨垦殖场（1960 年更名为猛虎山华侨农场），1957 年开始在猛虎山上湖农地建立苗圃 10 多亩，培育柑橘、桃、李、柿等果树苗木；1958 年冬该场又在周边的前峰大队坂垅、延寿大队后门厝下和蓬莱大队狮垅垵、溪心等建立苗圃，1957—1959 年出圃苗木达 40 万株以上，运销泉州、南安和安溪等地。1959 年以后，培育的品种更加繁多，柑橘品种有芦柑、蕉柑、新会橙、文旦柚等，苗木销往全省 20 多个县市。编印于 1965 年 9 月 20 日的《永春县猛虎山华侨农场柑橘苗在龙海、华安、长乐、漳平县定植调查报告》记载，1963 年出售柑橘苗木 14 590 株，1964 年出售柑橘苗木 16 400 株，1965 年出售嫁接柑橘苗木 24 110 株，实生柑橘苗木 33 050 株，实生砧木苗 18 万株。据《永春猛虎山华侨农场 1964 年度总结册》记载，1959 年嫁接柑橘苗木售价为 0.50 元/株，1960 年 0.20 元/株，1961 年 0.50 元/株，1962 年 0.60 元/株，1963 年 0.50 元/株，1964 年 0.40 元/株。1965 年 3 月，猛虎山华侨农场由国家接办时，移交嫁接柑橘苗木 33 000 株，二年生实生柑橘苗木 30 000 株，当年生实生柑橘幼苗 70 万株。

天马山华侨农场建场初期，大量培育柑橘等果树苗木，1964 年 4 月 1 日由国家接办时移交的果树苗木达 13 万多株，其中蕉柑嫁接苗 5 000 株，柑橘实生苗木 50 000 株，沙田柚实生苗 1 000 株。福建省农业厅接办为天马山果树试验站后，仍大量培育柑橘等苗木。据 1966 年 9 月天马山果树试验站《柑橘苗木生产情况》资料，1965 年至 1966 年 6 月，试验站培育的柑橘嫁接苗与实生苗木 60 万株（其中当年春播种的实生苗 50 万株）；1967 年春可出圃的柑橘嫁接苗 3 000 株，能嫁接的柑橘苗木 11 万株。

1977 年 1 月，为适应柑橘生产发展需要，永春县革命委员会印发《批转县农业科、商业局〈关于建立柑橘生产基地和育苗基地的意见〉》（永革发 [1977] 012 号），规划在条件较好的场、队建立育苗基地 76 亩。1978 年 7 月，永春县革命委员会印发《关于建立柑橘苗圃基地的通知》（永革发 [1978] 137 号），在天马山果树试验站建立柑橘苗圃基地 10 亩、猛虎场和县农场各 15 亩，计 40 亩。1978 年 11 月，永春县革命委员会印发《关于柑橘苗木的管理办法》（永革发 [1978] 256 号），加强柑橘苗木培育与管理，确保柑橘业发展。

1979 年 10 月，在福建省农业厅支持下，在石鼓公社创办永春县柑橘良种场。1981—1987 年，繁育柑橘实生砧木苗 130 万株，柑橘嫁接苗 40 多万株。供应永春、德化、安溪、仙游、永安、明溪、南靖、连江、罗源、永泰、武平等县（市）和龙溪农业科学研究所、福建农学院等地。

1984 年 8 月，在福建省农业厅、福建省农业科学院支持指导下，在永春县碧卿林场西山工区创办了西山柑橘良种母本园，用地 137 亩。1985—1990 年分期种植由福建省农业科学院提供的无病柑橘苗木 6 125 株，品种有芦柑、雪柑、福橘、蕉柑和新会橙等品种，利用西山远离柑橘栽培果园的自然隔离条件，培育柑橘良种母本果园，为苗木培育提供无病柑橘接穗。

20 世纪 50 年代至 21 世纪初期，苗木培育长期采取裸地育苗方法，为生产提供裸根苗。进入 21 世纪后，由于柑橘黄龙病蔓延危害，自然隔离的裸地育苗方法，无法避免柑橘木虱传播柑橘黄龙病，必须采取人工网室隔离培育无病苗木。为此，2008 年由农业部立项支持的永春绿源柑橘苗木繁育场建成投产，繁殖材料进行脱毒处理，育苗全程在网室内进行，避免虫媒传播柑橘黄龙病等病害，2011—2015 年共培育柑橘无病毒容器苗木 30 多万株。2011 年后新植柑橘园，多由其提供一年生或二年生容器大苗，定植 1～2 年后就可投产，减少田间管理成本，提早收益。

柑橘育苗方法，除 20 世纪 50～60 年代少量培育种植实生苗木、高压苗木外，均采用嫁接育苗。嫁接方法以单芽切接为主，少量应用芽接方法。芦柑嫁接苗木早期多以福橘为砧，20 世纪 70 年代后期开始多用枳作砧木。福橘砧芦柑根系旺盛，树势强壮，抗性强，营养生长旺盛，投产较迟，早期产量较低，盛产期后表现高产、稳产、优质、经济寿命长等特性。枳砧芦柑主根浅，须根发达，树冠开张、矮化；砧穗结合部表现砧大穗小，影响营养物质输送，有利地上部光合产物积累，早结丰产，但不利根系生长，盛产期后较易衰退。福橘砧与枳砧芦柑性状表现相异，生产上缺乏兼备两者优点或中间型砧木可供利用。

二、育苗技术的试验研究

北硿华侨茶果场叶天培等于 1978—1981 年开展“湿热空气处理柑橘接穗技术的改进”试验研究，利用湿热空气处理柑橘接穗，清除接穗中黄龙病病原，培育柑橘无病苗木。通过自制设备工具，改进湿热空气处理接穗的方法，嫁接成活率平均提高至 78%，培育了芦柑等 17 个品种无病柑橘苗木 2742 株，并在具有一定隔离条件的海龙坑试验站建立柑橘品种母本园。撰写的《湿热空气处理柑橘接穗技术的改进》刊登于《福建果树》1982 年第 1 期。

永春县柑橘研究所周友智等于 1979—1982 年开展“枳砧对不同柑橘品种影响的研究”，把 25 个柑橘品种嫁接在枳砧上，观察嫁接成活率、叶片黄化、花叶和苗木生长情况，分析探讨苗木黄化、花叶的原因，撰写《枳砧对不同柑橘品种影响的初探》发表于《福建果树》1982 年第 4 期。

周友智对柑橘种子热水处理和接穗湿热空气处理也进行了大量试验和实践，培育柑橘嫁接苗 5 万多株，实生砧木苗 50 多万株，撰写的《培育柑橘无病苗木的体会》发表于《福建果树》1983 年第 3 期。

永春县柑橘研究所林绍锋于 1988—1990 年对红壤山地红橘砧和枳砧椪柑的生长结果和品质进行观测研究，撰写《红壤山地红橘砧和枳砧椪柑的综合表现》发表于《中国柑橘》1993 年第 2 期。

张生才等对柑橘无病苗木生产技术进行总结，撰写《柑橘无病毒容器苗的培育技术》发表于《中国热带农业》2010 年第 4 期。

第三节　土壤管理

一、深耕改良土壤

（一）深耕改良土壤的效应

深耕结合施用有机肥、石灰等改良土壤是山地柑橘园土壤管理的根本性措施。永春芦柑多为红壤山地果园，坡度较大，土壤基础差，一贯推行砌筑水平梯田，挖大穴或壕沟定植，并在定植 2~3 年后逐年扩穴改土，完成全园深耕改土工作。

1977—1981 年，福建省农业科学院果树研究所戴良昭等在永春湖洋公社桃源大队柑橘场开展"山地红壤成年柑橘园改土培肥效应研究"（《中国柑橘》1983 年第 4 期），试验园分两年完成树冠两侧扩穴（穴深 80 厘米，长宽视台面而定）培肥工作，每穴分层埋入绿肥等粗有机物 100 千克，猪粪尿 50 千克，饼肥 5 千克，骨粉 4 千克，毛发和石灰各 1 千克。对照园不挖穴，不埋粗有机物，两年株施饼肥 7 千克，猪粪尿 100 千克，骨粉 4 千克。改土培肥提高了树体叶片和土壤营养水平（表 4‐11、表 4‐12），改善了土壤的物理性状（表 4‐13）。试验园 A1979—1981 年三年平均亩产 4 557 千克，比对照园 A 高 2 245 千克；试验园 B 三年平均亩产 4 479 千克，比对照园 B 高 2 476 千克。试验园 A 和 B 的单果重比对照园 A 和 B 分别增加 16.3 克和 40.1 克。

表 4‐11　改土培肥对芦柑叶片营养的影响

处理	全氮（%）				全磷（%）				全钾（%）
	1978	1980	1981	平均	1978	1980	1981	平　均	1978
试验园	3.388	2.901	2.805	3.030	0.146	0.131	0.132	0.136	1.438
对照园	2.850	2.660	2.702	2.737	0.135	0.133	0.136	0.135	1.220

注：供试树全部混合取样，样品为 5~6 月龄春梢营养枝叶片。

表 4‐12　改土培肥对土壤养分的影响

处　　理		有机质（%）	全氮（%）	全磷（%）	碱解氮（毫克/千克）	速效磷（毫克/千克）	速效钾（毫克/千克）
试验园	试验园 A	2.051	0.12	0.114	256	496.0	165.2
	试验园 B	2.179	0.12	0.081	207	69.3	138.7
	平　均	2.115	0.12	0.098	232	282.7	152.0
对照园	对照园 A	1.018	0.063	0.092	77	5.7	72.5
	对照园 B	1.116	0.066	0.068	67	0.2	45.3
	平　均	1.067	0.065	0.080	72	3.0	58.9

注：以 20 厘米为一层取样分析，共取 4 层，计算平均值；表中数据为 1979—1980 年平均值。

表 4‐13　改土培肥对土壤物理性状的影响

处　　理		容重（克/厘米^3）	总孔隙度（%）	通气孔隙度（%）	>0.25 毫米水稳性团聚体（%）
试验园	试验园 A	1.06	58.5	31.7	75.1
	试验园 B	1.08	56.1	33.1	78.4
	平　均	1.07	57.3	32.4	76.8
对照园	对照园 A	1.31	38.8	14.9	38.3
	对照园 B	1.38	37.0	11.4	33.4
	平　均	1.35	37.9	13.2	35.9

注：以 20 厘米为一层，共取 4 层，表中数据为 0~80 厘米 4 层平均值。

（二）深耕时期和深度

幼年果园树体较小，深耕对树体生长结果影响不大，对深耕时期要求不严格。成年果园深耕改土一般采取分年局部轮换进行，避免一次伤根过重对树体生长结果产生影响。从气候条件和对树体、根系生长的影响考虑，深耕时期一般在冬季树体相对休眠期，或在6～8月进行。深耕深度一般定植穴80～100厘米，穴外60～80厘米；成年果园再次深耕40～60厘米。

1977—1980年，福建省果树研究所戴良昭等在永春桃源柑橘场开展"山地红壤柑橘园改土培肥适期和深度的研究"（《中国柑橘》1982年第2期），对1970年定植的芦柑果园进行深耕改土适期和深度的研究。实施改土时期设4月、6月、8月、10月和对照（不改土）五个处理，改土深度80厘米。改土培肥深度试验设50厘米和80厘米两个处理，各处理分别填埋五种改土材料进行对比，改土时间于6月进行，并设对照（不改土）进行对比。试验果园于1977年和1978年分两年完成树冠二侧的改土培肥工作，在离树干1米外的株间，挖宽100～170厘米、长150～200厘米的大穴改土培肥。试验结果认为6～8月份土壤温度、湿度和气候对改土断根愈合有利，又是柑橘根系旺长高峰，是深耕改土最理想适期（表4-14），改土培肥深度以80厘米效果为好（表4-15）。

表4-14　不同深耕改土时期与根系生长量、产量和土壤水分的关系

0～80厘米根生长量			土壤含水量（%）			发根速度（盖玻璃检查）				产量（千克/株）		
处理时间	总根量（克）	与对照比（%）	测定时间	0～20（厘米）	20～40（厘米）	处理时间	最早发根所需天数	平均发根条数	每天平均发根条数	处理时间	1979—1980年平均	比对照增产（%）
4月	627.4	148.5	4月	37.0	39.5	4月	30	17.3	0.58	4月	46.4	25.7
6月	767.9	204.0	6月	19.5	19.7	6月	12	25.8	0.86	6月	88.4	139.6
8月	1218.5	382.6	8月	12.5	13.4	8月	14	37.1	1.24	8月	58.1	57.5
10月	512.0	102.8	10月	7.4	8.5	10月	30	15	0.5	10月	50.7	37.4
对照	252.5	0	12月	19.0	20.1					对照	36.9	0

表4-15　不同改土深度的产量表现

单位：千克/株

试验处理		1978年	1979年	1980年	三年平均株产	比对照增产（%）
埋金光菊	挖80厘米	42.9	100.7	82.2	75.3	146.9
	挖50厘米	10.3	63.9	64.7	46.3	51.8
埋稻草	挖80厘米	27.3	100.4	55.6	61.1	100.3
	挖50厘米	27.9	58.9	46.6	44.5	45.9
埋混合材料	挖80厘米	21.1	87.9	37.5	48.8	60.0
	挖50厘米	6.8	63.2	43.7	37.9	24.3
埋山草	挖80厘米	14.4	83.3	42.4	46.7	53.1
	挖50厘米	6.5	49.0	46.2	33.9	11.1

（续）

试验处理		1978 年	1979 年	1980 年	三年平均株产	比对照增产（%）
埋杂草	挖 80 厘米	20.8	62.4	45.5	42.9	40.7
	挖 50 厘米	6.2	51.3	59.9	39.1	28.2
对照		17.7	40.9	32.9	30.5	0

（三）爆破深耕技术

1998—2000 年，永安化工厂、南京理工大学和永春县物资公司合作，研究开发果园爆破深耕改土技术，生产出低爆速、多气体、短圆柱体（外形）的果园爆破深耕改土专用炸药，取得松土方量多，飞石近，有益气体多的效果。专用炸药药量有 100 克和 120 克两种规格，采用直径 65 毫米炮孔和直径 50 毫米药条的装药结构，炮孔深度 60～80 厘米。试验结果：炮孔深度 80 厘米，装药量 120 克时，爆破可见土壤松动范围直径 110～120 厘米，松土深度 90～95 厘米，抛出地表土量仅微量或无抛出。炮孔深度为 60 厘米，装药量 100 克时，可见松土范围直径 110～120 厘米，松土深度 70～80 厘米，爆破时抛出地面土量约 60 千克，个别土块飞出最远距离 2.5 米，未对果树造成损伤。按理论计算，120 克炸药爆炸后可形成大约 38.4 克氮，相当于 84 克尿素的肥量；爆炸后可生成 37.2 千焦的热，使瞬间温度达到 2 500℃左右，在药腔周围可产生一层火烧焦土，将长期改善深层土壤的板结状态。该项技术在全县推广应用数千亩。

二、中耕翻土

柑橘园经过一年一度的耕作，表层土壤变得紧实，传统耕作在全园深耕改土的基础上，每年尚进行 1～2 次表层土壤（15～20 厘米）中耕翻土，以保持表层土壤和根系的活性。

20 世纪 80 年代中期前永春芦柑果园管理每年进行 1～2 次表层土壤中耕翻土。一般在冬季结合清园进行，有利树体休眠，促进花芽分化。对初结果的幼年树或生长旺盛果园，于夏季 5 月份再次中耕翻土，切断部分根系，抑制夏梢抽发，提高坐果率。中耕翻土虽可保持表层土壤和根系活力，但一年多次耕作对土壤和根系培育弊大于利，又增加成本。80 年代中期后，多数果园仅于冬季进行一次中耕翻土，90 年代后一些果园难以每年进行，2000 年后因人工成本高，多数果园隔年或多年进行一次中耕翻土。

三、中耕除草与草生栽培

永春县气候温和，雨量充足，果园易生杂草，20 世纪 90 年代以前，每年要进行 2～3 次中耕除草，实行清耕管理。90 年代后期开始，借鉴台湾省果园管理方法，推广应用自然草生栽培，只铲除恶性杂草，每年多次割草覆盖树盘。清耕管理花工多，水土易流失，不利生态培育；采取人工种草则会增加成本，不利草种自然形成多样化；自然生草最为科学，可保持水土、改善生态和增加土壤有机质。近年工资成本高，许多果园使用除草剂除草，对土壤和根系产生不良影响，于芦柑栽培不利。

四、培土

20世纪90年代前，一些果园多年耕作后，表土流失，根系浮生，常于冬季或高温干旱季节前采取全园培土的管理措施。一般在培土前全园撒施基肥，石灰等改土材料，并先行浅耕松土，再行培土10～15厘米，以增厚土层、补充营养和培育根系。其后，因人工成本高而少用之。果园大面积培土，培土材料来源不易，成本费用较高，永春山地果园在建园时常在梯田的后壁留有草带土墩，可供培土之用，是一种经济有效的做法。

五、间作与覆盖

永春芦柑早期栽培，幼年果园多间作豆科等绿肥作物，并充分利用果园周边山草绿肥，补充肥源，改良土壤，发挥重要作用。其后，多数果园成年结果，可利用空间少，种植绿肥花工较多，20世纪90年代后推广果园自然草生栽培，效果良好。

新植果园或幼龄果园常采取人工割草覆盖树盘，保持土壤水分，调节地表温度，提高成活率，促进幼树生长，极为有效。也有少量成年果园，割取果园周边山茅杂草进行地表覆盖，因绿肥资源较少、成本较高，应用不多。

1976—1978年，福建省果树研究所戴良昭等在永春天马柑橘场开展芦柑果园施用绿肥效果的试验研究，在各处理施肥含氮量保持基本一致的情况下，施用绿肥的效果高于施用花生饼的效果（表4-16）。撰写的《果园绿肥研究》刊登于《中国柑橘》1981年第3期。

表4-16　红壤山地芦柑园施用绿肥的效果

处　理	产量（千克）		果实品质			叶片养分		
	株产	比对照增产（%）	可溶性固形物（%）	糖（克/升）	酸（克/升）	全氮（%）	全磷（%）	全钾（%）
金光菊	51.4	27.2	12.9	108.2	9.7	3.04	0.15	1.48
印度豇豆	45.4	12.4	13.2	114.0	9.0	2.40	0.14	1.52
花生饼	35.1	−13.1	13.3	112.2	8.6	2.82	0.15	1.31
对照（粪水＋无机氮肥）	40.4	0	13.1	108.2	10.4	2.92	0.18	0.96

注：产量和品质为1976—1978年平均值，叶片养分为1978年分析数值。

六、土壤管理模式

山地柑橘园土壤管理模式：在全园深耕改土的基础上，表层土壤施行自然草生栽培，每隔1～2年结合冬季清园对表层土壤（15～20厘米）进行一次中耕翻土，以保持深层土壤改良熟化，保水保肥，根系发达；表层土壤自然草生，减少耕作次数，保持水土，增加土壤有机质，并保持表层土壤和根系的活力。

第四节　施肥管理

一、永春芦柑果园土壤基础肥力状况

永春芦柑果园多数由红壤山地开垦而成，土壤类型多数属于红壤亚类。据 20 世纪 80 年代初期开展的土壤普查，红壤亚类占全县林地面积的 50.45%，分布于海拔 300～950 米，表土层有机质含量平均 3.84%，全氮 0.133%，速效磷 1 毫克/千克，速效钾 152 毫克/千克，pH 4.0～6.0。对全县红壤亚类典型剖面进行的调查分析，其土壤剖面特征与营养状况见表 4-17：表层土壤（腐殖质层）平均深度 0～10 厘米，有机质、全氮、速效钾含量较丰富，磷含量极低。心土层（淀积层）的过渡层（B1 层）平均深度 10～33 厘米，有机质、全氮含量快速降低，磷仍极低，钾含量稳定；典型心土层（B2 层）平均深度 33～97 厘米，有机质、全氮含量均低，磷仍极低，钾含量稳定。柑橘栽培一般耕作层土壤要求 40～60 厘米以上，需施用大量有机肥等肥料提高肥力，才能满足柑橘生长结果的需要。

表 4-17　永春县红壤亚类剖面特征与营养状况

层　　次		红壤土属	深度（厘米）	有机质（%）	全氮（%）	速效磷（毫克/千克）	速效钾（毫克/千克）	pH
A 层（腐殖质层）	A1（腐殖质积聚层）	酸性岩红壤	0～6	6.57	0.223	痕迹	178	4.8
		沙质岩红壤	0～5	3.38	0.21	1	65	6.0
		平均	0～5.5	4.98	0.217	0.5	122	5.4
	A3（过渡层）	酸性岩红壤	6～9	4.06	0.164	痕迹	194	5.0
		中性岩红壤	0～10	2.51	0.074	痕迹	123	4.7
		泥质岩红壤	0～5	3.25	0.09	2	123	5.0
		沙质岩红壤	5～12	2.41	0.092	2	154	5.0
		侵蚀红壤	0～13	4.17	0.162	1	231	4.8
		平均	2～10	3.28	0.116	1	165	4.9
B 层（淀积层）	B1（过渡层）	酸性岩红壤	9～35	2.38	0.081	痕迹	204	4.6
		中性岩红壤	10～38	1.24	0.060	痕迹	198	5.0
		泥质岩红壤	5～15	1.27	0.07	6	191	5.7
		沙质岩红壤	12～42	3.11	0.081	1	197	5.5
		侵蚀红壤	13～33	1.11	0.075	3	202	5.2
		平均	10～33	1.82	0.073	2	198	5.2
	B2（典型淀积层）	酸性岩红壤	35～120	0.95	0.044	0	143	5.4
		中性岩红壤	38～150	0.33	0.034	痕迹	135	4.6
		泥质岩红壤	15～60	0.65	0.06	痕迹	122	5.3
		沙质岩红壤	42～82	1.39	0.075	1	131	5.0
		侵蚀红壤	33～72	0.94	0.043	痕迹	154	5.3
		平均	33～97	0.85	0.051	0.2	137	5.1

注：资料来源于《永春土壤》（永春县土壤普查办公室编印，1984 年）。

二、永春芦柑果园营养与施肥状况

(一)永春山地芦柑果园营养状况

1996—1999 年,福建省农业厅果树站在全省开展"芦柑营养诊断配方施肥技术"协作研究,永春县对 28 片成年山地芦柑果园(1996 年 5 片果园、1997 年 8 片果园、1998—1999 年 28 片果园)各 69 个土壤和叶片样品进行营养分析,结果见表 4-18。

表 4-18 永春芦柑果园叶片和土壤营养状况

元素名称		适宜标准	69 个样品平均含量	营养状况		
				低于适宜标准样品(%)	适宜标准样品(%)	高于适宜标准样品(%)
叶片	氮(%)	2.9~3.5 (2.7~3.3)	3.159	1.4	94.3	4.3
	磷(%)	0.12~0.16 (0.12~0.15)	0.130	33.3	58.0	8.7
	钾(%)	1.0~1.7 (1.0~1.8)	1.451	2.9	89.9	7.2
	钙(%)	2.5~3.7 (2.3~2.7)	2.650	18.8	79.8	1.4
	镁(%)	0.25~0.50 (0.25~0.38)	0.327	10.1	89.9	0
	铜(毫克/千克)	4~16	32.68	0	8.7	91.3
	锌(毫克/千克)	20~50	22.64	29.0	71.0	0
	铁(毫克/千克)	50~140	97.90	0	91.3	8.7
	锰(毫克/千克)	20~150	61.52	2.9	91.3	5.8
	硼(毫克/千克)	20~60	33.70	30.4	59.5	10.1
	氯(%)		0.039			
土壤	pH	5.0~6.5	4.37	94.2	5.8	0
	有机质(%)	1.5~3.0	1.798	17.4	82.6	0
	全氮(%)	0.10~0.15	0.088	75.4	23.2	1.4
	水解氮(毫克/千克)	100~200	161.8	15.9	59.5	24.6
	速效磷(毫克/千克)	10~40	168.1	4.3	2.9	92.8
	速效钾(毫克/千克)	100~300	155.5	24.6	75.4	0
	交换钙(毫克/千克)	500~2 000	508.7	56.5	43.5	0
	交换镁(毫克/千克)	80~125	76.4	59.4	23.2	17.4
	有效铜(毫克/千克)	2~6	9.52	8.7	29.0	62.3
	有效锌(毫克/千克)	2~8	3.15	15.9	82.7	1.4
	有效铁(毫克/千克)	20~100	51.1	7.2	91.4	1.4
	代换锰(毫克/千克)	3~7	5.42	46.4	34.8	18.8
	易还原锰(毫克/千克)	100~200	28.32	94.2	5.8	0
	水溶性硼(毫克/千克)	0.50~1.00	0.63	37.7	49.3	13.0
	土壤氯(毫克/千克)	—	26.6	—	—	—

注:叶片营养适宜标准由庄伊美等(1985)、王仁玑等(1991)提出,土壤营养适宜标准由庄伊美等(1985 年、1991 年、1993 年)提出。叶片营养适宜标准栏内数值指枳砧芦柑,括号内指乔砧芦柑。

2009年，永春县土肥站承担国家测土配方施肥技术示范推广项目，全县采集山地红壤柑橘园土壤样品1190个，进行pH、有机质、有效氮、有效磷、速效钾含量分析，抽取有代表性的土样205个进行全氮、有效锌、交换性钙、交换性镁、有效硼等含量的分析，结果见表4-19。

表4-19 永春芦柑果园土壤营养状况

元素名称	适宜标准	检测样品平均含量	营养状况（占样品数%）		
			低于适宜标准	符合适宜标准	高于适宜标准
pH	5.0～6.5	4.58	88.1	11.9	0
有机质（%）	1.5～3.0	1.96	31.4	57.2	11.4
全氮（%）	0.10～0.15	0.113	24.9	67.8	7.3
有效氮（毫克/千克）	100～200	129.0	32.3	57.3	10.4
有效磷（毫克/千克）	10～40	137.4	2.3	17.1	80.6
速效钾（毫克/千克）	100～300	143.8	33.9	60.6	5.5
交换性钙（毫克/千克）	500～2 000	799.6	55.5	42.8	1.7
交换性镁（毫克/千克）	80～125	60.3	63.7	28.8	7.5
有效锌（毫克/千克）	2～8	4.05	16.8	81.7	1.5
有效硼（毫克/千克）	0.50～1.00	0.40	68.5	31.5	0

注：土壤营养适宜标准由庄伊美等（1985年、1991年、1993年）提出。

（二）永春山地芦柑施肥状况

1996—1999年开展的"芦柑营养诊断配方施肥技术"研究，对试验芦柑成年果园施肥情况进行调查统计，结果见表4-20。

表4-20 芦柑试验园产量与施肥量

年 份	试验园	产量（千克/亩）	施肥量（千克/亩）				50千克产量施氮量（千克）
			总氮（N）	有机氮（N）	磷（P$_2$O$_5$）	钾（K$_2$O）	
1996年	5片果园平均	3 270	91.4	13.0	36.7	19.2	
1997年	8片果园平均	2 421	77.6	9.1	29.7	32.0	
1998年	28片果园平均	2 867	80.6	3.5	28.2	26.0	
1999年	28片果园平均	3 070	75.2	8.8	33.8	29.5	
1996—1999年	69片果园平均	2 927	78.84	6.99	31.26	27.62	1.35
总氮（N）：有机(N)：磷(P$_2$O$_5$)：钾(K$_2$O)			1	0.09	0.40	0.35	

2003—2005年县农业技术推广站实施省科技厅"芦柑绿色食品标准研究及示范基地建设"项目期间，对天马柑橘场5个示范果农施肥情况进行调查统计，见表4-21。

表 4 - 21　天马柑橘场示范户芦柑果园产量与施肥量

年份	调查户数	调查面积（亩）	产量（千克/亩）	施肥量（千克/亩）				50千克产量施氮量（千克）
				总氮（N）	有机氮（N）	磷（P_2O_5）	钾（K_2O）	
2003 年	5	128	3 738	95.16	17.44	47.92	46.04	
2004 年	5	128	4 461	80.82	16.08	43.92	34.48	
2005 年	5	128	2 386	83.64	10.68	40.52	41.56	
平均	5	128	3 528	86.54	14.73	44.12	40.69	1.23
总氮（N）：有机(N)：磷（P_2O_5）：钾（K_2O）				1	0.17	0.51	0.47	

三、永春芦柑施肥技术

（一）施肥时期与方法

幼年果园于冬季施用基肥，春、夏、秋梢每次梢前施速效肥促进新梢生长，新梢转绿期可实施根外追肥，促进枝梢生长充实。

成年果园每年多次施肥：采收后施用基肥恢复树势，促进花芽分化；春梢萌芽前施肥促进春梢生长；开花幼果期适量施肥以提高坐果率；7月上中旬施肥以促进果实生长、培育良好结果母枝。生产上多数果园在冬季结合清园中耕翻土一次性施用有机肥和石灰等肥料，速效肥则以春梢萌芽前和7月上中旬壮果肥为重点，稳果肥视结果量与树势在开花幼果期灵活施用。

施肥方法除结合深耕和中耕翻土施用外，大多采取挖沟施肥，然后覆土。2000年后，一些果园在雨天时地表撒施化肥，以节省人工成本。根外追肥常用于缺素症状的矫正。

（二）施肥量

永春芦柑传统施肥主要凭借经验，芦柑果园营养与施肥上存在土壤 pH 低，有机肥不足，速效氮肥、磷肥过量，钾肥相对不足，钙、镁缺乏等问题。1996—1999 年，通过开展营养诊断配方施肥试验，提出了永春芦柑果园配方施肥推荐方案：亩产 2 500～3 000 千克的果园，年施纯氮（N）45～60 千克，氮（N）：磷（P_2O_5）：钾（K_2O）施用比例为 1：0.3～0.4：0.5～0.6，其中有机氮应占施氮总量的 25％左右。永春芦柑果园三要素推荐用量与换算肥料量见表 4 - 22，成年芦柑果园施肥时期及分配率推荐方案见表 4 - 23；2000 年 5 月，永春县农业局编印《山地芦柑施肥技术推广手册》推广应用。

表 4 - 22　永春芦柑果园三要素推荐量与换算肥料量

单位：千克/（株·年）

树龄或株产		幼年树			成年树					
		一年生	二年生	三年生	20千克/株	40千克/株	60千克/株	90千克/株	120千克/株	150千克/株
三要素	氮（N）	0.20	0.30	0.40	0.45	0.75	0.90	1.10	1.30	1.50
	磷（P_2O_5）	0.05	0.07	0.14	0.15	0.25	0.30	0.40	0.50	0.60
	钾（K_2O）	0.05	0.07	0.14	0.225	0.375	0.45	0.60	0.75	0.90

（续）

树龄或株产		幼年树			成年树					
		一年生	二年生	三年生	20 千克/株	40 千克/株	60 千克/株	90 千克/株	120 千克/株	150 千克/株
肥料量	油桐饼	1.50	2.00	2.50	3.00	5.00	7.50	10.00	11.50	12.50
	尿素	0.43	0.65	0.87	0.98	1.63	1.96	2.39	2.83	3.26
	钙镁磷	0.28	0.40	0.78	0.83	1.39	1.67	2.22	2.78	3.33
	氯化钾	0.08	0.12	0.23	0.38	0.63	0.75	1.00	1.25	1.50

注：①三要素推荐用量不含有机肥成分。

②使用不同肥料可按其纯含量换算用量。

③果农可根据果园土壤肥力增加或减少肥料用量20%～30%。

表 4 - 23　永春县成年芦柑果园施肥时期及分配率推荐方案

单位：%

肥料类别		果实采收后（基肥）（12～1月）	春梢萌发期（2月）	开花幼果期（4～5月）	果实发育期（7月）
有机肥料		100			
化肥	氮肥	20～25	25	20	30～35
	磷肥	60～80	0	20	0～20
	钾肥	30	0	20	50

注：施肥时期与分配率受树龄、树势、结果量等影响较大，应视果园具体情况灵活掌握。

四、柑橘营养与施肥试验研究

（一）芦柑叶片与土壤营养元素含量适宜标准的研究

通过多年对永春等地柑橘果园营养状况的试验研究，福建省亚热带植物研究所庄伊美等（1985年）、王仁玑等（1991年）提出了芦柑叶片营养元素含量的适宜标准（表4-24），庄伊美等（1985年，1991年，1993年）提出了柑橘园土壤元素含量的适宜标准（表4-25）。永春芦柑开展营养诊断配方施肥均应用该标准作为诊断指标。

表 4 - 24　芦柑叶片营养元素含量的适宜标准

元　　素	适宜标准	元　　素	适宜标准
氮（%）	2.9～3.5（2.7～3.3）	硼（毫克/千克）	20～60
磷（%）	0.12～0.16（0.12～0.15）	铁（毫克/千克）	50～140
钾（%）	1.0～1.7（1.0～1.8）	锰（毫克/千克）	20～150
钙（%）	2.5～3.7（2.3～2.7）	锌（毫克/千克）	20～50
镁（%）	0.25～0.50（0.25～0.38）	铜（毫克/千克）	4～16

注：栏内数值指枳砧芦柑，括号内指乔砧芦柑。

表 4-25　柑橘园土壤元素含量的适宜标准

元　素	适宜标准	元　素	适宜标准
有机质（％）	1.5～3.0	有效铁（毫克/千克）	20～100
全氮（％）	0.10～0.15	有效锌（毫克/千克）	2～8
水解氮（毫克/千克）	100～200	代换性锰（毫克/千克）	3～7
速效磷（毫克/千克）	10～40	易还原性锰（毫克/千克）	100～200
速效钾（毫克/千克）	100～300	有效铜（毫克/千克）	2～6
代换性钙（毫克/千克）	500～2 000	水溶性硼（毫克/千克）	0.50～1.00
代换性镁（毫克/千克）	80～125	有效钼（毫克/千克）	0.15～0.30

（二）红壤柑橘园土壤熟化与酶活性相关性的研究

1985 年，福建省亚热带植物研究所吴可红、庄伊美等选择永春县天马柑橘场、猛虎柑橘场，对 20 世纪 50 年代、60 年代、70 年代和 80 年代四个不同开垦年代的芦柑果园土壤化学性状和土壤酶活性开展研究，讨论了土壤酶活性与土壤养分含量的关系，土壤酶活性与红壤柑橘园土壤熟化度的相关性，以及土壤酶在红壤果园土壤定向培肥进程中的作用，提出了红壤芦柑果园土壤良好熟化度的主要指标（表 4-26），撰写的《红壤柑橘园土壤熟化与酶活性相关性的研究》刊登于《生态学报》1989 年第 2 期。

表 4-26　红壤芦柑园土壤良好熟化度的主要指标

化学性状				酶活性			
全碳（％）	全氮（％）	速效磷（毫克/千克）	速效钾（毫克/千克）	蛋白酶（NH₂　毫克/克）	酸性磷酸酶（酚　毫克/克）	过氧化物酶（红色桐精　毫克/克）	脲酶（NH₄　毫克/100 克）
＞1.5	＞0.1	＞10	＞100	＞0.3	＞0.3	＞1.5	＞50

（三）柑橘缺镁症矫正技术研究

缺镁是永春柑橘生产上最常见的缺素症状，20 世纪 80 年代初福建省农业科学院果树研究所戴良昭等在永春吾峰吾中大队柑橘场开展"柑橘缺镁症与矫正技术研究"，指出芦柑果园缺镁普遍存在，柑橘叶片含镁量低于 0.3％可作为诊断柑橘缺镁的临界营养指标。柑橘缺镁与土壤有着密切关系，尤其与土壤 pH，以及交换性钙、镁和钾、镁的比值有关；当比值大时，两者间的营养含量不平衡，导致树体缺镁症状表现。柑橘缺镁矫正以用药物根外喷施及土壤增施有机肥的矫正效果最好。根外追施以 1％硝酸镁最好。根部浇施时芦柑用硝酸镁和氧化镁，桶柑用硫酸镁和氧化镁。树干灌注时芦柑和桶柑均以硫酸镁效果最好。氢氧化镁作为土施效果也较好。撰写的《柑橘营养诊断施肥技术研究——柑橘缺镁症与矫正试验总结》刊登于《福建果树》1985 年第 2 期。

（四）芦柑施肥量的研究

戴良昭等经多年在永春桃源柑橘场进行柑橘大面积高产优质栽培试验，提出山地柑橘亩产 3 000 千克，每亩年施氮量 40～60 千克，氮（N）∶磷（P₂O₅）∶钾（K₂O）施用比例 1∶0.6∶0.8。撰写的《柑橘大面积优化栽培试验》刊登于《福建果树》1987 年第 4 期。

庄伊美等经多年比较试验，提出福建丘陵红壤亩产 2 500～3 000 千克的芦柑果园，每亩年施纯氮 25～40 千克，氮（N）∶磷（P_2O_5）∶钾（K_2O）施用比例 1∶0.4～0.5∶0.8～1.0，其中有机肥约占 50％（以氮计）。撰写的《椪柑经济施肥中间试验》刊登于《中国柑橘》1989 年第 3 期。

第五节　果园灌溉

永春芦柑约 90％为山地果园，水利条件较差。虽然历年平均降水量达 1700 多毫米，但各月分布不均，特别是芦柑采收前的 10 月、11 月份为旱季，降水量少，影响果实生长发育，常致大果率低，降低收益。因此，果园建设一贯推行建筑水平梯田，前岸后沟，以保持水土。推广挖大穴或壕沟定植，全园扩穴改土，加深耕作土层，以增强果园蓄水保水能力，培育发达根系，增强树体吸收与抗旱能力。在此基础上，各果园均因地制宜，建设相应水利设施，以满足旱季灌溉之需。

早期果农大多通过开挖水沟引水灌溉，或人工挑水浇灌。20 世纪 70 年代末期至 80 年代初，在政府有关部门的扶持下，许多果园建设喷灌设施。1979 年猛虎柑橘场在全县率先建设喷灌设施，喷灌果园面积 220 亩，总投资 9.2 万元，取得增产 23.8％，大果率提高，增加收益的成效。其后，在水利、农垦等部门的支持下，许多果园建设喷灌设施，1990 年出版的《永春县志》记载，至 1985 年底，全县有猛虎柑橘场、天马柑橘场、北硿华侨茶果场、桃源村柑橘场、德风村柑橘场等 18 个柑橘场，2 995 亩柑橘园建有喷灌设施；其中固定式喷灌面积 1 295 亩，移动式喷灌面积 1 700 亩。大多利用山地果园地形优势，在高处建设蓄水池，铺设管道，利用蓄水池与果园高差的压力喷水灌溉。

20 世纪 90 年代至 21 世纪以来，政府有关部门开始示范推广微喷灌、滴灌等节水灌溉技术。2004 年天马柑橘场建设喷灌果园 90 亩，铺设管道 10 千米，安装喷头 900 个。2004 年建设的桃城镇化龙柑橘场喷灌工程，喷灌面积 130 亩，铺设管道 13.8 千米，安装喷头 650 个。2004 年建设的桃城镇上沙柑橘场喷灌工程，喷灌面积 50 亩，建蓄水池 280 立方米，铺设管道 4 千米。此后，尚有许多果园建设了喷灌、滴灌设施。2014 年，永春绿源柑橘专业合作社建设了果园水肥一体化设施。由于喷灌、微灌、滴灌等灌溉设施投资较大，受水资源限制及设施维护使用不善等因素影响，早期建设的一些果园喷灌、滴灌等设施未能持久使用。因此，除政府项目扶持果园外，果农少有自行投资建设高标准的喷灌、滴灌等设施。多数经营者根据果园周边水资源情况，建设蓄水池，从山涧引水入池，或利用降雨时蓄积水源，铺设管道至果园各个角落，设置开关阀门，以满足植保施药用水，灌溉时利用临时水管引水灌溉。

第六节　树冠管理

一、保持独立树冠

永春芦柑早期种植密度 60～70 株/ 亩，多数梯田台面宽 2～3 米，株距约 4 米。20 世纪 80 年代快速发展阶段，农业人口多，土地资源少，产品供不应求，盛行"矮密早栽培"，种植密度大多70~80株/亩，甚至更高。成年后树冠郁蔽，产量低，品质差，耕作不便，增加管理成本。20世纪90年代后期开始大力推行疏伐郁蔽果园，通过确定永久树，逐年缩伐、间伐临时树，使永久树成为独立树冠。

柑橘栽培不管树冠大小，均应保持树体之间有一定间距的独立树冠，保证果园群体通风透光。成年果园如树冠过于高大，不利田间耕作；过于矮小则树冠容积小，不利效益提高；相对较大的树冠有利产量品质提高，单位生产成本较低。永春芦柑成年树冠以控制冠幅4.0~4.5米、树高2.5~3.0米的独立树冠，生产效益最高。

为保持独立树冠，满足树体生长空间，大多从建园规划着手。永春山地果园坡度多达15°~30°以上，不易开垦大台面，每层梯地大多只种植一行芦柑，永久性株行距4.0~4.5米，每亩约种植40株为理想，早期计划密植则在株间加密1株。坡度较大的果园，一般开垦梯田台面3~3.5米，在梯田后壁留草带或耕作通道，留足树体生长空间，便于耕作，又可为日后果园培土提供土源。

二、培育自然开心形树冠

永春芦柑早期没有明确的树形模式，虽有不同程度整形修剪，多数最终成为主枝众多而紊乱的自然圆头树形或多主枝放射树形，不利产量和品质提高。20世纪90年代后期开始推广应用自然开心树形。在疏伐郁蔽果园的基础上，通过矫形修剪把自然圆头树形改造为自然开心树形。放任生长的树冠无明确主枝，改造时选留3~4个主枝，与水平成约70°角向各方向延伸，过高的主枝通过回缩矮化树体。每个主枝上选配2~3个副主枝，与水平成约20°角。副主枝之间保持适当间距，使树体呈一定层性；越在下方的副主枝越长，渐向上的渐短，使树冠呈上小下大的三角形，受光量大。依次配置在骨干枝上的侧枝，生长角度与水平成0°~20°角。树形改造分2~3年完成，因树随势矫形，无需过分强调树形。自然开心树形的树冠通风透光，枝条主次分明，立体结果，果实发育良好而大小一致；整枝容易，定形后修剪量小；提高产量和品质的效果明显，深受果农欢迎接受，2000年后在全县迅速普及应用。

三、枝梢管理

(一)夏、秋梢摘心

对幼树生长过长的夏、秋梢，当能分辨基部8~10个叶片时摘心去顶，长度控制20~30厘米，以促使生长充实，促进分枝，形成树冠，提早结果，在幼年果园管理中广为应用。结果前一年对末次梢则不施行摘心，以免影响花芽分化，花少果少。

(二)抹芽放梢

对幼树或初结果树，生产上采用抹芽放梢技术，在夏、秋梢生长3~5厘米时，每隔一段时间抹一次，直至所要求的时间停止抹芽，放梢生长。以使新梢抽发数量较多、生长整齐，有利潜叶蛾等病虫的防治。初结果树抹去早夏梢避免与幼果争夺养分水分以提高坐果率，集中放梢培育众多生长充实的结果母枝。一般幼树或初结果树一年放三次梢，一是春梢，二是5月下旬至6月中旬放夏梢，三是8月中旬放秋梢。随着结果量增多，一年留二次梢，一为春梢，二为7月下旬至8月中旬放秋梢。

（三）扭枝、拉枝

对于生长过于旺盛或角度过于直立的枝梢，一些果农采取扭枝或拉枝的方法，利于枝条营养物质积累，抑制营养生长，促进结果，调整树形。

四、修剪

永春芦柑早期多精细修剪：幼年果园采取夏秋梢摘心、抹芽放梢等技术。成年果园多郁蔽，虽然对细小枝条修剪较多，但由于没有从果园群体、树形等大的方面着手，效果并不理想。20 世纪 90 年代后期以来，通过疏伐郁蔽果园、培育独立开心树形，果园群体和树冠个体通风透光良好，枝梢发育充实，树势强壮，立体结果，品质良好。因此，果农大多把保持独立树冠、培育自然开心树形作为树冠管理、整形修剪的基础。树冠定形后则修剪量较小，除剪除扰乱树形的枝条外，大多通过修剪调节营养生长与生殖生长的平衡，在小年结果后的冬季，对树冠外围部分枝条进行回缩短截，促发春梢营养枝，调节结果枝与营养枝比例，保持生长与结果的平衡。

修剪时期以采果后春梢萌发前冬剪为主，6 月中旬至 7 月中旬夏剪为辅。

第七节　保花保果与疏花疏果

早期芦柑栽培以产量为中心，常采用环割和喷施植物生长调节剂等措施保花保果。福橘砧芦柑通过环割以促进早期结果，2，4 - D 和九二〇是最常用的保花保果剂。保花保果，特别是大年结果时保花保果，常使结果量过多而优质果率低，树势衰退，既加重大小年结果，又增加管理成本，对果实品质还有不利影响。永春芦柑多为山地栽培，秋冬为旱季，花芽分化良好，生产上多用枳砧，丰产性好；一般情况下，只要做好果园管理的基础工作，无需采用特殊措施即可结果良好。适龄不结果或适龄低产园，在加强田间管理的基础上，则采取适当保花保果措施促进结果。

20 世纪 90 年代后期以来，果农以提高优质果率为生产目标，一般不使用植物生长调节剂保花保果，而主要通过栽培措施保证产量，并开始采取疏花疏果提高优质果率。疏花疏果一般首先通过修剪调节，对次年大年结果的果园，冬季对树冠外围部分枝条进行短截修剪，促发春梢营养枝，减少花量。其次，在生理落果结束、稳果后，分期进行人工疏果，疏去商品价值低及过于密生的果实，使结果量合理，一般盛产期果园控制每亩产量 2 500～3 500 千克。人工疏果花工较多，但提高品质效果良好，仍为多数果农采用。

第五章
病虫防治

第一节 主要病虫害

一、主要病害

永春柑橘种植历史较久，生产规模大，多数柑橘病虫均有不同程度发生为害。生产上主要病害有柑橘黄龙病、疮痂病、炭疽病、树脂病、脚腐病、溃疡病、青霉病、绿霉病等；碎叶病、黑星病、脂点黄斑病、白粉病、煤烟病、膏药病、根线虫病、黑腐病、黑色蒂腐病、褐色蒂腐病、疫菌褐腐病、油斑病、日灼病、枯水等也有不同程度发生为害。

（一）黄龙病

柑橘黄龙病是最具毁灭性的柑橘病害。永春县 20 世纪 50 年代开始成片种植柑橘，50～60 年代就有黄龙病零星危害；2000 年后开始在全县蔓延危害，许多柑橘园成片死亡，成为芦柑产业发展的制约因素，详见本章第二节。

（二）疮痂病

疮痂病主要危害嫩叶、嫩梢、幼果，受害叶片、幼果表面出现突起疮痂状病斑，易致落叶、落果，严重影响果实外观，降低产量。其病原为柑橘痂圆孢菌（*Sphaceloma fawcetti* Jenkins），属于半知菌亚门，为真菌性病害。疮痂病是永春芦柑生产上危害最广的病害之一，芦柑极为感病。疮痂病一般只侵染柑橘的幼嫩组织，新抽生的幼梢嫩叶及刚谢花后的幼果最易感病，老熟的组织抗病性强。发病的温度范围 15～24℃，28℃ 以上时很少发病。永春芦柑果园春梢萌芽 1～2 毫米和谢花 2/3 时，均需施药防治疮痂病，较高海拔的果园秋梢萌芽期也需施药防治；夏梢期温度较高发病轻，一般无需施药防治。

（三）炭疽病

炭疽病病原为盘长孢状刺盘孢菌（*Colletotrichum gloeosporioides* Penz.），属半知菌亚门，为真菌性病害。炭疽病在永春芦柑果园为害极为普遍，生产上最常见的为枝叶上的慢性型症状。叶片受害时，在叶缘或叶尖，呈近圆形或不规则形病斑，浅褐色，边缘为深褐色，病健组织分界明显。枝梢发病一般从梢顶向下枯死，病部与健部分界明显；也有在枝梢中部叶柄基部开始发病，当病斑扩展至环绕枝梢一周时，病梢由上而下枯死。急性型炭疽多发生于嫩梢上，以甜橙品种、蕉柑表现较多，芦柑仅一些果园少量发生，表现为嫩梢在转绿前受害，出现类似热水烫伤，呈水渍状，其后凋萎枯死。幼果受危害时，表现油渍状不规则病斑，可扩至全果，病斑凹陷变黑，引起落果或成僵果挂在树上，在一些果园时常可见。一部分生长势较弱的果园，10月可见快成熟的果实受害的"枯蒂炭疽"症状。炭疽病防治一般春季结合防治疮痂病等施药兼治，对发病严重的果园则需增加施药次数，如在9月份施药防治"枯蒂炭疽"。

（四）树脂病

树脂病是永春柑橘生产上常见病害之一。该病发生在树干、枝条上称树脂病或流胶病，在成熟的果实上称蒂腐病，在幼果和叶片上称砂皮病。其病原为子囊菌亚门，学名 *Diaporthe citri* (Fawcett) Wolf。无性世代属半知菌亚门，学名 *Phomopsis citri* Fawcett，属真菌性病害。永春芦柑生产上树干、枝条上出现树脂病或流胶现象时有发生，而在叶片和幼果上砂皮极为常见而严重，特别果实砂皮影响外观，造成重大损失。砂皮病在20世纪80～90年代前未大面积蔓延危害。1999年出现冻害天气后，在北碇华侨茶果场北碇管理区柑橘场至东平岭头庵一带砂皮病大量蔓延，因其病源多，侵染期长，果农每年多次施药防治，增加许多成本。2000年以后，因柑橘黄龙病危害许多果园成片死亡，枯枝落叶病源多，防治难度更大，受害范围更广，特别在夏秋多雨年份危害极为严重，成为生产上困扰果农的重要病害之一。

（五）脚腐病

脚腐病（*Phytophthora parasitica* Dastur.），主要为害树干基部，引起皮层腐烂，植株死亡。永春芦柑果园少量发生，一些地势低洼、排水不良的果园受害较重，一般采用刮除病部涂药治之。

（六）溃疡病

溃疡病为国内外植物检疫对象，病原 *Xanthomonas campestris* pv. *citri* (Hasse) Dye，属细菌性病害，是甜橙类重要病害，每年需多次施药防治。芦柑对溃疡病具有强抗病性，仅在芦柑与甜橙混栽果园，并有伤口之下，个别出现溃疡病斑。在芦柑与甜橙混栽果园，其嫩梢受潜叶蛾危害产生的伤口，常可见溃疡病斑。

（七）碎叶病

碎叶病主要为害以枳、枳橙作砧木的柑橘树。碎叶病毒（citrus tatter leaf virus）为曲杆状粒体。植株感病后，砧穗接合部环缢，接口以上的接穗部肿大，引起植株黄化、衰弱，甚至枯死。剥去接合处皮层，可见接穗与砧木的木质部间有一圈褐色的缩缢线；受较强外力推动时，接口易断裂，裂面光滑。永春芦柑生产上少量发生，在外山乡墘溪村以枳作砧的幼年芦柑园中曾见碎叶病的典型症状，2004年10月在五里街镇高垅村幼年枳砧芦柑园曾取样由中国农业科学院柑橘研究所专家带回检验，检测出碎叶病病原。

（八）柑橘根线虫病

柑橘根线虫病（*Tylenchulus semipenetrans* Cobb.）为害根部，受害植株表现缓慢性衰退，影响产量。2008年3月7日，厦门大学教授潘沧桑团队在永春采样检测，柑橘良种场20个（株）根系样品平均每克根系检出线虫73.1条，天马柑橘场20个（株）根系样品平均每克根系检出线虫 76.0 条。虽然根线虫在果园分布普遍，但多数果园危害症状不明显，果园常规管理中大多未施行防治措施。

（九）日灼病

日灼病在永春芦柑上发生较普遍，受害果实由于高温强光照射果皮灼伤坏死，轻者影响外观，重者伤及果肉，囊瓣枯缩，汁胞干瘪，失去食用价值，多发生于日照强烈而通风不良的果园。

（十）油斑病

柑橘果实油斑病永春果农俗称"水伤"，为发生在成熟期果实上的一种生理病害，是由于果皮油胞破裂，橘皮油外渗侵蚀果皮细胞而引起，生产上多数果园均有不同程度发生。不仅影响果实外观，降低或丧失果实商品性，而且病斑容易受其他病菌侵染，造成果实腐烂。雨水过多或气温变化大，在采收中损伤果皮，以及害虫危害、机械损伤造成果皮油胞破裂均可引发油斑病。果实采收前长期干旱而突降大雨，或在采收季节雨水较多时较易发生，一般年份受害较轻。2009 年，永春县 8 月中旬至 11 月初连续 80 多天干旱，11 月 9 日开始气温下降、连续降雨，降水量达 50 多毫米，造成部分果皮油胞破裂，油斑病大量发生，许多果园病果率达 10％以上，造成严重损失。

（十一）贮藏期病害

青霉病（*Penicillium italicum* Wehmer）和绿霉病（*Penicillium digitatum* Sacc.）是永春芦柑贮藏期为害最普遍的病害。而黑腐病（*Alternaria citri* Elliset Pierce）、黑色蒂腐病（*Diplodia natalensis* Evans）、褐色蒂腐病〔*Diaporthe citri*（Faw.）Wolf〕、疫菌褐腐病（*Phytophthora citri* Phthora）等也极为常见。芦柑贮藏期侵染性病害防治，大多通过加强果园管理，在采收、贮运期间严防果实损伤，采收后进仓前进行防腐保鲜药剂处理，采用薄膜单果包装贮藏方法，减少贮藏期病害发生。

芦柑果实贮藏期常出现的"枯水"症状，属生理性病害。其症状为果皮与囊瓣分离，囊瓣汁胞失水干缩，维管束与囊瓣相互分离，果重减轻，果肉含糖量下降，严重时囊瓣变白干缩，失去食用价值，而果皮仍保持良好色泽与外观。永春芦柑一般采后贮藏至次年 2～3 月少见出现枯水症状，贮藏期过长则部分果实易出现枯水。采收时成熟度高的果实贮藏期较易出现枯水，大果比小果易出现枯水。生产上一般采取适当提早采收，采后适当延长预贮时间和控制贮藏期限，以减少"枯水"症状的发生。

二、主要虫害

永春柑橘生产上主要虫害有柑橘红蜘蛛、锈壁虱、矢尖蚧、吹绵蚧、柑橘粉虱、黑刺粉虱、柑橘木虱、蚜虫、潜叶蛾、天牛、橘小实蝇等害虫。柑橘糠片蚧、黑点蚧、褐圆蚧、红蜡蚧、粉蚧等蚧类害虫，卷叶蛾、吸果夜蛾、吉丁虫、尺蠖、椿象、凤蝶类害虫，恶性叶甲、橘潜蜂、花蕾蛆、蓟马等亦为常见害虫，均有不同程度发生危害。

（一）红蜘蛛

红蜘蛛〔*Panonychus citri*（McG.）〕为芦柑生产上危害最广泛的害虫，其吸食柑橘叶片、小枝、果实的汁液，受害叶片轻则出现许多灰白色小点，严重时整个叶片灰白色，常致大量落叶。在永春一年发生 18～20 代，第一次发生高峰约于 3 月下旬，第二次发生高峰于春末夏初的 5 月份；6～8 月由于酷热多雨，不利其生长繁殖，受害较轻；第三次高峰发生于 9～10 月。各果园每年均需多次施药防治，猛虎柑橘场、桃城镇农业服务中心等曾试验施用捕食螨防治红蜘蛛。

（二）锈壁虱

锈壁虱［*Phyllocoptruta oleivora*（Ashmead）］也是芦柑生产上重要害螨之一，为害可使叶片成锈叶，果实成黑果失去经济价值。在永春一年发生 20～22 代，一般 4 月中、下旬就可在春梢叶片上出现为害，5～6 月转移到幼果上为害，7～9 月是果实上为害盛期，10 月仍有锈壁虱为害，各果园每年均需多次施药防治。

（三）矢尖蚧

矢尖蚧［*Unaspis yanonensis*（Kuwana）］是蚧类中最常见的一种，为害面广。以口器吸吮小枝、叶片和果实的汁液，影响树势，果实外观差而丧失经济价值。永春芦柑果园多有发生，许多果园深受其害。一年发生 3 代，第一代若虫盛发期出现在 5 月中、下旬，为全年施药防治的关键时期。第二代若虫在 6 月下旬至 7 月中旬出现，第三代若虫在 9 月中旬至 10 月上旬出现。每年需多次施药防治。

（四）吹绵蚧

吹绵蚧（*Icerya purchasi* Maskell）为永春柑橘生产上常见蚧类害虫，其为害柑橘枝叶，诱发煤烟病，致树势衰弱。一年发生约 3 代，第一代若虫盛发期 5 月上旬至 6 月下旬，第二代若虫盛发期 7 月下旬至 8 月中旬，第 3 代在 9 月之后。若虫盛发期为施药防治的时期，第一代若虫盛发期是全年防治的关键时期。

（五）黑刺粉虱与柑橘粉虱

永春芦柑生产上常见的粉虱类害虫有黑刺粉虱（*Aleurocanthus spiniferus* Quaintance）和柑橘粉虱［*Dialeurodes citri*（Ashemead）］，为害范围较广，常在部分果园猖獗为害。多以幼虫群居叶背吸取汁液，分泌蜜露诱发煤烟病，严重影响产量品质。柑橘粉虱一年发生多代，4 月下旬至 5 月上旬、7 月上旬至 7 月中旬、9 月上旬至 9 月中旬、10 月下旬至 11 月上旬为各代 1～2 龄幼虫的盛发期，是药剂防治的适期，第一代幼虫盛发期是全年防治的关键时期。

1996—1998 年，黑刺粉虱在岵山镇许多果园猖獗为害，严重受害的果园近 2 000 亩。引起各级重视。1998 年 4 月，永春县政协领导带领政协专委会、永春县农业局科技人员深入岵山镇实地调查，了解虫情，协同商讨对策。在县农业局的指导下，岵山镇举办有 120 多人参加的防治黑刺粉虱技术培训班，由农业局技术人员授课指导。岵山镇农技站在南石、铺上、磻溪三个村建立虫情观测点，进行虫情测报，确定各代黑刺粉虱 1～2 龄幼虫盛发期分别为 4 月 28 日至 5 月 10 日、7 月 10～22 日、9 月 7～17 日、10 月 23 日至11 月 4 日，为重点防治时期，印发了 5 期《虫情简报》共 1 300 多份，及时指导组织果农实施防治，使虫情当年就得到有效控制。县政协为此编写的《领导重视、措施得力，岵山镇基本消灭芦柑黑刺粉虱》收录于 2001 年 8 月编印的《永春县政协调研报告选编》之中。

2001—2003 年，柑橘粉虱在湖洋等许多产区严重为害，2003 年 4 月 18 日，永春县农业局在湖洋镇召开以柑橘粉虱防治为主的柑橘病虫害防治现场会，县委、县政府分管领导，各乡镇分管副乡、镇长，农业服务中心人员及果农等参加现场会，部署防治工作，取得良好成效。

(六) 柑橘木虱

柑橘木虱 (*Diaphorina citri* Kuwayama) 主要为害柑橘嫩芽和新梢，常致幼芽凋萎，新梢畸形。柑橘木虱为柑橘黄龙病田间传播的媒介昆虫，其蔓延为害是导致黄龙病田间爆发流行的主要因素，被黄龙病疫区列为柑橘生产第一害虫。柑橘木虱成虫及4~5龄若虫均可能传播黄龙病，木虱的口器吸取柑橘病树叶片的液汁时，病原菌随食物进入体内，并能在虫体内繁殖，终生带菌；若虫体内的病原体能传入羽化的成虫而传病，但不会通过卵传递。带菌木虱在柑橘健康树体取食时，病原体经口针进入树体筛管细胞内定居、繁殖而发病。柑橘木虱一年发生7~8代，春、夏、秋梢萌发期是木虱发生为害的高峰期，也是防治的关键时期。

长期以来，柑橘木虱在永春果园均有少量分布，早期由于全县果园管理均衡，施药次数较多，柑橘木虱没有大量发生繁衍的空间，柑橘黄龙病也得到有效控制。2000年以后，由于出现一些失管果园，未能及时施药管理，致使柑橘木虱大量发生，导致黄龙病蔓延危害。

(七) 蚜虫

蚜虫在生产上为害广泛，主要有橘蚜 [*Toxoptera citicidus* (Kirkaldy)] 和橘二叉蚜 (*Toxoptera aurantii* Boyer)。为害柑橘的蚜虫，群集在柑橘新梢嫩叶上取食汁液，严重时被害叶片皱缩卷曲，嫩梢枯萎，并诱发煤烟病，同时蚜虫还是柑橘衰退病的媒介。橘蚜一年可发生20代左右，橘二叉蚜发生10多代，在新梢抽发生长期集中为害，为用药防治的时期。

(八) 柑橘潜叶蛾

柑橘潜叶蛾 (*Phyllocnistis citrella* Stainton) 是柑橘嫩梢期的主要害虫之一，生产上为害极为普遍。以幼虫潜入柑橘的嫩茎、嫩叶和幼果表皮下钻蛀取食，形成银白色的弯曲虫道，受害叶片卷缩，易于脱落。在芦柑上一年发生10代以上，春梢抽发期气温低，一般不受害或为害轻，夏梢抽发期（小暑前）是全年虫量的第一次高峰，小暑至立秋气温过高，虫口密度迅速下降，立秋、处暑后，虫口迅速回升，成为全年发生量最大，持续时间最长的虫口高峰期。生产上常采用抹芽放梢的措施，在虫口密度较低时放梢，利于防治。施药防治一般当田间50%新梢抽发0.5~1厘米时喷药一次，间隔7~10天再喷一次，可达控虫保梢的目的。

(九) 天牛类

天牛类害虫主要有星天牛 [*Anoplophora chinensis* (Forster)]、橘褐天牛 [*Nadezh-diella cantori* (Hope)] 和光盾绿天牛 [*Chelidonium argentatum* (Dalman)]。星天牛幼虫为害成年树的主干基部和主根造成"围头"现象，可致整株死亡。褐天牛幼虫蛀食离地面33厘米以上的主干和主枝的木质部，使水分养分受阻，大枝枯死，甚至整株死亡。而光盾绿天牛则主要为害枝条，也可从枝条上蛀入大枝至主干，而使植株生长衰退，甚至死亡。星天牛一年发生1代，褐天牛2年完成1代，光盾绿天牛一年发生1代。防治天牛采取人工捕捉和药物防治相结合的方法。天牛在永春芦柑生产上为害极为普遍，管理不善、生长衰弱的果园，常大量发生，致树体死亡。

（十）柑橘小实蝇

柑橘小实蝇［*Dacus*（*Strumeta*）*dorsalis* Hend.］对果树生产危害大，为国内检疫性害虫。20 世纪末期前永春未发现柑橘小实蝇为害，2002 年 4 月首次诱捕发现其为害，引起高度重视，2002 年 10 月 9 日，召开了以柑橘小实蝇为专题的全县水果病虫害防治现场会，县政府拨出专款用于防治。

柑橘小实蝇以幼虫为害果实，雌性成虫产卵于果皮下，幼虫孵化后取食果肉，被害果实未熟先黄，内部腐烂，造成损失。据多年观察，永春芦柑果园一般在 9 月中旬前，芦柑果实成熟度较低，未发现受害虫果；9 月下旬开始出现受害虫果，10 月份为受害高峰期，11 月份随着气温下降，其为害降低或不为害。防治上大多在为害高峰期施用杀虫剂防治，或悬挂"性诱剂"诱杀。柑橘小实蝇对芦柑的为害有所局限，各年全县芦柑平均虫果率均在 1％以下，多数果园得到有效控制。县城附近的个别柑橘园，周边各类瓜果（柑橘小实蝇寄主）种植较多，如疏于防治，受害较严重。

（十一）其他害虫

卷叶蛾、吸果夜蛾、吉丁虫、尺蠖、椿象、凤蝶、恶性叶甲、橘潜蝇、花蕾蛆、蓟马等害虫亦较为常见，但多数年份未普遍发生，多数果园均在防治其他害虫时兼治之。少量为害较严重的果园，则需采取专项防治措施。一些果园在新梢生长转绿期常出现卷叶蛾、尺蠖、凤蝶、橘潜蝇等严重为害，开花幼果期一些果园常出现花蕾蛆、蓟马等害虫的为害，一些种植早熟品种的山地果园果实成熟期常出现吸果夜蛾严重为害，均需施药加以防治。

三、防治方法

（一）农业防治

20 世纪 80～90 年代中期之前，永春芦柑多数栽培密度较高，放任生长，许多果园树体高大郁蔽，人力喷雾器械压力低，时常施药不到位，一些果园蚧类、锈壁虱、粉虱等害虫为害严重，造成较大损失。20 世纪 90 年代中期以后，推广疏伐郁蔽果园，矮化树冠，培育自然开心树形，使果园群体和树冠个体通风透光良好，加上机动喷雾器的使用，施药防治全面彻底，病虫防治的效率和效果得到显著提高。

（二）生物防治

2002—2005 年桃城镇农业服务中心、2010 年猛虎柑橘场等从福建农业科学院引进捕食螨，开展以螨治螨试验，取得一定成效，但未能在生产上应用。2002 年发现橘小实蝇为害以来，应用悬挂"性诱剂"诱杀瓶、实蝇粘胶板等诱杀橘小实蝇；政府采取补贴措施推广，应用范围较广。

（三）物理防治

2010 年猛虎柑橘场实施"创建全国园艺作物标准园"项目，安装 30 盏悬挂频振式杀虫灯，诱杀粉虱、蛾类、蝶类等害虫；试验应用粘虫板诱杀木虱。在此期间，政府采取补贴措施，推广应用太阳能诱虫灯诱杀害虫，一些果园少量应用。

（四）化学防治

长期以来，永春柑橘病虫防治以化学防治为主，成年果园一般每年施药 8～10 次，幼年果园 10～12 次。

四、植保机械

20 世纪 50～60 年代，果农多用人力背负式喷雾器、人力单管喷雾器施药。70 年代单管喷雾器、背负式喷雾器仍大量使用，较大规模的果场则多使用人力高压喷雾器并开始使用机动喷雾器。80 年代后多数果园逐步以机动喷雾器施药。21 世纪后一些果园设立配药池与配套的固定喷雾器，通过全园埋设管道连接开关，再接胶管喷施农药，以提高工作效率。

第二节 柑橘黄龙病的发生与防控

一、柑橘黄龙病

柑橘黄龙病是世界柑橘生产上最具毁灭性的病害，1919 年在广东开始有文字记载，我国柑橘栽培的 19 个省、自治区已有 11 个遭受危害，世界上有 40 多个国家相继发生。黄龙病能侵染各种柑橘类植物，未发现免疫的柑橘品种。芦柑植株受侵染后，枝叶黄化，出现典型的"斑驳状黄化叶片"和"红鼻果"症状，树势衰弱，产量锐减，品质下降，发病后 3～5 年，全株枯死。黄龙病病原为一种革兰氏阴性细菌，归属变型菌纲 α 亚纲分科地位尚未确定的韧皮部杆菌属。黄龙病的传播途径为带病苗木、接穗，以及虫媒柑橘木虱。生产上尚无有效治疗病树的方法，只能通过培育种植无病苗木，及时清除病树，防治柑橘木虱，切断其传播途径加以防控。

二、永春柑橘黄龙病的发生与蔓延危害

赵学源编著的《柑橘黄龙病防治研究工作回顾》（中国农业出版社，2017 年）中记述，1963 年 12 月，福建省园艺学会举办为期 7 天的柑橘恢复发展学术讨论会，福建农学院植保系高日霞在会上提交的论文中提供柑橘黄龙病的调查资料："永春北硿农场的柑园管理较精细，但由于柑苗带毒，1957 年栽植 38 株芦柑，1958 年发病十多株……"书中还记载："1962 年福建省农业厅植保处提供的资料，黄龙病的发生，除龙溪地区的 11 个县外，泉州、莆田、永春、龙岩、福州市郊、闽侯等地也有发生。"

20 世纪 50 年代永春柑橘试验种植阶段，苗木多从柑橘黄龙病疫区的漳州产区引进，未经严格检疫，黄龙病可能因带病苗木传播而发生，但至 2000 年前仅少量危害，长达 40 多年没有大量蔓延流行，主要原因在于：此前永春县没有柑橘成片栽培，在几乎为"一张白纸"上发展柑橘生产，病虫害较易防控；在此期间，柑橘生产是农民收入的重要来源，果园管理均衡，施药及时，传病虫媒柑橘木虱没有大量生存繁衍的空间，黄龙病得到有效控制。其后，随着社会经济发展，工业化、城镇化加快，种植柑橘比较效益下降，传统种植业的小农经济难以满足农民日益增长的生活需求，农村劳力转移，一些果园放弃管理，失管果园病虫害未及时防治，柑橘木虱大量发生，21 世纪初期柑橘黄龙病开始蔓延危害，成为柑橘产业发展的制约因素。

三、柑橘黄龙病的诊断与调查

(一)柑橘黄龙病病原检测

2001 年在外山乡发现受黄龙病危害成片死亡的果园，引起高度重视。县农技站采集具有典型黄龙病症状的叶片、根系、果实样品送科研院校进行病原检测，以提供科学诊断依据。

2002 年 11 月，采集 21 个具有黄龙病症状的叶片样品，送福建省农业科学院应用常规 PCR 进行病原检测，仅 1 个样品检出黄龙病病原，病原检出率 5%。

2004 年 11 月，福建省农业厅果树站组织全省黄龙病普查，永春县采集具黄龙病症状的叶片样品 48 个，根系样品 20 个。由福建省农业科学院采用常规 PCR 检测，检出病原的叶样 15 个，病原检出率 31%；检出病原的根样 5 个，检出率 25%。同时，福建省农业科学院又采用巢式 PCR 进行重复检测，检出病原叶样 19 个，检出率 40%；检出病原根样 5 个，检出率 25%。

2005 年 11 月，按福建省农业厅果树站要求，全县采集具黄龙病症状的叶片样品 19 个，送福建省农业科学院采用巢式 PCR 检测，检出病原样品 6 个，检出率 32%。

2006 年 11 月，在全县 18 个果园选定 100 棵具黄龙病症状的病树，每棵病树采集二个具黄龙病典型症状的"红鼻果"样品（复样），分别送福建省农业科学院和重庆大学进行病原检测。福建省农业科学院采用巢式 PCR 检测，病原检出率 92%；重庆大学采用实时荧光 PCR 检测，病原检出率 100%。

柑橘黄龙病病原 PCR 检测技术起步于 20 世纪 90 年代，研究者先后建立了常规 PCR、巢式 PCR、实时荧光 PCR 等系列检测方法，检测灵敏度不断提高。柑橘黄龙病病菌在病株中含量低，分布不均匀，检测方法灵敏度不高时可能出现漏检而影响病原检出率。

(二)柑橘木虱调查

柑橘木虱是黄龙病的传播虫媒。2007 年 5 月，永春县农技站、植保站对全县 22 个乡镇 62 片果园柑橘木虱危害情况进行普查，其中正常管理果园 52 片，失管果园 10 片。

调查的 62 片果园中发现木虱为害的 34 片，占果园总数 54.8%。其中正常管理果园 52 片，发现木虱的 25 片，占 48.1%；失管果园 10 片，发现木虱的 9 片，占 90%。

共抽样调查柑橘树 310 株，发现木虱的 82 株，占 26%。其中，正常管理果园调查 260 株，有虫株 59 株，占 23%；失管果园调查 50 株，有虫株 23 株，占 46%。

共调查嫩梢 1 240 枝，平均每百枝嫩梢卵 59.1 粒、若虫 83.7 只、成虫 3.5 只。其中正常管理果园调查嫩梢 1 040 枝，平均每百枝嫩梢卵 50.7 粒、若虫 80.5 只、成虫 1.63 只；失管果园调查嫩梢 200 枝，平均每百枝嫩梢卵 103 粒、若虫 100.5 只、成虫 13.5 只。

调查发现，柑橘木虱分布全县，正常管理、科学用药的果园较难发现木虱为害，失管的果园为害严重，显示柑橘木虱的数量与黄龙病的发生直接相关。

(三)黄龙病发病率调查

2000 年之前，全县柑橘黄龙病仅少量为害，未蔓延流行。2001—2002 年在外山、湖洋等地开始出现个别果园受黄龙病危害成片死亡，其后逐步蔓延危害，2004 年后进入爆发流行期。据估算，2003 年全县柑橘黄龙病发病率 3%以上，2004 年 5%以上。其后永春县农业局多年对全县正常生长管理果园的黄龙病发病率进行抽样调查，依据"斑驳状黄化叶片"与"红鼻果"等症状进行田间诊断，确定黄龙病病树，平均发病率达10％以上。

2005年12月对全县76片果园进行调查，76片果园平均发病率19.5％。

2006年12月对全县81片果园进行调查，81片果园平均发病率16.98％。

2007年12月对全县75片果园抽样调查，75片果园平均发病率17.92％。

2008年12月对全县56片果园进行调查，56片果园平均发病率12.73％。

2009年12月对全县45片果园进行调查，45片果园平均发病率15.17％。

2010年12月对全县30片果园进行调查，30片果园平均发病率15.07％。

四、柑橘黄龙病的防控

（一）动员部署防控工作

2001—2002年发现外山乡、湖洋镇个别果园受黄龙病危害毁园，倍受重视，2004年1月7日，永春县农业局报送《柑橘黄龙病危害加剧，加强防治刻不容缓》呈阅件，引起县委、县政府高度重视。2004年2月11日，永春县政府在外山乡首次召开"全县柑橘黄龙病防控现场会"，县长陈泽荣部署防控工作。其后，2005年1月10日、2006年1月4日、2006年3月31日、2006年7月14日、2006年12月1日、2007年7月5日、2007年12月18日、2008年7月18日、2008年12月17日、2009年12月21日和2010年12月6日，县政府连年10多次召开全县性柑橘生产与黄龙病防控工作会议，县委书记、县长及县四套班子领导多次参加会议，动员全社会力量，部署防控工作。

（二）专家指导与研讨活动

2005年12月13～14日，邀请黄龙病研究专家、中国农业科学院柑橘研究所原副所长赵学源、福建省农业科学院原院长柯冲到永春指导黄龙病防控工作。实地察看，与农技人员、果农座谈，举办"柑橘黄龙病防控技术讲座"，县四套班子、有关部门、乡镇主要领导和农技人员、果农等听取讲座。在专家指导下，制定全县柑橘黄龙病防控工作方案。

2006年11月8～10日，福建省农业厅在永春县召开全省柑橘黄龙病防控现场会，总结分析全省柑橘黄龙病的防控情况，对黄龙病防控工作进行部署。并邀请重庆大学教授王中康作专题讲座。

2008年2月28日，广西柑橘研究所植保研究室副研究员邓明学应邀作"柑橘黄龙病防控技术"讲座，全县果农、农技人员100多人听取讲座。

2009年10月6～8日，举办"永春芦柑产业可持续发展研讨会"，华中农业大学校长、中国工程院院士邓秀新、中国柑橘研究所研究员赵学源、台湾嘉义大学教授吕明雄，以及福建省农业厅、福建省农业科学院、泉州市农业局等10多位专家应邀参加研讨会。县委书记王远东、县长叶一帆等县四套班子领导参加座谈会。就永春芦柑产业面临的问题开展研讨，交流柑橘黄龙病防控技术，探索永春芦柑产业可持续发展的措施。10月8日上午，赵学源作"柑橘黄龙病"技术讲座；吕明雄作"柑橘的健康管理"技术讲座；福建省农业科学院柑橘黄龙病研究中心范国成作"柑橘黄龙病研究新进展"技术讲座，农技人员、种植大户等100多人听取讲座。

2013 年 8 月 20 日，华中农业大学与永春县人民政府签署"关于研发芦柑黄龙病防控技术"的合作协议，合作期限三年。2015 年 11 月 25 日，华中农业大学组织湖南农业大学、浙江省柑橘研究所、华南农业大学、福建省果树研究所和福建省农业厅专家考察"黄龙病疫区永春芦柑种植新模式"示范现场，专家组对示范园集成生态隔离、适当规模、无毒大苗、拉枝早结丰产、清除复染病树等技术给予肯定，形成现场考察意见。

（三）落实黄龙病防控措施

2005 年 12 月，永春县人民政府办公室印发《永春县柑橘黄龙病防治实施方案的通知》（永政办〔2005〕171 号），2006 年 2 月，永春县委办公室、永春县人民政府办公室印发《关于建立柑橘黄龙病防治工作若干制度的通知》（永委办〔2006〕13 号）。通过召开全县黄龙病防控工作会议，推进落实统一清除病树、集中防治柑橘木虱、培育种植无病苗木和开展培训指导等黄龙病防控措施。

1. 宣传普及黄龙病防控知识　永春县农业局印发《柑橘黄龙病及其防治》、《永春芦柑重点推广的十项生产技术》技术材料 10 万多份，成立柑橘黄龙病防治技术指导组，开展培训指导，普及黄龙病防控知识。

2. 及时清除病树　2003—2010 年连续 8 年在柑橘采收后组织全县清除黄龙病病树的统一行动。发动果农自动清除病树，组织专业队对部分失管果园实施清除。据统计，2003 年全县清除病树 18.4 万株，2004 年 27.2 万株，2005—2010 年每年清除病树数十万株以上。

3. 集中防治柑橘木虱　2005 年 12 月，永春县委办公室、永春县人民政府办公室印发《关于集中防治柑橘木虱工作实施方案》（永委办〔2005〕127 号）。2006 年 3 月 31 日永春县委、县政府召开 2006 年春季全县柑橘木虱集中防治动员大会，县委书记陈庆宗等县五套班子有关领导、乡镇正职领导参加大会，动员部署柑橘木虱集中防治工作。此后，多年在冬季清园和柑橘木虱第一代若虫发生期，组织全县集中防治柑橘木虱工作，使广大果农了解柑橘木虱的危害性，取得一定成效。

4. 建设柑橘无病苗木繁育基地　2006 年 9 月，永春县柑橘无病苗木繁育基地获农业部立项支持，总投资 1 025 万元，其中中央资金 470 万元、地方财政配套 235 万元。繁育基地位于五里街镇高垅村，占地 90.6 亩，2007 年 12 月开工建设，2008 年 12 月建成投入生产。按照农业部发布的"柑橘无病毒苗木繁育规程"培育无病毒良种苗木，2011 年首批 5 万株无病芦柑苗木出圃种植，至 2015 年共培育柑橘嫁接苗木 30 余万株。

（四）黄龙病防控工作的成效与难点

多年的防控工作取得一定成效，连年统一清除病树，集中防治柑橘木虱，减少了病源和虫源，减少黄龙病疫情的传播。同时，普及了黄龙病防控知识，建立了柑橘无病苗木繁育基地，为柑橘产业持续发展打下基础。

柑橘黄龙病防治是世界性难题，尚无有效治疗病树的方法，只能通过切断传播途径防止蔓延，防控难度大。由于永春柑橘成千上万亩连片种植，千家万户分散管理，失管果园多，防控措施无法完全落实到位，成为防控工作的难点所在，致使黄龙病严重危害，成为芦柑产业发展的制约因素。

第六章
采收贮运

第一节　芦柑果实商品化处理

1957—1983 年柑橘由国家统一收购、派购时期，芦柑由果品公司和外贸公司收购销售，多为鲜销，少有贮藏。果实商品化处理较为简单，国内销售的果实采收后进行分级，然后用木箱（每箱装果 25 千克）装运销售。出口的芦柑采收分级后，要求每个果实采用整洁、有韧性的薄纸张包果，包果纸上印有商品名称等图案，然后按等级规格定果排列装箱，包装箱多为木箱，每箱净重 10～20 千克。20 世纪 70 年代中期，果品公司和外贸公司开始试验应用防腐保鲜药剂处理等措施，提高柑橘贮运性能，减少腐损。80 年代后，特别是 1984 年柑橘开始实行市场议价销售，大量芦柑通过贮藏延长供应，果实商品化处理技术不断提高。

1980 年 8 月，晋江地区科委下达"柑橘防腐保鲜试验"研究课题，由永春县科委、天马柑橘场等承担。项目通过开展多种方法贮藏柑橘的对比试验，总结、筛选出防腐保鲜药剂处理后采用聚乙烯薄膜单果包装的贮藏方法，由于其方法简单，贮藏效果好，经济效益显著，在生产中得以广泛应用，形成了适应芦柑品种特性和永春芦柑销售特点，较完善的果实商品化处理技术。

涂料打蜡是国内外市场流行的柑橘果实商品化处理方法，由于其多数采用自动分选打蜡机处理，较易造成果实损伤，打蜡后果实表面形成的蜡层对果实正常生命活动产生一定影响，果实不耐久藏，一般较适用于果实结构紧实、短期销售的柑橘果实。芦柑属宽皮柑橘类品种，果实结构相对松软，较易受损。而且由于贮藏技术的普及应用，20 世纪 80 年代中期后，永春芦柑除少量采后直接销售外，80%～90%的芦柑经贮藏后依市场行情择机销售，贮藏期多达 2～4 个月，不适应打蜡处理方式。1995 年曾有外商对永春芦柑采用果实打蜡的商品化处理技术外销，腐损率高，品质破坏，影响经营的效益。因此，历年来永春果农和营销商基本上不采用打蜡的商品化处理方式，仅个别出口到我国香港、澳门市场的出口商，当天打蜡处理后装车外运，第二天即可在我国香港、澳门上市销售，采用打蜡处理以适应港、澳市场需求。而采用塑料薄膜单果包装的方法，一般常温贮藏4个月损耗率可控制在10％以内，集果实商品化处理与贮藏技术为一体，特别适应永春芦柑品种与市场销售特点，简单易行，效果良好，其他方法难以取代，长期沿用。

第二节　采收、采后处理与贮运技术

一、采收

（一）采收时期

20世纪60~70年代，永春芦柑多数分批采收，以使品质一致，利于采后树势恢复。20世纪80年代中期后为节省成本，多数一次性采收。

永春种植的芦柑，一般于11月底至12月上中旬充分成熟，表现品种固有的色泽、风味和香气。但由于贮藏、运输的需要，规模生产、劳力安排、天气因素的影响，果园采收时期均相应提前，多数于11月中旬至12月上旬采收。海拔低于600米的芦柑果园，用于贮藏的果实多数于11月15日至12月5日采收，用于鲜销的多数于11月20日至12月10日采收；较高海拔的果园延迟3~5天。

（二）采收技术

永春芦柑栽培早期多为国营、集体果场，采收技术要求较严格。20世纪90年代后，由于以出口为主的市场导向，使得果实采收、商品化处理要求较高，操作较规范。采收技术以尽量减少果实在采收运输过程中出现损伤为目标，一般选择良好天气采收，采运过程轻拿轻放。采收工具采用专用采果剪刀，采果篓用塑料桶或竹篾编制的果箩，竹箩内衬垫棕皮或其他编织材料，以减少果实损伤。果实田间与仓库周转早期多用竹篓筐、木箱装运，20世纪90年代以来，许多果园采用塑料周转箱，最为理想。

采收质量直接影响果实贮藏、运销的效益，多数果农、营销商极为重视。早期果园管理水平较低，树体高大不易采收；采运工具、道路设施较差均影响采运质量。20世纪90年代后，疏伐郁蔽果园、培育独立矮化树冠，工具设施、运输车辆、道路条件的改善，市场质量意识的提高，使得采运技术、质量显著提高。

二、分级

（一）分级标准

1. 生产上采用的分级标准

（1）统一收购和派购时期的分级标准。1957—1983年，国家对柑橘实行统一收购和派购政策，由供销社果品公司统一收购销售，永春芦柑采用商业部门制定的统一收购分级标准。

永春县物价委员会《关于下达1964年地产柑橘价格的通知》（［64］永物委字第093号）中，规定芦柑、印柑、蕉柑、橙柑收购规格统一划分为四级：一级果果实横径70毫米以上，二级果61~70毫米，三级果51~60毫米，四级果45~50毫米。

永春县革命委员会生产组《关于一九七〇年度柑橘收购、内销计划及规格价格的通知》（［70］永革产字第192号），规定柑橘收购规格见表6-1。

表 6-1　1970 年柑橘收购规格表

单位：毫米（果实横径）

品种	一级	二级	三级	四级	备注
硬芦、冇芦	70 以上	60～70	65 以上	50～65	三级、四级果实中横径达到一级、二级果规格的，为外观达不到相应要求的降级果
印柑、橙柑、红柑	60 以上	50～60	60 以上	45～60	
蕉柑	65 以上	55～65	60 以上	45～60	

永春县革命委员会生产指挥组《关于调整部分柑橘购销价格的通知》（永革产发〔1974〕172 号），规定柑橘收购规格见表 6-2。

表 6-2　1974 年柑橘收购规格表

单位：毫米（果实横径）

品种	一级	二级	三级	四级	备注
芦柑（硬芦、冇芦）	70 以上	60～70	65 以上	50～60	三级、四级果实中横径达到一级、二级果规格的，为外观达不到相应要求的降级果
印柑、橙柑、红柑	60 以上	50～60	60 以上	45～60	
蕉柑	65 以上	55～65	60 以上	45～60	
蜜柑、椪橘	65 以上	60～65	50～60		
早橘	60 以上	50～60	45～50		
雪柑	66 以上	56 以上	50 以上	45 以上	
福橘	61 以上	51 以上	45 以上	40 以上	

永春县计划委员会、供销合作社《关于调整柑橘购销价格的通知》（〔78〕永计发字第061 号、〔78〕永供业字第155 号），规定柑橘收购等级规格见表 6-3，柑橘收购质量标准见表 6-4。

表 6-3　1978 年柑橘收购等级规格表

单位：毫米（果实横径）

品种	一级	二级	三级	四级	备注
芦柑（硬芦、冇芦）	70 以上	60～70	65 以上	50～65	三级、四级果实中横径达到一级、二级果规格的，为外观达不到相应要求的降级果
印柑、橙柑、红柑	60 以上	50～60	60 以上	40～60	
蕉柑	65 以上	55～65	60 以上	45～60	
蜜柑、椪橘	65 以上	60～65	50～60		
早橘	60 以上	50～60	45～50		
雪柑	66 以上	56 以上	50 以上	45 以上	
福橘	61 以上	51 以上	45 以上	40 以上	

表 6 - 4　1978 年柑橘收购等级质量标准

等级	一、二等果	三、四等果
质量标准	1. 果形一般端正，无畸形，果实饱满，果蒂完整 2. 无乌番或严重赤番果，无严重日烧病（果实病部无木质化），无病株果 3. 成熟度适当 4. 允许下列某一病虫害的存在： 甲、疮痂病及斑疤不超过果实面积 1/4（红柑 1/2） 乙、溃疡病直径如黄豆大的不超过三点 丙、粉介壳虫、黑星病、斑疤总面积不超过果实面积 1/4 丁、轻微冻霜果、吓水果（不易引起腐烂），不超过二点 戊、机械伤不易引起腐烂的一处（长度不超过三毫米，深度不见二层皮） 己、有轻微赤番果	1. 凡不符合一、二等规格的果实者 2. 无蒂果及青果不存在 3. 降等范围： 甲、严重乌番果，严重冻霜果及易引起腐烂的吓水果 乙、严重日晒病占果实面积 30% 以上者 丙、果实表皮凹凸不平（土名鸭角面）及皮厚肉少，刺桶 丁、易引起腐烂的严重机械伤

永春县供销合作社《关于调整部分柑橘购销价格的通知》（〔1980〕永供业字第 139 号），福橘收购规格调整为：一级 61 毫米以上不变，二级调整为 55 毫米以上，三级调整为 50 毫米以上，。四级调整为 45 毫米以上，其他品种按原规格不变。

由外贸公司组织收购出口的，则执行国家商检局和粮油食品进出口公司制定的标准。1975 年中华人民共和国福州商品检验局、中国粮油食品进出口公司福建分公司印发的《出口柑、橘、橙暂行标准及福建省补充规定》，要求芦柑从果实横径 60 毫米为分组装箱起点，每 5 毫米为一组段，分组装箱。

（2）议价销售时期的分级标准。1984 年取消柑橘派购政策后，果农和营销商多数在原商业部门的分级标准基础上，以果实横径间隔 10 毫米为级差，分为 50～60 毫米、60～70 毫米、70～80 毫米、80～90 毫米级别销售。20 世纪 90 年代后，为适应永春芦柑大量出口的市场要求，多数果农以果实横径间隔 5 毫米为级差，细分为 55～60 毫米、60～65 毫米、65～70 毫米、70～75 毫米、75～80 毫米、80～85 毫米等进行销售；而有些果农仍以果实横径间隔 10 毫米为级差分级销售。

2. 有关部门发布的相关标准

（1）有关部门发布的芦柑果实分级标准。有关部门发布的有关芦柑果实分级的标准主要有：中华人民共和国商业部标准《鲜柑橘》（GH 014—1983），芦柑果实分级规格指标见表 6 - 5。中华人民共和国国家标准《鲜柑橘》（GB/T 12947—1991），芦柑果实分级规格指标见表 6 - 6；2008 年重新修订发布的中华人民共和国国家标准《鲜柑橘》（GB/T 12947—2008，代替 GB/T 12947—1991），果实分级规格指标见表 6 - 7。中华人民共和国专业标准《出口鲜宽皮柑橘》（ZB B 31004—1988），果实分级规格指标见表 6 - 8。中华人民共和国农业行业标准《椪柑》（NY/T 589—2002），果实分级规格指标见表 6 - 9。中华人民共和国农业行业标准《柑橘等级规格》（NY/T 1190—2006），芦柑果实分级规格见表6-10。

表6-5 芦柑果实分级规格指标

规格	一级	二级	三级	标准名称
果实横径（毫米）	70以上	65以上	55以上	《鲜柑橘》（GH 014—1983）

表6-6 芦柑果实分级规格指标

规格	优等品	一等品	二等品	标准名称
果实横径（毫米）	≥65	≥55	≥55	《鲜柑橘》（GB/T 12947—1991）

表6-7 芦柑果实分级规格指标

规格	3L	2L	L	M	S	2S	标准名称
果实横径（毫米）	≥80～<85	≥75～<80	≥70～<75	≥65～<70	≥60～<65	≥55～<60	《鲜柑橘》（GB/T 12947—2008）

表6-8 芦柑果实分级规格指标

规格	AAA	AA	A	标准名称
果实横径（毫米）	68以上	68以上	65以上	《出口鲜宽皮柑橘》（ZB B 31004—1988）

表6-9 芦柑果实分级规格指标

规格	特级	一级	二级	标准名称
果实横径（毫米）	≥70～≤85	≥65～<70	≥60～<65	《椪柑》（NY/T 589—2002）

注：椪柑为芦柑的别名。

表6-10 芦柑鲜果大小分组规定

规格	2L	L	M	S	2S	等外果	标准名称
果实横径（毫米）	85～75	<75～70	<70～65	<65～60	<60～55	<55或>85	《柑橘等级规格》（NY/T 1190—2006）

柑橘果实分级规格指标为推荐性标准，不同的标准分级规格指标有所差异，生产上主要根据市场需求、或购销双方协定进行分级销售。

（2）福建省地方标准《永春芦柑 芦柑鲜果》。福建省地方标准《永春芦柑 芦柑鲜果》（DB35/369—2005），芦柑鲜果质量的感官指标见表6-11，果实横径指标见表6-12，理化指标见表6-13，安全卫生指标见表6-14。

表 6 - 11　感官指标

项目	一等	二等
基本要求	果实完整、新鲜，具芦柑品种特征，无异常滋味和气味，果面洁净，果形正常。果蒂完整，剪口平齐。不得有浮皮、枯水、水肿和萎蔫现象。不得有未愈合的损伤、裂口，不得有变质果、腐烂果和显示腐烂迹象的果	
果形	果形整齐，无畸形果	果形基本整齐，无畸形果
色泽	正常着色面积不少于果皮的80%	正常着色面积不少于果皮的60%
果面	果皮光滑	果皮尚光滑
缺陷	枝叶磨伤斑痕、色斑、油斑、日灼斑、锈螨蚧类和一切非正常果皮斑迹、附着物，其分布面积合并计算不超过果皮总面积的10%	枝叶磨伤斑痕、色斑、油斑、日灼斑、锈螨蚧类和一切非正常果皮斑迹、附着物，其分布面积合并计算不超过果皮总面积的15%

表 6 - 12　果实横径指标

级别	特级	一级	二级
果实横径（毫米）	> 80～≤90	> 70～≤80	> 60～≤70

表 6 - 13　理化指标

项目	一等	二等
可溶性固形物（%）	≥11	≥10
总酸（克/千克）	≤8	≤10
可食率（%）	≥70	≥65

表 6 - 14　安全卫生指标

单位：毫克/千克

项目	指标
砷（以 As 计）	≤0.5
铅（以 Pb 计）	≤0.2
汞（以 Hg 计）	≤0.01
甲基硫菌灵（thiophanatemethyl）	≤10
毒死蜱（chlorpyrifos）	≤1
杀扑磷（methidathion）	≤2
氯氟氰菊酯（cyhalothrin）	≤0.2
氯氰菊酯（cypermethrin）	≤2
溴氰菊酯（deltamerthrin）	≤0.1
氰戊菊酯（fenvalerate）	≤2
敌敌畏（dichlorvos）	≤0.2
乐果（dimethoate）	≤2

（续）

项目	指标
喹硫磷（quinalphos）	≤0.5
除虫脲（diflubenzuron）	≤1
辛硫磷（phoxim）	≤0.05
抗蚜威（pirimicarb）	≤0.5

注：禁止使用农药在柑橘果实中不得检出。

（二）分级方法

柑橘果实分级长期由人工进行，20 世纪 90 年代后虽引进一些柑橘果实分级机，永春县也有企业生产柑橘果实分级打蜡机械，多数果农仍采用人工分级，以减少机械操作果实产生损伤。2010 年以后，由于人力工资大幅提升，一些芦柑营销企业使用分级机进行分级。

三、防腐保鲜药剂处理

果实在田间可能感染病菌，采运过程中的伤口易受病菌侵染，及时进行防腐保鲜药剂处理，可减少贮运过程的腐损。20 世纪 80 年代后，用于贮藏或长途运销的果实均于采收当天分级后、进仓前进行防腐保鲜药剂处理。最常用的防腐保鲜药剂为 70％托布津 800～1 000 倍或 50％多菌灵 500～600 倍加 2，4 - D 100～200 毫克/千克的混合液，一般在大桶或水池中配好药液，果实分级后连同果箱一起在药液中浸泡数秒后取出滤干，放在通风处预贮。2000 年后，防腐保鲜药剂多数由厂家配制为成品药剂，果农直接购买使用。

四、预贮

防腐保鲜药剂处理后至塑料薄膜单果包装贮藏前，果实需在通风处经过短期贮藏，称为预贮，有愈伤、发汗和预冷等作用。通过预贮，轻微伤口细胞愈合，称为"愈伤"。预贮中让果实蒸发一部分水分，使果皮软化，具有弹性，称为"发汗"。预贮可散发果实田间热量，降低果实体温，称为"预冷"。预贮时间取决于果实水分状况和预贮场所通风条件，一般 5～7 天。1981 年、1983 年天马柑橘场开展芦柑贮藏预贮时间比较试验，结果见表 6 - 15。

表 6 - 15　预贮时间长短对贮藏效果的影响

年份	预贮时间（天）	包装前失重（％）	包装后（贮藏期）		好果率（％）
			烂果率（％）	失水率（％）	
1981	3	—	10.28	6.49	83.23
	9	—	6.74	6.23	87.03
	15	—	6.24	8.61	85.15
1983	3	1.60	3.52	3.49	91.39
	7	3.80	4.89	2.33	88.98
	9	4.90	4.78	1.46	88.86

注：1981 年贮藏期 120 天，1983 年贮藏期 100 天。

五、塑料薄膜单果包装

(一)塑料薄膜单果包贮藏方法试验研究

1980—1984 年天马柑橘场开展芦柑塑料薄膜单果包贮藏试验。1980 年对芦柑不同包装贮藏方法进行比较试验，结果见表 6 - 16，以塑料薄膜单果包效果最佳。1980—1983 年多年进行薄膜单果包与对照（不包装）贮藏效果的比较试验，结果见表 6 - 17，多年平均总损耗降低 18.5 个百分点。1983 年对不同厚度的聚乙烯薄膜单果包贮藏效果进行比较试验，结果见表 6 - 18。

表 6 - 16 不同包装方法对贮藏效果的影响

包装方法	烂果率（％）	失水率（％）	好果率（％）
薄膜单果包	4.08	6.39	89.53
薄膜罩箱	2.15	10.43	87.42
河沙埋藏	7.35	7.86	84.79
薄膜垫箱底	3.97	11.48	84.55
对　照	3.85	17.36	78.79

注：贮藏期 120 天。

表 6 - 17 芦柑聚乙烯薄膜单果包贮藏效果

处理	年份	贮藏天数（天）	失水率（％）	烂果率（％）	好果率（％）
单果包	1980	120	6.39	4.08	89.53
	1981	120	7.79	7.49	84.72
	1982	120	3.75	9.25	87.00
	1983	130	2.26	5.24	92.50
	平均		5.05	6.52	88.43
对照	1980	120	17.36	3.85	78.79
	1981	120	21.08	15.60	63.32
	1982	120	14.25	19.00	66.75
	1983	125	22.20	6.95	70.85
	平均		18.72	11.35	69.93

表 6 - 18 不同厚度聚乙烯薄膜对柑橘贮藏效果的影响

品种	观测项目	0.03 毫米（包装纸）	0.02 毫米（包装纸）	0.01 毫米（包装纸）	0.02 毫米（包装袋）	对照（不包装）
芦柑	烂果率（％）	2.10	3.45	2.60	4.25	6.95
	失水率（％）	2.80	3.45	6.35	4.25	22.20
	好果率（％）	95.10	93.10	91.05	91.50	70.85

（续）

品种	观测项目	0.03毫米 （包装纸）	0.02毫米 （包装纸）	0.01毫米 （包装纸）	0.02毫米 （包装袋）	对照 （不包装）
蕉柑	烂果率（%）	0.90	0.50	1.15	0.95	1.15
	失水率（%）	3.25	2.90	4.40	3.80	25.50
	好果率（%）	95.85	96.60	94.45	95.25	73.35

注：芦柑贮藏期115天，蕉柑贮藏期110天。

（二）塑料薄膜单果包装方法

塑料薄膜单果包装，由于薄膜隔离，果实之间及外界病菌不易相互传染；果实周围湿度较高可减少水分的蒸发；果实的呼吸作用使得果实周围氧气含量有所下降，二氧化碳含量有所提高，可抑制果实呼吸，延长贮期。用于贮藏的芦柑果实预贮完成后，采用聚乙烯薄膜（PE）袋人工单果包装，然后装入木箱排列于仓库，进行常温贮藏。单果包薄膜的厚度为 0.01～0.02 毫米，袋子大小有系列规格，适用于不同果实等级。单果包装均采取人工作业，近年已有厂家研发生产柑橘单果包装机械，但未在生产上得到应用。

2000 年后，上超市或较高档市场销售的芦柑多数采用印有商品信息的精品袋单果包装，其材料为聚丙烯薄膜（BOPP），带有封口胶带，美观方便。

六、仓库管理与贮藏期限

生产规模较大的果园，一般建设柑橘专用仓库，多数仅在墙体上设简易通风窗口，少数设有地下通风沟，一些盖瓦片的仓库则屋顶有自然通风的作用。而多数小规模种植的农户则在普通民宅贮存柑橘。通风透气较好的仓库，柑橘存放率较高；通风条件不好的仓库则需留有较多的空间，以保持库内通风良好。仓库内果箱排列一般留有通风道，利用昼夜温度变化，通过通风窗口、孔道自然通风换气，保持库内通风和较低的温度。贮藏期间不翻动果实，以免增加腐烂损失，待出库时再剔除烂果，包装销售。

永春芦柑产区地处南亚热带北段至中亚热带南缘，果实可溶性固形物及糖含量高，采收时酸含量也相对略高，经短期贮藏，果实酸含量有所降低，甜酸适度，风味浓郁，品质更佳。但芦柑常温贮藏，贮藏期限受到较大限制。贮藏期长，增加损耗，贮藏后期易因果实无氧呼吸积累乙醇及枯水等现象影响风味品质，贮藏期限多数控制在 3～4 个月以内，以在次年 2 月底前上市品质最佳，3 月底前销售完成，品质较有保证。

七、包装、运输

20 世纪 80 年代之前，芦柑运输销售的包装箱多为木箱。一般内销的每箱容量 25 千克，出口的 10～20 千克。20 世纪 80 年代后，木箱逐步被纸箱所取代，90 年代以前每箱容量多为 10～20 千克，其后多数 5～15 千克。此后，有些企业采用果篮、果盘等多样化包装，由于纸箱最为轻便、安全，销售过程中多数采用纸箱包装外运。

运输工具随着社会进步而变化，汽车、火车、船运始终是运输的主要途径。20世纪 90 年代以来，由于永春芦柑出口量的高速增长，销地以东南亚国家为主，在产地芦柑虽为常温贮藏，但出口的芦柑装柜后即进入冷链运输、存贮的环境，直至上市销售。

　　20 世纪 80 年代至 90 年代初，永春芦柑大多经深圳口岸出口，其后厦门口岸成为出口的首选，1998 年产季泉州口岸首次开通东南亚专航。20 世纪 90 年代中期以后，永春芦柑多数由厦门口岸、深圳口岸外运出口。

第七章
果品加工

第一节　加工历史

明嘉靖五年（1526 年）《永春县志》就有金橘加工的记载，称金橘"似橘而小，其色如金，野生为多，蜜煎妙。"民国十九年（1930 年）《永春县志》介绍金橘："永地有大小两种。小者仅如弹丸，稍大者如雀卵，名大橘，以糖煮数次，谓之蜜橘，出西边远村者尤佳，有贵客挚友至，酬之以下茶。"利用"金橘"加工蜜饯已有数百年历史，文中所指的小如弹丸的山金柑加工的蜜饯"金橘糖"是永春著名特产，随着永春华侨扬名东南亚各地。

芦柑是以鲜食为主的宽皮柑橘品种，以鲜销为主。芦柑生产形成规模后，一些商品性较差的果实需综合利用，丰产年份可通过加工调节市场，发展加工业可提高附加值增加企业收入，因此，柑橘加工业随着生产的发展而发展。

20 世纪 80 年代前，永春第一食品厂和县粮食系统的糕饼厂均有"金橘糖"的批量生产，柑橘加工业不发达。

1983 年 3 月，达埔公社蓬莱大队 10 多个农户集资创办蓬莱罐头厂，生产柑橘等水果罐头。1985 年，永春糖厂开始生产水果罐头，主要有柑橘、荔枝、龙眼、菠萝等，当年总产量 151 吨。同年，永春北硿华侨茶果场食品厂也生产糖水橘子罐头 18.6 万罐。在此期间，还有商业部门及东平、桃城镇的桃溪村等个体或联合创办小型罐头厂，生产各种水果罐头。罐头产品远销吉林、安徽、湖北等省，但至 1987 年只剩下东平罐头厂一家，产量 158 吨。至此时期，永春柑橘加工主要为蜜饯、橘瓣罐头等传统产品。

1985 年，永春第二食品厂引进技术设备，试制成功柑橘全果加工天然芦柑汁和芦柑果酱；1989 年永春逢源食品饮料有限公司成立，引进先进设备，生产利乐包芦柑果汁饮料，芦柑加工业取得突破。

20 世纪 90 年代是永春柑橘加工产品研发最多的时期，华达科技有限公司、恒升芦柑酒厂、泰康酿造厂（果珍果酒厂）等均在此期建立，开发了芦柑果酒、芦柑果醋、芦柑含片等产品，但因产品、市场、经营等原因，多数产品未能批量生产，持续经营。

2004 年福建省宏顺食品饮料有限公司创办，规模生产芦柑浓缩果汁，并开发果渣、香精、果皮、黄酮等附产品。2010 年永春汇源食品饮料有限公司成立，生产果汁饮料等产品，柑橘加工业进一步提升。

第二节　企业产品

一、永春第二食品厂

1985 年 5 月，永春第二食品厂从省轻工研究所转让技术，建立柑橘全果加工生产线，试产成功天然芦柑果汁、果酱，经国家食品工业产品质量检测合格，开始批量生产。同年 12 月 12 日，省食品工业公司主持召开永春县柑橘全果加工扩大生产规模技术讨论会，同意扩大生产，设计能力年加工芦柑鲜果 1250 吨。1985 年，第二食品厂生产浓果汁 6.17 万瓶；1987 年生产浓果汁 302.62 吨，果酱 79.6 吨。1986—1995 年多数年份加工柑橘鲜果 100～125 吨。1996 年开始改变经营机制，采取承包经营，多数年份加工柑橘鲜果 200～250 吨。2010 年因厂区土地征用停止柑橘果汁生产。

1988 年 12 月，永春第二食品厂生产的留安塔牌天然芦柑浓果汁获中国首届食品博览会铜奖。其完成的"柑橘整果饮料"项目获 1984—1991 年度永春县科技进步一等奖。

二、永春逢源食品饮料有限公司

福建省永春逢源食品饮料有限公司创办于 1989 年，厂区位于五里街溪滨路，占地 2.5 万平方米，建筑标准厂房 1.5 万平米。装备八条瑞典利乐无菌砖自动生产线，二条易拉罐生产线，一条 PET 生产线和一条原果汁生产线。开发了芦柑原汁，芦柑饮料、芦柑颗粒和利乐无菌砖、易拉罐装、碳酸饮料、PET 热罐瓶装等系列果汁饮料等 30 多种产品。1997 年，公司生产的"逢滢牌"芦柑果汁饮料被认定为第三届中国农业博览会名牌产品；同年，"逢源牌"果汁饮料被福建省人民政府授予"福建名牌产品"称号。

三、永春泰康酿造厂

永春泰康酿造厂始建于 1993 年，与四川绵竹棉酒厂联营生产大曲酒。1996 年开始与科研院校合作研制芦柑酒生产技术，1997 年 5 月研制成功第一罐芦柑果酒，其后曾有少量生产上市销售。1999 年泰康酿造厂更名为永春果珍果酒厂，2000 年成功研发芦柑果醋产品，少量生产销售。2001 年后不再生产果酒、果醋。

四、永春华达科技开发有限公司

永春华达科技开发有限公司为中外合资企业，20 世纪 90 年代后期研发生产芦柑高钙含片，2000 年产品曾试销于上海超市，未批量生产。

五、永春恒升芦柑酒有限公司

永春恒升芦柑酒有限公司成立于 1998 年 3 月，与集美大学、福建农业大学等合作研发，选出适合芦柑发酵生产果酒的优良酵母菌种，解决芦柑酒苦涩等问题。1999 年生产原酒 200 多吨，实现销售 120 多万元；2000 年生产原酒近 300 吨，实现销售 230 多万元。产品有干型、半干型、甜型、半甜型芦柑果酒四个品种，以及利用芦柑皮与果渣生产的白兰地。在省内部分县、市，以及徐州、北京等地建立销售网点。2002 年后停产。

六、福建省宏顺食品饮料有限公司

（一）浓缩果汁

福建省宏顺食品饮料有限公司创办于 2004 年，引进美国 FMC 全果榨汁机和 T.A.S.T.E 蒸发器等设备，于 2005 年 11 月安装完成调试投产，2006 年开始批量生产浓缩果汁，每年加工芦柑鲜果数千吨至上万吨，最多年份加工芦柑鲜果 2.2 万多吨。芦柑浓缩果汁加工过程中，产生的果皮、果籽、果渣总量接近鲜果重量的 50%，宏顺公司予以综合利用，研发生产柑橘皮油、橘皮、果籽、果渣等附产品。

（二）柑橘皮油

购置离心机、油水分离机等设备，建成生产线。全果榨汁后得到的油水混合物，引入全自动油水分离机，分离后利用离心机去除杂质，使皮油有效物质含量达 99%。

（三）果皮

柑橘果皮生产工艺原采用热风循环烘干，利用煤为热源，用轴流风机对空气加热烘干，存在烟气污染等问题。2010 年投入资金，改用蒸汽为热源进行烘干。将榨汁完成、提取皮油后的果皮用切丁机切成 5 毫米×5 毫米的果皮丁，再用 95℃高温的水漂洗（去掉皮中的果糖等物质），然后用板框压榨机去掉皮丁中部分水分，最后用蒸汽烘干，含水量控制在 13%以下。

（四）果籽、果渣

榨汁后分离出来的果渣，通过蒸汽烘干机烘干，再利用筛子使果籽、果渣分离。

（五）柑橘囊胞

2010 年从浙江引进柑橘囊胞生产线，通过全果热烫，手工去皮、分瓣，酸碱流槽去除囊衣，再通过高压水流分粒，高温罐装。

七、永春汇源食品饮料有限公司

2010 年 5 月，中国汇源果汁集团在福建兴建的第一家果汁生产基地"永春汇源食品饮料有限公司"落地永春，园区用地 200 亩，引进的德国 PET 无菌冷灌装生产线于 2012 年 7 月竣工投产，1.25 升无菌灌装饮料生产线于 2012 年 9 月底竣工投产，生产果汁饮料等产品。

第八章
品牌与市场

第一节　品　　牌

一、品牌建设

（一）永春芦柑获全国、全省芦柑评比五连冠

1. 1989 年获全国优质水果评比芦柑第一名　1989 年，农业部在江西南昌组织全国优质水果评比，福建省农业厅通知永春芦柑参评。永春县经济作物局负责组织参评，天马柑橘场密切配合，在自然条件优越、管理水平高的天马柑橘场第二生产队成年果园选留 17 株芦柑单株，11 月 30 日采收芦柑 2 500 多千克，从中精选样品参评。12 月 28 日评比结果揭晓，在全国参评的 21 个芦柑样品中，福建永春、福建长泰、广西平乐、福建平和、福建南安、广西南宁、浙江丽水、广西桂林、广东杨村和贵州丛江芦柑榜上有名，被农业部授予"优质农产品"称号。永春芦柑获芦柑评比第一名，一鸣惊人。

2. 1994 年获福建省首届优质柑橘评选芦柑第一名　1994 年福建省优质水果评选委员会定于 12 月 25～26 日在福州举办福建省首届优质柑橘评选。农业部定于 1995 年 10 月 26 日至 11 月 4 日在北京举办第二届中国农业博览会，由于多数柑橘品种成熟期为 11～12 月，提前于 1994 年 12 月 26～28 日在重庆中国柑橘研究所进行优质柑橘评比。全国、全省优质柑橘评比同年进行，永春县委、县政府高度重视，成立了由副县长庄进勇为组长，县农委主任廖成宗、县经济作物局局长陈建国为副组长的优质水果评选工作领导小组，下设宣传组（组长黄敏智）、联络组（组长陈建国）和技术组（组长陈跃飞）。全县选送 4 个样品参加全国评比和 3 个样品参加全省评比。由县委副书记曹海伦带队参加全国芦柑评比，副县长庄进勇带队参加全省芦柑评比。

1994 年 12 月 25 日，福建省首届优质柑橘评选结果揭晓，在全省参评的 19 个芦柑样品中，永春县湖洋镇桃美村柑橘场芦柑名列榜首，永春县天马柑橘场芦柑居第二，永春县桃城镇七八柑橘场芦柑居第三，连同安溪芦柑、南安芦柑（2 个样品）、南靖芦柑和长泰芦柑，共 8 个芦柑样品获福建省首届优质柑橘评选金奖。

3. 1995 年获第二届中国农业博览会优质柑橘评比芦柑第一名　1995 年 10 月 26 日，第二届中国农业博览会优质柑橘评比结果公布，在全国 34 个参评芦柑样品中，永春县选送的四个芦柑样品囊括了芦柑评比前四名，连同浙江丽水、福建南安和广西鹿寨芦柑，共 7 个芦柑样品获第二届中国农业博览会金奖。

4. 1997 年获福建省第二届优质柑橘评选芦柑第一名　1997 年 1 月 15～16 日，福建省优质水果评选委员会组织第二届优质柑橘果品评选，永春县成立了以县委副书记张祖森为组长，副县长庄进勇、县政府调研员李文港为副组长的优质芦柑评选领导组；下设技术组（组长陈跃飞）、联络组（组长许良景）和农展组（组长刘国胜）。组织三个样品参评，庄进勇副县长带队送样参评。1 月 15 日评比结果揭晓，在全省 21 个参评芦柑样品中，永春县天马柑橘场芦柑荣获第一，永春县柑橘良种场芦柑居第三，永春县桃城镇七八柑橘场芦柑居第六，连同尤溪芦柑、龙岩芦柑、南安芦柑、长泰芦柑，共 7 个芦柑样品获福建省第二届优质柑橘评选金奖。

5. 2010 年获全省柑橘优质果鉴评芦柑第一名　2010 年福建省农业厅组织全省柑橘优质果鉴评活动，永春县农业局组织二个芦柑样品参评。2010 年 12 月 28 日经专家评审，在全省参评的 9 个芦柑样品中，永春县柑橘实验场芦柑居首位，获得金奖；永春县猛虎柑橘场芦柑居第二，获得银奖。至此，永春芦柑连续五次获得全国、全省芦柑评比第一名。

6. 2014 年全省宽皮橘果实鉴评活动　2014 年 12 月 26 日，福建省农业厅举办 2014 年全省宽皮橘果实鉴评活动，全省参评芦柑样品 32 个，永春县猛虎柑橘场芦柑居第三名，获银奖；永春县日升农副产品科技咨询有限公司选送的芦柑样品居第六名，获铜奖。

（二）品牌认定

1. 中国农业博览会名牌产品　1997 年 10 月 21～27 日，农业部在北京举办第三届中国农业博览会，组织名牌产品认定。永春县农业局申报的"如意"牌永春芦柑和永春逢源食品饮料公司申报的"逢滢"牌芦柑果汁饮料，被认定为第三届中国农业博览会名牌产品。

2. 中国国际农业博览会名牌产品　1999 年 9 月 23 日至 10 月 20 日，农业部在北京举办"'99 中国国际农业博览会"，组织名牌产品认定。永春县人民政府申报的"云台"牌永春芦柑被认定为"'99 中国国际农业博览会名牌产品"。

2001 年 10 月 25～30 日，农业部在北京举办 2001 年中国国际农业博览会，组织名牌产品认定。永春县人民政府申报的永春芦柑被认定为 2001 年中国国际农业博览会名牌产品。

3. 中华名果　永春县人民政府申报的"如意"牌永春芦柑，1999、2001 和 2003 年连续三次被中国果品流通协会评为全国优质果品，授予"中华名果"称号。

4. 福建名牌产品、著名商标　1997 年 11 月，福建省人民政府授予永春逢源饮料有限公司"逢源"牌果汁饮料"福建名牌产品"称号。

2000 年 6 月，福建省名牌农产品认定委员会授予永春县人民政府永春芦柑"福建省名牌农产品"称号。

2006 年 11 月，福建省人民政府授予永春县柑橘总公司"如意"牌永春芦柑"福建省名牌产品"称号。

2010 年 1 月，福建省人民政府公布 2009 年福建名牌产品名单，授予福建省永春聚富果品有限公司"如意＋图形"牌永春芦柑"福建名牌产品"称号。

2008 年 8 月，永春县日升农副产品科技公司"日绿"牌永春芦柑，被福建省农业厅评为福建省名牌农产品。

2009 年 12 月，永春县柑橘同业公会"永春芦柑"牌永春芦柑，被福建省农业厅评为福建省名牌农产品。

2012 年 12 月，福建省工商行政管理局认定永春县柑橘同业公会注册的"永春芦柑及图商标"为福建省著名商标。

5. 消费者最喜爱的中国农产品区域公用品牌　2011 年 11 月，在中国优质农产品开发服务协会等 6 家协（学）会组织的评选中，永春芦柑名列"2011 消费者最喜爱的 100 个中国农产品区域公用品牌"第 19 位，居柑橘类品牌第一位。

2015 年 9 月，永春芦柑在中国优质农产品开发服务协会开展的"2015 网上评选系列活动"中被评为"2015 最受消费者喜爱的中国农产品区域公用品牌"。2015 年 10 月，中国农产品开发服务协会，在 100 个"2015 最受消费者喜爱的中国农产品区域公用品牌"中评审出 30 个"2015 最具投资价值的中国农产品区域公用品牌"，永春芦柑名列其中。

（三）产地认证

1. 无公害农产品产地　2007 年 12 月，永春县人民政府（永春县无公害农产品绿色食品领导小组办公室）申报的永春县无公害芦柑产地（产地规模 15 万亩），被福建省农业厅认定为福建省无公害农产品产地。

2. 绿色食品原料标准化生产基地　2010 年 3 月，农业部绿色食品管理办公室、中国绿色食品发展中心，授予永春县人民政府创建的 15 万亩永春柑橘基地为全国绿色食品原料标准化生产基地试点单位。

3. GAP（良好农业规范）认证　2008 年 1 月 22 日，经方圆标志认证集团有限公司认证，发给永春县天马柑橘场《良好农业规范认证证书》。产品种类柑橘，产地面积 734 亩，产品数量 1 600 吨。认证级别为二级认证。

2009 年 5 月 31 日，经中国质量认证中心认证，发给永春县猛虎柑橘场《良好农业规范认证证书》。产品名称芦柑，总面积 500 亩，产品数量 2 000 吨。认证级别一级。

2009 年 6 月 22 日，北京中瑞雅德士技术服务有限公司发给福建永春对外贸易公司申报的姜莲芦柑基地《中国良好农业规范认证证书》。产品范围：芦柑。认证级别：一级认证。

（四）产品认证

1. 绿色食品认证　1999 年 12 月，永春县日升农副产品科技咨询有限公司申报的"日绿"牌永春芦柑，被中国绿色食品发展中心认定为绿色食品 A 级产品。

2. 无公害农产品认证　2003 年 11 月，永春县桃城镇七八柑橘场申报的永春芦柑经福建省质量技术监督局组织抽检和评审，获准使用无公害农产品标志。

2006 年 10 月，永春县作物良种场申报的芦柑产品，经农业部农产品质量安全中心审定，获准使用无公害农产品标志。

2009 年 11 月，永春县柑橘同业公会申报的芦柑产品，经农业部农产品质量安全中心审定，获准使用无公害农产品标志。

（五）"中国芦柑之乡"、"名优基地"和"农业标准化示范区"的命名与认定

1997 年 8 月，中国特产之乡推荐暨宣传活动组委会授予永春县"中国芦柑之乡"称号。

2001 年 9 月，国家林业局授予永春县"中国芦柑之乡"称号。

2004 年 1 月，农业部认定永春芦柑生产基地为"南亚热带作物名优基地"。

2005 年 10 月，国家标准化管理委员会授予永春县人民政府芦柑生产"国家农业标准化示范区"称号。

2011 年 12 月，农业部授予永春县"全国农业标准化示范县（芦柑）"称号。

2012 年 10 月，国家质量监督检验检疫总局授予永春县出口柑橘质量安全示范区"国家级出口食品农产品质量安全示范区"称号。

二、品牌评价

浙江大学中国农村发展研究院（CARD）农业品牌研究中心，多年开展中国农产品区域公用品牌价值的评估，其评估的永春芦柑品牌价值如下。

在 2010 年中国农产品区域公用品牌价值评估中，永春芦柑品牌价值 20.23 亿元。在参评的柑橘类品牌中，居赣南脐橙（26.08 亿元）、平和琯溪蜜柚（21.37 亿元）之后，列第三位。

在 2011 年中国农产品区域公用品牌价值评估中，永春芦柑品牌价值 23.08 亿元。

在 2012 年中国农产品区域公用品牌价值评估中，永春芦柑品牌价值 25.28 亿元。在参评的柑橘类品牌中，居赣南脐橙（43.22 亿元）、平和琯溪蜜柚（28.77 亿元）、安岳柠檬（25.90 亿元）之后，列第四位。

在 2013 年中国农产品区域公用品牌价值评估中，永春芦柑品牌价值 25.63 亿元。在参评的柑橘类品牌中，居赣南脐橙（48.81 亿元）、安岳柠檬（28.20 亿元）之后，列第三位。

在 2014 年中国农产品区域公用品牌价值评估中，永春芦柑品牌价值 26.33 亿元。在参评的柑橘类品牌中，居赣南脐橙（54.12 亿元）、安岳柠檬（30.38 亿元）之后，列第三位。

在 2015 年中国农产品区域公用品牌价值评估中，永春芦柑品牌价值 27.42 亿元。在参评的柑橘类品牌中，居赣南脐橙（57.69 亿元）、南丰蜜橘（40.93 亿元）、安岳柠檬（32.42 亿元）之后，列第四位。

三、品牌保护

（一）永春芦柑防伪标志的使用管理

1996 年，为保护永春芦柑品牌，永春县人民政府第十三次常务会议研究决定：营销永春芦柑必须使用统一监制的包装箱和防伪标志。相继出台了永春县人民政府《关于营销永春芦柑必须使用统一监制的包装箱和防伪标志的通知》（永政［1996］综 184 号）、永春县人民政府《关于永春芦柑包装箱实行统一监制管理的通知》（永政〔1996〕综185号）、永春县人民政府《关于永春芦柑防伪标志发放和管理的通知》（永政〔1996〕综187号）和永春县人民政府《关于违反规定生产永春芦柑包装箱及营销永春芦柑的处罚规定》（永政〔1996〕综188号）。规定永春芦柑包装箱由永春县乡镇企业局统一监制。永春芦柑全息密码防伪激光标志由永春县工商行政管理局负责制作，防伪标志为椭圆形，规格2.2×3.5厘米，标志上方文字为"中国永春芦柑"，下方文字为"福建省永春县工商行政管理局监制"，防伪标志为银白色，直接粘贴在包装箱指定位置上。防伪标志由永春县财政部门统一管理发放，在营销户办理柑橘完税外运证明时，凭外运数量，凭证发放。并对违反规定者制定了相应的处罚措施。1996年和1997年试行实施，1998年不再实施。

（二）国家地理标志产品保护

1999年8月17日，国家质量技术监督局发布实施《原产地域产品保护规定》。2005年6月7日，国家质量监督检验检疫总局发布《地理标志产品保护规定》，于2005年7月15日实施，原国家质量技术监督局发布的《原产地域产品保护规定》同时废止。

2005年4月15日，永春县人民政府向国家质量监督检验检疫总局提出申请，要求将永春芦柑列为原产地域产品保护。2005年7月29日，国家质量监督检验检疫总局对永春芦柑申请地理标志产品保护（2005年7月15日起"原产地域"改为"地理标志"）进行公告（2005年第107号公告）。2005年11月4日，国家质量监督检验检疫总局组织北京大学、中国政法大学、中国农业大学和中国标准化研究院的专家，在北京召开永春芦柑地理标志产品保护专家审查会，与会专家一致通过对"永春芦柑"申报地理标志产品保护的审查。2005年11月29日，国家质量监督检验检疫总局发出第165号公告，"批准自即日起对永春芦柑实施地理标志产品保护"。

根据《地理标志产品保护规定》要求，永春县组织起草编制《地理标志产品　永春芦柑》国家标准。2006年3月2日，福建省质量技术监督局组织相关专家对标准进行预审。2006年4月25日，由中国标准化协会主持，来自中国农业科学院柑橘研究所、浙江省柑橘研究所、福建省质量技术监督局、福建省农业厅、福建农林大学、泉州市质量技术监督局及本县专家对标准进行审定。《地理标志产品　永春芦柑》（GB/T 20559—2006）由中华人民共和国国家质量监督检验检疫总局、中国国家标准化管理委员会于2006年9月18日发布，2007年2月1日实施。

根据国家质量监督检验检疫总局《地理标志产品保护规定》等有关规定，2006年9月19日永春县人民政府印发《永春芦柑地理标志产品专用标志使用管理办法》（永政文〔2006〕128号）（全文见附录一），成立了永春芦柑地理标志产品专用标志使用的管理机构，规定了使用标志的申请条件与需提交的资料，审核批准的程序，以及管理的各项规定。2006—2009年，经生产者申请，县标志管理办公室初审，福建省质量技术监督局审核，报国家质量监督检验检疫总局审查，国家质量监督检验检疫总局共核准69家企业使用永春芦柑地理标志产品专用标志。第一批核准10家企业（国家质检总局2006年第175号公告），第二批核准58家企业（国家质检总局2007年第186号公告），第三批核准1家企业（国家质检总局2009年第39号公告），具体企业名单见表8-1。

表 8-1　国家质量监督检验检疫总局核准使用永春芦柑地理标志产品专用标志的企业名单

序号	企业名称	法人代表	序号	企业名称	法人代表
1	永春县桃城镇七八柑橘场	林树林	36	永春县岵山伟发柑橘场	陈伟宁
2	福建省永春华兴贸易有限公司	颜彬耀	37	永春县吾峰镇宫山柑橘场	张辉煌
3	福建省永春聚富果品有限公司	刘光淮	38	永春县桃城三益柑橘场	周辉煌
4	福建省永春县全达果品贸易有限公司	郑永全	39	永春县吾峰镇大山柑橘场	陈进发
5	永春县天马柑橘场	杨建南	40	永春县仙山柑橘场	张银川
6	永春县猛虎柑橘场	郑东晖	41	永春县吾峰狮山柑橘场	张甘林
7	永春县作物良种场	洪永青	42	永春县桃城云峰柑橘场	周吉泉
8	福建省永春县嘉裕果品有限公司	刘侨文	43	永春县桃城宏伟柑橘场	曾显文
9	永春县华达果蔬贸易有限公司	郑文才	44	永春县岵山镇贤德芦柑场	陈金贤
10	永春森茂果业有限公司	刘金锡	45	永春县岵山龙峰芦柑场	陈景生
11	永春县东平鸿发柑橘场	陈丁海	46	永春县石鼓顺源柑橘场	颜炳章
12	永春县华达果蔬贸易有限公司	陈兴才	47	永春县东平鸿兴柑橘场	陈华兴
13	永春县介福金源山柑橘场	郑元富	48	永春县东平泉兴柑橘场	李伟生
14	永春县橘祥水果经销部	黄宋继	49	永春县东平合兴柑橘场	蔡金钧
15	永春县桃城镇义翔果业经营部	郑崇义	50	永春县吾峰镇顺发柑橘场	张特志
16	永春县全达果品贸易有限公司	郑永全	51	永春县桃城镇大坪鹏山柑橘场	郑芳涉
17	永春县东平云峰柑橘场	李金城	52	永春县岵山顺德果场	陈礼墙
18	永春县东平镇冷水柑橘场	李连地	53	永春县东平鸿虎柑橘场	陈敬选
19	永春县桃城九八场	周良水	54	永春县吾峰文尖柑橘场	许清烟
20	永春县中发和平柑橘场	周和平	55	永春县石鼓镇大山母柑橘场	黄恒安
21	永春县龙山岩柑橘场	周昌栋	56	永春县东平兴业柑橘场	李桂志
22	永春县桃城共赢柑橘场	郑瑞生	57	永春县后山洋柑橘场	辜志强
23	永春县太平农副产品营销中心	李永灿	58	永春县吾峰福源柑橘场	陈炽柱
24	永春县一都又溪柑橘场	黄建木	59	永春县吾峰镇燕春柑橘场	张志明
25	永春县施华章柑橘场	施华章	60	永春县石鼓横灶芦柑场	郑春健
26	永春县吾峰天沐柑橘场	陈昌财	61	永春合盛果蔬有限公司	徐祥裕
27	永春县吾峰镇东坑林柑橘场	施自兴	62	福建省永春嘉裕果品有限公司	刘侨文
28	永春县东林山柑橘场	张文端	63	永春县桃城益民柑橘场	刘金锭
29	永春县龙头山柑橘场	陈永发	64	永春县东平镇霞林柑橘场	林博习
30	永春县五里街镇金住大山柑橘场	朱金住	65	永春县合利来柑橘场	蔡明宏
31	永春县天马山柑橘场	陈文笔	66	永春县东平鸿顺柑橘场	陈钦裕
32	永春县高阳小岭柑橘场	刘永鹏	67	永春县东平镇鸿安黄氏柑橘场	黄世泽
33	永春县鸿运来柑橘场	陈友军	68	永春县岵山文兴芦柑场	陈金文
34	永春县岵山顺益柑橘场	陈家钦	69	吾峰镇农产品营销协会	张国才
35	永春县岵山兴发果场	陈瑞福			

注：表中名单含企业名称或法人代表变更重新申请注册登记的企业。

（三）注册使用"永春芦柑"证明商标

经永春县政府同意，由永春县柑橘同业公会申请注册的"永春芦柑"证明商标，于2009年2月7日获得国家工商行政管理总局商标局批准。2009年10月13日，县政府召开"永春芦柑"证明商标使用管理工作会议，研究实施证明商标使用管理工作事宜。在有关部门指导下，永春县柑橘同业公会制定了《"永春芦柑"证明商标使用管理细则（试行）》（全文见附录二），规定了"永春芦柑"证明商标的使用条件、申请程序、权利义务、使用管理、包装印制和商标保护的要求。2009年10月16日，永春县工商局、永春县农业局印发《关于永春芦柑证明商标使用管理的通知》（永工商〔2009〕78号），在全县推广使用永春芦柑证明商标。2015年全县有83家企业获准使用"永春芦柑"证明商标，名单见表8-2。

表 8-2　获准使用"永春芦柑"证明商标的企业名单

序号	申请单位名称	法人代表	序号	申请单位名称	法人代表
1	福建省永春聚富果品有限公司	刘光淮	26	福建省永春县对外贸易公司	林建新
2	福建省永春联福果品有限公司	郑兴仁	27	永春县桃城宏泰兴芦柑种植场	陈剑生
3	永春县桃城镇乐扬芦柑包装厂	盛文化	28	福建省宏顺食品饮料有限公司	郑振华
4	永春县洪玉芦柑包装加工厂	林洪玉	29	泰纳国际果业（北京）有限公司	付慧云
5	永春县中发果品贸易公司	周和平	30	永春县东平鸿发柑橘场	陈丁海
6	永春县桃城镇大坪鹏山柑橘场	郑芳涉	31	永春县东平镇鸿安黄氏柑橘场	黄世泽
7	永春县桃城共赢柑橘场	郑瑞生	32	永春县东平泉兴柑橘场	李伟生
8	永春县桃城镇朝新果蔬包装厂	余建忠	33	永春县祥霞水果经营部	颜如霞
9	福建省永春县佳盛贸易有限公司	何凤美	34	永春县东平镇文明芦柑加工厂	颜耀辉
10	永春县桃城大兴山芦柑种植场	郭华北	35	永春县东平镇冷水柑橘场	李连地
11	永春县高阳小岭柑橘场	刘永鹏	36	永春县东平镇先锋芦柑加工厂	颜建华
12	福建省永春嘉裕果品有限公司	刘侨文	37	福建省永春县通洲贸易有限公司湖洋柑橘包装厂	刘义谦
13	福建省永春鸿利实业有限公司	颜福泽			
14	永春县桃城华裕达芦柑种植场	郑文才	38	永春县橘祥水果经销部	黄宋继
15	永春县桃城镇良才芦柑包装厂	李良才	39	福建省永春宏利实业有限公司吉兴芦柑包装厂	李爱帛
16	永春县桃城镇善美芦柑种植场	陈志明	40	永春县东关国文柑橘场	李国文
17	永春县桃城益民柑橘场	刘金锭	41	永春县岵山镇贤德芦柑场	陈金贤
18	福建省永春森茂果业有限公司	刘金锡	42	永春县岵山镇高山水果包装厂	陈国典
19	永春县桃城鑫源柑橘包装厂	王文彬	43	永春县岵山伟发柑橘场	陈伟宁
20	福建省永春县洋洲贸易有限公司	涂培土	44	永春县岵山镇霞美芦柑种植场	陈松林
21	永春裕盛果蔬贸易有限公司	施志超	45	永春县岵山永华芦柑种植场	陈文达
22	永春县永盛水果包装厂	李长兴	46	永春县友军柑橘包装厂	陈友军
23	永春县全达果品贸易有限公司	郑永全	47	永春县柑橘实验场	郑庆礼
24	福建省永春广兴贸易有限公司	施清智	48	永春县岵山镇联同发柑橘包装厂	颜宝珠
25	永春合盛果蔬有限公司	徐祥裕	49	永春县彬显柑橘包装厂	颜彬显

（续）

序号	申请单位名称	法人代表	序号	申请单位名称	法人代表
50	永春县五里街镇龙虾山柑橘场	陈宋秦	67	永春县吾峰顺成芦柑贸易包装厂	施振成
51	福建省联福果业有限公司吉鸿包装厂	林鸿建	68	永春县吾峰镇侯龙村451号	陈伟成
52	永春县天马山柑橘场	杨建南	69	永春县农场	余生智
53	永春县彬华柑橘包装厂	颜彬华	70	永春县石鼓镇永联柑橘包装厂	黄恒坛
54	永春县五里街长盛芦柑包装厂	颜国星	71	永春亿鑫盛芦柑包装厂	周昌永
55	永春县华达果蔬贸易有限公司	陈兴才	72	永春县志强柑橘包装厂	林志强
56	福建省永春县狮龙果业有限公司	谢和生	73	永春县石鼓顺源柑橘场	颜炳章
57	永春县福兴柑橘包装厂	章德放	74	永春县华民柑橘包装厂	王华民
58	永春县五里街万春恒辉柑橘场	林文钩	75	永春县石鼓横灶山芦柑场	郑春健
59	永春县五里街文铝柑橘场	郑文铝	76	永春县石鼓益丰柑橘包装厂	李锦灿
60	永春县仙山柑橘场	张银川	77	永春县石鼓合顺芦柑销售部	颜清填
61	永春县施华章柑橘场	施华章	78	永春县达埔集兴贸易有限公司	张贵全
62	永春县辉耀柑橘包装厂	陈镇西	79	永春县达埔永达峰芦柑包装场	李文义
63	永春县吾峰文尖柑橘场	许清渊	80	国营永春县猛虎柑橘场	郑东晖
64	永春县佳盛芦柑包装厂	郑志宏	81	永春县达埔镇溪源村丰盛柑橘场	颜建峰
65	永春县天马柑橘专业合作社	陈志文	82	永春县蓬壶林多金柑橘销售点	林多金
66	永春县吾峰镇青峰芦柑包装厂	陈清忠	83	永春县文光柑橘包装厂	颜文光

2009年11月10日，永春县柑橘同业公会分别在《福建日报》、《衢州日报》刊登郑重声明，指出"永春芦柑"证明商标于2009年2月7日获得国家商标局注册，永春县柑橘同业公会为商标注册人，任何单位或个人的侵权行为将追究法律责任。2010年1月18～21日，县柑橘同业公会配合县工商局等单位，到南平市顺昌县、三明市梅列区、漳州市南靖县等产区，与当地工商部门配合，开展打击假冒"永春芦柑"行为。"永春芦柑"证明商标领导小组、县工商局执法大队、县农业局执法大队等，多次开展对全县印刷企业和永春芦柑出口加工点进行"永春芦柑"证明商标使用、管理检查。

第二节 市 场

一、宣传推介

（一）举办四届"永春芦柑节"

1. 首届永春芦柑节 改革开放后，永春县柑橘生产迅速发展，成为涉及全县多数农户，农村经济的支柱产业，柑橘面积、产量连年居全省第一。1989年永春芦柑获全国优质水果评比芦柑第一名，被农业部授予"优质农产品"称号。1991年全县柑橘面积超10万亩，社会产量超5万吨。为庆祝芦柑产业的丰硕成果，展示各项事业取得的成就，促进永春发展，县委、县政府决定于 1991 年 11 月 18～20 日举办首届永春芦柑节。筹办芦柑节活动得到各级、各界的关心支持，1991 年 9 月 14 日，国务院总理李鹏为永春芦柑节题词："大力发展永春经济，芦柑远销四海"和"愿永春芦柑远销四海"。

1991 年 11 月 18 日上午，福建省人大常委会副主任、泉州市委书记张明俊，副省长苏昌培等省、市领导及有关部门负责人 200 多人，世界银行官员姚肯豪，来自 10 多个国家和地区的海外"三胞"127 人，500 多位海内外工商客户，来自马来西亚、泰国、菲律宾，我国香港及中央、省、市的 20 多家媒体记者及本县民众 3 万多人参加在县体育场举行的永春芦柑节开幕式，苏昌培、张明俊分别代表省委、省政府和市委、市政府发表讲话祝贺。县领导从移植到会场的芦柑树上采摘芦柑，宾主共赏佳果。由 1 200 多名学生表演了大型团体操《又是橙黄橘绿时》，并放飞 800 多个气球和上千只信鸽。

芦柑节期间，县政府召开记者招待会，向媒体宣传介绍永春芦柑及社会经济发展情况。举行"三胞"和"三资"企业代表座谈会，联络乡情，共谋发展。设立的芦柑节中心展馆、工业展馆、乡镇企业展馆、商业展馆、供销展馆、书法美术摄影展馆，吸引数万人次参观。举行的投资贸易洽谈会成效显著，商品成交合同金额 1 800 万元。

芦柑节文艺活动丰富多彩。11 月 17 日晚，由永春县文艺工作者自编自演的欢迎嘉宾文艺晚会，祖籍永春的台湾著名歌手苏芮欣闻家乡举办芦柑节，寄来的祝词和《跟着感觉走》《酒干倘卖无》的录音磁带在现场播放展示，给晚会增添了光彩。18 日晚举办的文艺踩街、焰火晚会，吸引十万民众参加，盛况空前。19 日晚，辽宁歌剧院应邀到永春作精彩演出，并在体育场举行电影晚会。20 日晚，县高甲戏团、南音社举办传统戏曲表演、南音演唱会。

出席芦柑节的嘉宾中，世界银行官员、果树专家姚肯豪备受关注。1986 年永春县引进世界银行柑橘项目贷款，1990 年 11 月 15 日，姚肯豪首次到永春考察柑橘项目。时隔一年，姚肯豪再次来到永春参加芦柑节盛会，考察柑橘项目实施情况，对永春芦柑生产及芦柑节盛况给予肯定称赞。

2. 第二届永春芦柑节 1992 年是永春芦柑开创者、著名侨领尤扬祖诞辰 100 周年，为扩大宣传，缅怀尤扬祖爱国爱乡业绩，县委、县政府决定于 1992 年 12 月 4～6 日举办第二届永春芦柑节暨纪念尤扬祖先生诞辰 100 周年系列活动。

1892 年 11 月 22 日，尤扬祖出生于永春达埔蓬莱村。1914 年赴印度尼西亚谋生，事业有成，为中国与印度尼西亚两国的友好关系作出重要贡献。1953 年携家人回国定居，对家乡各项事业贡献巨大。其回乡当年即创办猛虎山华侨垦殖场，合资经营天马山华侨垦殖场，在全县率先开展柑橘成片栽培试验获得成功，为其后永春县成为著名的"中国芦柑之乡"奠定基础。1954 年，尤扬祖投资 3.2 万元与县里合资创办侨新酒厂，生产永春老醋，使长期沉淀于民间的酿造工艺得到开发，成为全国四大名醋之一。1958 年，他捐资 20 万港元从香港购进 14 台大型车床，使永春通用机器厂成为专业水电设备厂，促进永春小水电的发展。尤扬祖还先后创办五堡小学、延清小清，资助永春五中、华侨中学；合资捐建永春医院新院舍，独资兴建达埔卫生院门诊部；捐资建设蓬莱村水电加工厂、蓬莱村柑橘场和蓬莱村石拱桥等项目。福州华侨中学的筹建、厦门华侨博物馆和华侨大学陈嘉庚纪念堂的兴建，北京华侨幼儿园的创办，他都解囊捐资。1956 年 7 月尤扬祖被选为福建省副省长，1956 年 10 月又被选为全国侨联副主席，1962 年担任福建省政协副主席。1978 年他已卧病在床，还决定将在福州市的三座房产捐赠给延清学校，其将一生辛劳所得尽力捐赠公益、奉献社会，不留给儿孙后代，在家乡依旧只有那老旧的房子。1982 年 5 月 17 日尤扬祖于北京逝世，其一生爱国爱乡感人肺腑，建设家乡的远见卓识令人敬佩不已，隆重纪念尤扬祖诞辰 100 周年活动得到各级各界高度重视，泉州市政府拨款 40 万元支持办节。中共中央政治局候补委员、全国人大常委会副委员长王汉斌，全国人大常委会原副委员长姬鹏飞，全国政协副主席卢嘉锡等 50 多位各级领导及各界人士为第二届永春芦柑节暨纪念尤扬祖先生诞辰 100 周年系列活动题词，海内外 120 多个单位、团体及个人发来贺电、贺信。

1992 年 12 月 4 日上午，福建省副省长苏昌培、省政协副主席许集美，泉州市委书记陈营官、市长林大穆等省、市领导，尤扬祖女儿尤瑞兰等亲属，海外"三胞"150 多人，500 多名海内外客商，中央、省、市及我国香港，还有法国等 18 家新闻单位 40 多名记者，共 1 200 多名来宾和 3 万多群众参加在县体育场隆重举行的第二届芦柑节开幕式。苏昌培、林大穆分别代表省委、省政府和市委、市政府发表讲话祝贺，由 1 500 多名学生表演的大型团体操《橘乡春潮》，表现了永春人民爱拼敢赢的精神。

在永春县人民会场隆重举行纪念尤扬祖先生诞辰 100 周年大会上，福建省政协副主席许集美、泉州市委副书记林文麟、"三胞"代表周守仁和尤扬祖女儿尤瑞兰等发表讲话，与会人员一起缅怀尤扬祖爱国爱乡所做的贡献。设立尤扬祖纪念馆，展出其生平事迹图片近百张，以及各级领导和各界人士的题词，数万参观者被其爱国爱乡的事迹深深感动。

芦柑节期间，还设立梁披云诗意书法展馆、乡镇企业产品展销馆、工业三资企业产品展销馆、商业供销名优特产品展销馆。举行永春三中 50 周年校庆，县侨联成立 43 周年茶话会和"三胞"座谈会等活动。组织安排投资洽谈活动，商贸活动总金额 3 亿元人民币，其中外商投资企业签约 15 家，总投资 2.73 亿，利用外资 4 268 万美元，商贸成交额 2 046 万美元。

芦柑节文艺活动多姿多彩，1992 年 12 月 3 日晚，举行了由县文艺工作者自编自导的文艺晚会欢迎来宾；12 月 4 日晚，由 1.5 万人参加表演的盛大踩街活动，吸引观众 10 万余人。

3. 第三届永春芦柑节　永春县是著名侨乡，当年海外"三胞"达 80 多万人，海外宗亲社团组织近百个，分布在世界数十个国家和地区。众侨亲爱国爱乡，改革开放至 1993 年华侨捐资公益事业达亿元以上。首届和第二届芦柑节的成功举办凝聚了海内外永春人民的亲情乡情，期盼已久的成立"世界永春社团联谊会"也水到渠成，提上议事日程。由马来西亚永春联合会发起，世界各地永春社团和乡亲积极响应，决定成立"世界永春社团联谊会"。

为巩固发扬前两届芦柑节成果，庆祝"世界永春社团联谊会"成立，促进发展，县委、县政府决定于 1993 年 11 月 18～20 日举办中国永春第三届芦柑节暨"世界永春社团联谊会"成立系列活动，得到各级各界的关心重视，全国人大常委会副委员长卢嘉锡等领导及各界人士寄来题词，100多个单位和个人发来贺信、贺电，祖籍永春的新加坡著名画家刘抗为"世界永春社团联谊会"设计了会徽。

1993年11月18日上午，中国永春第三届芦柑节开幕式隆重举行，福建省人大常委会副主任苏昌培，泉州市人大常委会主任王继超，泉州市委副书记丘广钟，市委常委、统战部长傅圆圆等省、市和有关部门领导、新闻工作者210多人，460多名海外侨亲、400多名海内外客商及上万名本县民众参加开幕式。苏昌培和傅圆圆分别代表省委、省政府和市委、市政府发表讲话祝贺；由2 000多名学生表演的大型团体操《乡情浓似酒》，表现了海内外永春人民热爱家乡、思念亲人，共同建设家园的悠悠故园情。

11月18日下午的"世界永春社团联谊会"成立大会是芦柑节的重头戏，来自10多个国家、20多个地区40多个社团的460多位永春旅外"三胞"代表欢聚一堂，共襄侨乡建设大计。福建省人大常委会副主任苏昌培、泉州市副市长高厚生和永春县县长陈金榜分别发表讲话祝贺。大会通过了"世永联章程"，成立董事会，推选出98名理事，马来西亚永春联合会会长林国璋被选为首届会长，副会长由陈新荣、陈文成、颜章根、黄金如、吴国基担任，聘请了21位名誉会长。这是历史上第一次世界永春乡亲的大团聚，成为永春县侨务工作新的里程碑，对于加强海外乡亲横向联系，联络80万海外侨亲为永春社会经济发展作贡献发挥重大作用，意义深远。

芦柑节设立的永春华侨展览馆展出500多幅照片、资料，展现了侨亲历年来为家乡所作的贡献和家乡事业的发展成就，家乡人民对侨亲所作贡献的肯定和怀念，让众侨亲倍感亲切，激发爱国爱乡热情，芦柑节期间"三胞"捐资500多万元兴办公益事业。

芦柑节期间，还举办了崇贤中学建校95周年庆祝活动，组织重点工程剪彩、奠基活动，举行"三胞"座谈会。17日晚举办文艺晚会欢迎宾客，18日晚举办了有上万人参加表演的踩街、焰火活动，永春县城火树银花，流光溢彩。19日晚福建省梨园戏实验剧团应邀在县人民会场表演了优秀传统剧目《苏秦》。

芦柑节以柑为媒，经济唱戏，经贸活动活跃，共签订27个投资项目，利用外资1.4亿元，内贸成交额6 270万元。

4. 第四届永春芦柑节 经国务院批准，农业部定于1995年10月26日至11月4日在北京举办第二届中国农业博览会，提前于1994年12月26～28日在重庆中国农业科学院柑橘研究所进行优质柑橘评选。福建省农业厅也定于1994年12月25～26日在福州举办福建省首届优质柑橘评选。当时全县上下正沉浸于前三届芦柑节成功举办，芦柑产业和各项事业取得新成绩的喜悦之中，县委、县政府高瞻远瞩，要求业务部门务必再夺芦柑评比第一名，并提出如再获全国芦柑评比第一名，将举办第四届中国永春芦柑节。不负众望，永春县选送的三个芦柑样品囊括了福建省首届优质柑橘评选芦柑前三名，选送的四个永春芦柑样品囊括了第二届中国农业博览会芦柑评比前四名，选送的永春佛手、永春水仙茶也荣获第二届中国农业博览会金奖，为举办第四届中国永春芦柑节献上最好的礼物。

1995年11月26～28日中国永春第四届芦柑节如期举行，全国人大常委会原副委员长彭冲等30多位各级领导和各界人士为芦柑节题词，海内外180多个单位和个人发来贺信、贺电。11月26日上午，广东省原省长梁灵光，福建省委副书记何少川，省委常委、组织部长陈营官，省人大常委会副主任苏昌培，副省长施性谋，泉州市委书记丘广钟、市人大常委会主任尤垂镇、市政协主席傅圆圆、副市长陈再成等各级领导240多人，海内外20多家新闻单位记者60多人，世界永春社团联谊会会长、新加坡永春会馆主席林曼椿，全国政协委员、澳门归侨总会主席梁披云等海外11个代表团500多人及3万多民众出席了开幕式。陈营官和陈再成分别代表省委、省政府和市委、市政府发表讲话祝贺，县政府表彰了1978年以来对永春社会公益事业及经济建设作出突出贡献的单位和个人。

11月26日下午，举行"世界永春社团联谊会"二届首次董事会，来自世界各地的侨亲代表参加了会议，福建省人大常委会副主任苏昌培、泉州市人大常委会主任尤垂镇、永春县委书记张贻伦和县长洪泽生到会祝贺。众侨亲欢聚一堂，回顾"世永联"工作取得的成效，共商海外侨亲横向合作与建设家乡大计。本届芦柑节县政府隆重表彰了对永春社会公益事业作出突出贡献的234名海外乡亲（团体），颁发奖牌给予奖励；设立"三胞"捐资兴业事迹展览馆，以上千幅图片和大量资料，宣传侨亲的爱国爱乡业绩；举行华侨捐资工程等系列剪彩庆典活动，举办"三胞"座谈会。广大侨亲爱国爱乡热情空前高涨，芦柑节期间捐资家乡公益事业达2 000多万元。

第四届芦柑节期间，永春县人民政府对在芦柑基地建设、争创名牌作出较大贡献的先进单位：县经济作物局；先进个人：刘孔永、李文港、刘重生、沈仕桢、陈金吉、林成言、陈建国、陈炳固、陈跃飞、苏映前、刘金恬、刘金昭、郑景川、施永宗、林树林、李金堆、周金山、刘其吹等进行专题表彰。

经贸工作是芦柑节的重头戏。组织客商嘉宾参观名特优产品展馆，举行投资贸易洽谈会、项目签约仪式，经贸工作取得新突破，外商投资企业签约13个，总投资2.831亿元，利用外资2 215万美元。结合庆祝永春佛手、水仙茶叶获第二届中国农业博览会金奖，举办了永春茶王赛及茶王拍卖活动。

25日和27日晚，由11个乡镇20个单位300多名文艺工作者演出的二场文艺晚会，献演38个节目欢迎嘉宾。26日晚五彩缤纷的焰火，规模盛大的文艺踩街节目，吸引10万民众观看。

四届芦柑节的举办，开启了永春芦柑争创品牌开拓市场的成功之路，永春芦柑成为全国著名品牌，畅销全国各地，远销四海。把芦柑节与纪念尤扬祖诞辰100周年纪念活动，"世界永春社团联谊会"成立等有机结合起来，激发海内外永春人民奋发向上、爱国爱乡的热情，为永春发展凝聚人心、蓄积力量，对永春社会经济长远发展意义十分重大。

（二）其他宣传推介活动

1. 在产区举办芦柑贸易洽谈会等活动　1997年11月11日，举办"中国芦柑之乡"命名庆典暨1997永春芦柑贸洽会，邀请东南亚及东北三省、上海、西安等地的重点客户170多人参加。

1998年11月20~22日，举办中国永春芦柑订货会。8个国家和地区、24个省市的163家客户300多人以及中央电视台、人民日报等中央、省、市新闻单位记者参加大会。中国农业科学院柑橘研究所原所长何天富应邀参加订货会。

1999年11月17~18日，举办1999中国永春芦柑贸洽会暨秋季茶王赛活动。中国农业科学院柑橘研究所所长沈兆敏、原所长何天富等嘉宾应邀参加。

2000年11月15～17日，世界永春社团联谊会第四届代表大会暨2000年中国（永春）芦柑贸洽会、秋季茶王赛在永春县举行。来自世界各国和港、澳、台近百个永春宗亲社团的代表，以及客商、各界人士、嘉宾2 000多人参加活动。全国政协常委胡平，广东省原省长梁灵光，全国人大农业农村委委员苏昌培，福建省政协原副主席许集美，著名教育家梁披云，全国侨联副主席李欲晞，泉州市委书记刘德章等出席活动。

2004年11月25～26日，举办2004年永春芦柑贸洽会，中国农业科学院柑橘研究所所长沈兆敏，福建农林大学教授潘东明、吴少华，福建省农业科学院研究员郑少泉等来自全国各地的嘉宾、客商以及新闻媒体记者参加贸洽会。

2008年11月25～26日，举办永春"生态·芦柑"新闻采风活动，邀请人民日报、中新社、光明日报、经济日报、中国质量报、中国企业报、农民日报、国际商报、香港大公报、福建日报、泉州晚报、东南早报、东南快报、海峡都市报、海峡导报、石狮日报、晋江经济报，中央电视台、福建电视台、泉州电视台，福建人民广播电台、泉州人民广播电台等20多家新闻媒体，实地参观考察永春芦柑生产、出口加工基地，举办"生态·芦柑"新闻采风座谈会等活动，让媒体记者亲身感受永春芦柑生产良好的生态环境、优异的品质和品牌市场优势，其后在国内外报刊大量登载介绍永春芦柑的采风文章，对提升芦柑品牌、促进销售、增加收益发挥良好作用。中国柑橘研究所原所长沈兆敏等应邀出席活动。

2. 在销区举办宣传推介活动 1998年12月，县政府组织有关部门、乡镇、柑橘同业公会到沈阳、哈尔滨、上海等主要销售城市宣传推介永春芦柑。改变之前以产地宣传推介为主，开展销地展销活动。

1999—2003年，县供销社多次组织参加全国供销系统开展的优质水果评比展销活动，1999年、2001年和2003年永春芦柑连续三次被中国果品流通协会授予"中华名果"称号。

2007年11月27日至12月2日，县农业局组织永春芦柑参加农业部在杭州举办的全国名优果品交易博览会，设立展馆宣传展销。

2009年9月25～27日泉州市政府在沈阳市举办泉州龙眼（东北）推介会，永春县人民政府作为活动的协办单位，借泉州市政府龙眼推介会的平台推介永春芦柑。组织宣传、广电、农业、供销等部门，柑橘同业公会，重点乡镇等人员参加活动。永春县副县长余金南在推介会的开幕式上致词，永春果商与东北客商参加产品销售签约仪式。设立永春芦柑展馆，组织芦柑加工、包装产品展销，编印分发永春芦柑宣传推介手册，召开东北永春芦柑客商座谈会。

二、市场开拓

永春芦柑获得全国、全省芦柑评比五连冠，被认定为中国农业博览会、中国国际农业博览会名牌产品，获得"中华名果"称号，以及成功举办四届永春芦柑节等宣传推介活动，永春芦柑走上了争创品牌开拓市场的成功之路。在全国各地品牌意识尚未形成之际，抢占先机，争创品牌开拓市场，取得了事半功倍的效果。永春芦柑品牌日益形成，市场占有率不断提升，市场覆盖全国所有省份，在 20 多个省市、100 多个大中城市建立稳定的销售网络。20 世纪 90 年代至 21 世纪初永春芦柑生产鼎盛时期，国内销售市场的大致构成如下：东北地区约占国内销量 40%，主要城市有沈阳、哈尔滨、长春、大连、牡丹江等。华东地区约占国内销量 30%，主要城市有上海、杭州、南京、无锡、宁波等。其他区域约占 30%，销量较多的有武汉、广州、深圳、南昌、九江、西安等城市。

同时，发挥永春县地处东南沿海，当年拥有海外"三胞"80 多万人的侨乡优势，四届芦柑节共邀请海外"三胞"和客商 1 200 多人参加芦柑节盛会，鼓励海外侨亲、客商营销永春芦柑。芦柑适应性广，是中国柑橘主要栽培品种之一，属大宗柑橘产品；当时国内柑橘市场相对饱和，价格相对低廉；而科技进步、争创品牌的效应，使得永春芦柑具有规模生产、优质廉价、市场品牌的优势，在东南亚等国际市场极具竞争力；使得柑橘出口量快速增长，市场占有率不断提高。永春柑橘出口量在 20 世纪 90 年代以平均两年翻一番的速度增长，从 1990 年 493 吨增至 1999 年 37 264 吨，占全国柑橘出口量的比例从 0.54%上升至 21.14%，在全国柑橘产区中异军突起。此后，柑橘出口量继续增加，2006 年永春柑橘出口占全国柑橘出口量 22.97%，为历年最高；2008 年全县柑橘出口 146 248 吨，出口额 10 243 万美元，出口占全县柑橘总产 63.3%，出口量及占产量的比例为历年最多。20 世纪 90 年代末至 21 世纪初，永春柑橘出口量连续 10 多年居全国首位，远销世界 28 个国家和地区。

三、鲜果出口

（一）出口历史与数量

20 世纪 50 年代永春县开始成片栽培柑橘，1963 年就有少量柑橘出口。永春县物价委员会《关于下达 1964 年地产柑橘价格的通知》（［64］永物委字第 093 号）文中介绍，1963 年北硿华侨茶果场、猛虎农场、天马山果树试验站采收的柑橘就有少量供外贸部门运销国外市场，受到消费者好评。福建省对外贸易局、福建省华侨事务委员会《关于永春北硿华侨茶果场柑橘收购业务由闽南柑橘厂办理的联合通知》（［64］外贸业创字第 393 号［64］侨生吴字第 1257 号）文中介绍，1963 年北硿华侨茶果场为出口提供 10 多吨芦柑。永春县物价委员会送省物委《请下达 1965 年柑橘收购价格的报告》（［65］永物价字第 116 号）文中介绍，1963 和 1964 年外贸部门少量外销永春芦柑，受到国外消费者好评。1965 年 10 月编印的《永春县猛虎华侨农场果树果苗猪苗生产情况概述》（1953—1965 年）记载：1964 年猛虎华侨农场柑橘产量 5 180 千克，其中 3 250 千克供国家出口外销，由漳州市外贸公司闽南柑橘厂收购出口。

统计数字显示，1966 年全县柑橘出口 30 吨，至 1974 年以前每年出口数十吨，1975—1992 每年出口数百吨至 1 000 多吨。20 世纪 90 年代出口量高速增长，从 1990 年的 493 吨增至 1999 年 37 264 吨。此后出口量继续增加，2008 年出口 146 248 吨，达历年最高；2010 年后出口量有所回落，详见表 8-3。

表 8 - 3　1966—2015 年永春柑橘出口统计表

年份	出口量（吨）	年份	出口量（吨）	年份	出口量（吨）	年份	出口量（吨）	年份	出口量（吨）
1966	30	1976	390	1986	426	1996	14 153	2006	99 944
1967	45	1977	392	1987	1 133	1997	17 903	2007	114 372
1968	33	1978	329	1988	1 470	1998	28 092	2008	146 248
1969	56	1979	1010	1989	454	1999	37 264	2009	118 842
1970	81	1980	355	1990	493	2000	32 244	2010	70 170
1971	62	1981	470	1991	957	2001	30 783	2011	74 585
1972	81	1982	348	1992	1 015	2002	41 500	2012	48 882
1973	36	1983	121	1993	4 822	2003	38 544	2013	52 711
1974	51	1984	272	1994	6 347	2004	54 069	2014	43 400
1975	235	1985	308	1995	9 891	2005	59 681	2015	40 516

（二）出口时期

泉州出入境检验检疫局永春办事处检验资料，1993—2015 年产季永春柑橘出口检验时期见表 8-4，每年 11 月至次年 3 月为永春芦柑主要出口时期。

表 8 - 4　1993—2015 年永春柑橘出口时期统计表

年份	检验批数	出口量（吨）	出口起止日期	年份	检验批数	出口量（吨）	出口起止日期
1993	237	4 822	1993.11－1994.4	2005	17 35	59 682	2005.9.28－2006.4.17
1994	317	6 347	1994.11.24－1995.4.7	2006	2 878	99 944	2006.9.27－2007.4.28
1995	429	9 891	1995.11.22－1996.4.15	2007	3 183	114 372	2007.11.22－2008.5.5
1996	604	14 153	1996.11.22－1997.4.15	2008	3 787	146 248	2008.10.21－2009.5.15
1997	775	17 903	1997.11.20－1998.4.10	2009	3 076	118 842	2009.10.26－2010.5.26
1998	1 238	28 092	1998.11.03－1999.4.3	2010	1 914	70 170	2010.11.11－2011.5.9
1999	1 025	37 264	1999.10.15－2000.4.20	2011	1 903	74 585	2011.10.10－2012.5.17
2000	927	32 244	2000.10.20－2001.4.10	2012	1 350	48 882	2012.11.5－2013.5.6
2001	908	30 783	2001.11.05－2002.4.12	2013	1 431	52 711	2013.10.28－2014.4.15
2002	1 202	41 500	2002.10.14－2003.3.24	2014	1 176	43 400	2014.11.11－2015.4.27
2003	1 118	38 544	2003.10.28－2004.4.14	2015	1 067	40 516	2015.10.16－2016.5.4
2004	1 497	54 069	2004.10.19－2005.4.26				

（三）出口量占全国柑橘出口的比例

永春柑橘出口占全国柑橘出口量的比例 1992 年以前低于 1.5%，1993—1997 年 4%～9%，1998—2009 年达 10%～23%，其中 1999、2006 和 2007 年达 20%以上；2010 年后下降至 10%以下，详见表 8-5。

（四）出口价格及与全国柑橘出口价格的比较

永春柑橘出口价格 1993—1998 年 450～520 美元/吨，1999—2004 年 300～400 美元/吨，

此后价格一路上升，从 452 美元/吨升至 1 533 美元/吨。永春柑橘在品种、品质和品牌上具有优势，1993—2015 年永春柑橘出口均价 688.3 美元/吨，高于全国柑橘出口均价 523.2 美元/吨 31.6%，详见表 8-5。

表 8-5 1985—2015 年永春县与全国柑橘出口统计表

年份	永春柑橘出口			全国柑橘出口			永春出口量占全国比例（%）
	出口量（吨）	出口额（美元）	出口价格（美元/吨）	出口量（吨）	出口额（美元）	出口价格（美元/吨）	
1985	308	—	—	71 180	—	—	0.43
1986	426	—	—	88 226	—	—	0.48
1987	1 133	—	—	97 700	—	—	1.16
1988	1 470	—	—	103 109	—	—	1.43
1989	454	—	—	99 818	—	—	0.45
1990	493	—	—	91 169	—	—	0.54
1991	957	—	—	72 122	—	—	1.33
1992	1 015	—	—	87 461	—	—	1.16
1993	4 822	250	518.5	111 282	4 996	449.0	4.33
1994	6 347	290	456.9	156 034	6 593	422.5	4.07
1995	9 891	515	520.7	162 850	6 871	421.9	6.07
1996	14 153	694	490.4	183 509	7 364	401.3	7.71
1997	17 903	860	480.4	209 127	7 111	340.0	8.56
1998	28 092	1 405	500.1	175 458	4 889	278.6	16.01
1999	37 264	1 460	391.8	176 290	4 164	236.2	21.14
2000	32 244	1 020	316.3	200 271	4 651	232.2	16.10
2001	30 783	1 080	350.8	171 240	4 035	235.6	17.98
2002	41 500	1 410	339.8	216 847	5 574	257.0	19.14
2003	38 544	1 502	389.7	292 034	7 558	258.8	13.20
2004	54 069	2 059	380.8	360 558	10 485	290.8	15.00
2005	59 681	2 696	451.7	465 622	14 329	307.7	12.82
2006	99 944	5 632	563.5	435 120	16 200	372.3	22.97
2007	114 372	7 626	666.8	564 471	25 763	456.4	20.26
2008	146 248	10 243	700.4	862 000	43 700	507.0	16.97
2009	118 842	8 811	741.4	1 112 000	59 200	532.4	10.69
2010	70 170	6 370	907.8	933 100	61 578	659.9	7.52
2011	74 585	6 936	929.9	901 600	72 646	805.7	8.27
2012	48 882	6 265	1 281.7	1 082 200	97 200	898.2	4.52
2013	52 711	7 307	1 386.2	1 041 421	115 600	1 110.0	5.06
2014	43 400	6 654	1 533.2	979 900	117 000	1 194.0	4.43
2015	40 516	6 211	1 533.0	920 500	125 800	1 366.6	4.40
平均			688.3			523.2	

（五）出口目的地

1994年、1996—2015年泉州出入境检验检疫局永春办事处检验出口资料统计，永春芦柑出口目的地有菲律宾、马来西亚、印度尼西亚、新加坡、文莱、越南、阿联酋、东帝汶、泰国、巴林、斯里兰卡、印度、加拿大、比利时、荷兰、英国、瑞典、波兰、沙特阿拉伯、科威特、孟加拉、伊朗、俄罗斯、乌克兰、白俄罗斯、缅甸，我国香港和澳门等28个国家和地区，各国家和地区所占出口量的比例见表8-6。其中马来西亚、印度尼西亚、菲律宾和新加坡四国占97.93％，其余国家、地区所占比例低。

表8-6　永春柑橘出口目的地与所占比例

国家、地区名 称	占全县柑橘出口比例（％）	国家、地区名 称	占全县柑橘出口比例（％）	国家、地区名 称	占全县柑橘出口比例（％）	国家、地区名 称	占全县柑橘出口比例（％）
马来西亚	35.90	俄罗斯	0.23	沙特阿拉伯	0.031	科威特	0.005
印度尼西亚	28.58	泰国	0.23	阿联酋	0.020	英国	0.004
菲律宾	27.52	中国香港	0.16	比利时	0.016	巴林	0.002
新加坡	5.93	孟加拉	0.13	斯里兰卡	0.013	伊朗	0.002
文莱	0.40	越南	0.091	中国澳门	0.013	瑞典	0.002
缅甸	0.33	乌克兰	0.054	白俄罗斯	0.006	波兰	0.002
加拿大	0.28	荷兰	0.047	印度	0.004	东帝汶	0.001

第九章
科技工作

第一节　基地项目建设

一、"天马式"茶果基地建设

1987年5月至1993年1月担任福建省副省长的苏昌培,1965年1月至1968年6月担任永春县湖洋公社党委书记期间,发动创办湖洋公社红卫柑橘场、半山柑橘场和桃源印龟崙柑橘场,致力于发展柑橘生产。1977年11月至1982年7月担任晋江地区农业局长、农委主任期间,重视山地综合开发,认为永春县天马山果树试验站是个艰苦创业、发展山区茶果生产的典型,值得学习推广,推为样板。1978年,中共晋江地委在永春县召开地、县、公社三级参加的大型会议,号召学习天马,提出在全地区建立150个"天马式"茶果生产基地。1978年11月1日,《福建日报》刊登《学习天马,向山取宝》的文章,推广天马山果树试验站的经验。1978年11月6日,中共永春县委印发《关于学习天马站,创办更多的天马式生产基地,大力发展山区经济的通知》(永委发〔1978〕147号)。至1979年,永春县确定建设25个社、队集体茶果场为"天马式"茶果基地。1981年,25个"天马式"茶果生产基地共有人员597人,柑橘园6 495亩(占当年全县柑橘种植面积31%),茶园2 821亩,详见表9-1。"天马式"基地分布全县各乡镇,对柑橘生产发挥示范作用,培养了一批柑橘技术人员,为其后落实中央农村改革政策,20世纪80年代全县柑橘快速发展发挥重要作用。

表9-1　1981年永春县25个"天马式"茶果生产基地概况

场　名	建场时间(年)	职工人数(人)	柑橘园面积(亩)	茶园面积(亩)	场　名	建场时间(年)	职工人数(人)	柑橘园面积(亩)	茶园面积(亩)
横口社办场	1978	6	136	5	东里大队办场	1975	17	160	0
曲斗社办场	1978	15	110	0	吾中大队办场	1966	22	158	205
桂洋社办场	1978	13	164	148	吾西大队办场	1965	22	215	180

（续）

场　名	建场时间（年）	职工人数（人）	柑橘园面积（亩）	茶园面积（亩）	场　名	建场时间（年）	职工人数（人）	柑橘园面积（亩）	茶园面积（亩）
锦溪大队办场	1975	9	130	430	介福社办场	1974	14	337	107
玉美大队办场	1976	17	120	239	城郊社办七八场	1978	10	155	12
玉斗社办场	1975	8	127	30	东平社办湖内坑场	1966	25	150	0
坑仔口社办场	1979	4	120	15	太平大队办场	1966	43	148	116
蓬壶社办醋坪场	1958	83	700	500	埕溪大队办场	1966	24	282	187
苏坑社办大格场	1975	14	262	0	岵山社办场	1977	14	156	10
嵩山大队办场	1978	20	171	0	湖洋社办红卫场	1967	32	105	232
达埔社办大吕场	1965	34	508	15	湖洋社办半山场	1967	29	270	0
石鼓社办醒狮场	1960	16	150	0	桃源大队办场	1967	62	1 304	360
五里街社办场	1965	44	357	30	合计		597	6 495	2 821

二、世界银行贷款项目建设

世界银行是世界银行集团的简称，1980 年中国恢复在世界银行集团的合法席位，其后开始引进世界银行贷款。1985 年，世界银行永春柑橘项目贷款经世行官员邱瑞裕先生（祖籍永春）帮助，获得世界银行批准立项，1986 年开始评估实施。项目期间共执行 68 个评估项目，其中新发展柑橘园项目 53 个，面积 21 400 亩；低产柑橘园改造项目 15 个，面积 1 904 亩。至 1992 年累计发放贷款 3 016.2 万元，其中 399.28 万元为国内配套资金，用于追加生产流动资金的贷款。累计向世界银行报账 2 614 万元，完成报账总额 99.4%。据调查实施项目的成功率达 80%，有效地促进了永春柑橘业的发展。世界银行官员及福建省农业厅、农业银行等有关单位对项目实施给予肯定，福建省农业厅外经处在永春县召开项目县农业局长会议。先后有辽宁、天津、湖南、广东、广西、陕西等省区及林业部从事世行项目工作的同志到永春考察参观。

三、永春芦柑生产标准化示范区建设

1998—2000 年，"永春芦柑生产与加工综合标准化"列为福建省农业产业化综合标准化示范区建设项目；2001—2003 年，"永春芦柑标准化示范区"列为全国农业标准化示范项目。根据项目建设要求，在总结长期生产技术经验和实施"海峡两岸永春芦柑生产技术综合改进合作项目"成果的基础上，吸收各地先进技术，组织编写的福建省地方标准《永春芦柑标准综合体》（DB35/T 105.1～105.5—2000，DB35/369—2000）由福建省质量技术监督局于 2000 年 9 月 30 日发布，2000 年 11 月 1 日实施；2005 年修订为《永春芦柑综合标准》（DB35/T 105.2～105.5—2005，DB35/369—2005）由福建省质量技术监督局于 2005 年 3 月 21 日再次发布，2005 年 4 月 11 日实施。示范区建设结合海峡两岸永春芦柑生产综合改进技术的推广应用，在全县各行政村建立一片 50 亩以上的示范园，全县共计 239 片、总面积 15 061 亩，示范应用标准化生产技术。印发《永春芦柑标准化生产技术推广手册》10 000 册，举办培训班 300 多场次，受训人数上万人。项目实施成效显著，全县柑橘投产园平均亩产 1998—2000 年比 1995—1997 年平均提高 261 千克，2001—2003 年比 1998—2000 年平均亩产提高 70 千克；一级以上优质果率从项目前平均 30％～35％提高至 50％～60％，全县果农每年增收 3 000 万～5 000 万元。

永春芦柑标准化生产成效得到各级肯定，1999 年 7 月 13～14 日，福建省质量技术监督局在永春县召开全省农业产业化综合标准化工作会议，2003 年 11 月 24～26 日，福建省农业厅在永春县召开全省农业标准化示范区工作会议，交流参观永春芦柑标准化示范区建设的经验和果园现场。2004 年 5 月，永春县被福建省质量技术监督局确定为全省唯一农业标准化示范单位代表参加全国农业标准化示范区经验交流会，永春芦柑标准化示范项目工作经验被推荐为会议交流材料。

2004 年 11 月 20 日，"永春芦柑国家农业综合标准化示范区"通过国家质监总局委托福建省质监局和福建省农业厅组织的考核验收，获评全省示范区考核验收最高分 95 分。2005 年 10 月国家标准化管理委员会授予永春县人民政府芦柑生产"国家农业标准化示范区"称号；永春县人民政府荣获"全国农业标准化示范区建设先进单位"，受到国家标准化管理委员会表彰。陈跃飞撰写的《永春芦柑标准化生产技术》发表于《中国南方果树》2002 年第 6 期。"永春芦柑综合标准化示范"项目获 2001 年度泉州市科学技术进步奖三等奖。

四、永春县出口柑橘质量安全示范区建设

根据国家质量监督检验检疫总局等有关部委关于加强食品安全工作的要求和部署，2010 年 2 月 22 日，福建省人民政府办公厅印发《福建省人民政府办公厅关于加快推进出口食品农产品质量安全示范区建设的意见》（闽政办〔2010〕38 号），全省建立 21 个出口食品农产品质量安全示范区，永春县出口柑橘质量安全示范区列入其中。根据示范区建设要求，永春县成立了示范区建设领导小组。2010 年 6 月 13 日，永春县人民政府印发《永春县出口柑橘质量安全示范区建设实施意见》（永政办〔2010〕88 号）。组织实施农业部"永春芦柑标准化示范县"项目，加强质量安全标准化体系建设，强化农业化学投入品控制管理，逐步完善质量安全追溯体系，建立预警通报与应急体系，以及加强质量安全诚信和多元化国际市场体系建设，取得良好成效。2011 年 12 月，农业部授予永春县"全国农业标准化示范县（芦柑）"称号。2012 年 10 月，国家质量监督检验检疫总局授予永春县出口柑橘质量安全示范区"国家级出口食品农产品质量安全示范区"称号。

第二节　科研项目与科技活动

一、山地芦柑丰产稳产栽培技术

永春县重视科学种柑，采取科学栽培措施，实现丰产稳产栽培效果，取得一些技术成果。天马山果林场〔天马山果树试验站〕完成的"柑橘丰产栽培"获 1978 年福建省科技成果奖。永春县经济作物局完成的"山地柑橘栽培"获 1981 年度福建省推广应用科技成果奖三等奖。猛虎柑橘场完成的"柑橘高产稳产栽培"获 1983 年度福建省推广应用科技成果奖四等奖。

1982 年 6 月，福建省科学技术委员会下达永春县"柑橘高产稳产栽培试验"科技项目，分别由福建省农业科学院果树研究所和永春县科学技术委员会主持承担：省果树研究所主持承担"山地柑橘大面积高产稳产优质培育试验"，与永春县湖洋公社桃源大队协作实施，试验面积 100 亩。永春县科学技术委员会主持承担"山地柑橘大面积高产稳产示范试验"，试验面积 200 亩，其中猛虎柑橘场 100 亩，天马柑橘场 50 亩，柑橘良种场 20 亩，城郊公社德风大队 30 亩。项目于 1982—1986 年实施，1986 年 11 月 12～16 日，福建省科委主持在永春县召开项目技术鉴定会，对项目实施完成情况与技术成果进行验收鉴定。项目获 1992—1993 年度泉州市科技进步二等奖。

永春县天马柑橘场完成的"山地芦柑高产优质高效栽培技术"项目获 1994—1995 年度泉州市科学技术进步奖二等奖。

二、土壤改良

20 世纪 70 年代后期至 80 年初期，福建省农业科学院果树研究所戴良昭等在永春县开展多项柑橘果园土壤改良试验研究。从深耕改土培肥的效应、绿肥施用效果、深耕改土培肥适期和深度等方面进行试验研究，对指导果园管理发挥重要作用。其完成的"山地红壤柑橘园改土培肥研究"获 1982 年度福建省科技成果奖三等奖。

三、营养与施肥

20 世纪 70～80 年代，福建省果树研究所戴良昭等在永春县开展柑橘营养诊断施肥技术、高产园土壤营养指标与培育、柑橘缺镁矫正等试验研究。福建省亚热带植物研究所庄伊美等在永春县开展芦柑丰产园营养状况、红壤柑橘园土壤熟化与酶活性相关性等项目研究，提出了芦柑果园土壤、叶片营养诊断指标，平衡施肥方案等研究成果。

1996—1999 年福建省农业厅果树站在全省实施柑橘营养诊断配方施肥技术推广协作项目，永春县选择 28 片丰产芦柑果园作为试验果园，通过多年对芦柑园叶片、土壤开展营养诊断配方施肥试验，科学分析永春芦柑果园营养、施肥状况与存在问题，提出了成年柑橘园配方施肥推荐方案。2000 年 5 月，根据试验研究结果，县农业局编印《山地芦柑施肥技术推广手册》，推广应用技术成果。陈跃飞撰写的《永春县山地芦柑矿质营养状况与施肥研究》发表于《福建农业科技》2002 年第 2 期。县农业局完成的"永春芦柑营养诊断配方施肥技术研究"项目获 2001—2002 年度永春县科学技术奖二等奖。

2009 年永春县土肥站承担国家测土配方施肥技术示范推广项目，全县共采集芦柑果园土壤样品 1 190 个，进行土壤营养元素检测，分析果园营养状况，提出改进措施。县土肥站黄智娜撰写的《永春县山地柑橘园土壤养分状况及其施肥建议》刊登于《福建农业科技》2013 年第 4 期。

四、柑橘防腐保鲜

1980 年 8 月，晋江地区科委下达"柑橘防腐保鲜试验"研究课题，由永春县科委、天马柑橘场等承担。开展多种方法贮藏柑橘的对比试验，总结、筛选出聚乙烯薄膜单果包贮藏法，一般贮藏 120 天，好果率可达 90%，果实外观新鲜饱满，商品价值高，而且方法简单，得以迅速在全县推广应用，对永春芦柑产业发展，效益提高发挥重大作用。晋江地区科委于1983年3月24日召开"柑橘防腐保鲜试验"项目技术鉴定会，项目获1983年度福建省推广应用科技成果四等奖。

1982年12月，福建省科学技术委员会下达"水果保鲜技术的研究"科研课题，由"水果保鲜技术研究协作组"承担，协作组成员包括福建农学院、福建省农业科学院果树研究所、福建省化工研究所、福建省果品公司、福州市工业科技研究所、福建三明市科委、福建建阳地区农科所、福建永春县天马柑橘场，项目实施年限1982—1985年。永春县天马柑橘场分工负责研究通风库及泥炭土保鲜技术为主。1985年5月12日，受福建省科学技术委员会委托，福建省供销合作社联合社在三明主持召开"水果保鲜技术的研究"项目技术鉴定会，项目完成了课题下达的研究任务，取得一些技术成果。

五、海拔高度对山地柑橘生长结果影响的研究

1983—1986年福建省气象科学研究所与永春县天马柑橘场合作，开展"海拔高度对山地柑橘生长结果影响的研究"。利用天马柑橘场果园海拔350～900米垂直分布的独特条件，在果园海拔400米、600米和750米处设立三个气象观察站，并利用县气象站（海拔170.3米）资料，开展不同海拔对芦柑果园气象因子、物候期、开花结果、产量品质等的综合观测研究，提出永春芦柑以在海拔600米以下山地栽培，优质高产，效益好。省气象研究所高成铨、徐建东撰写的《芦柑产量品质与气候生态条件的关系》刊登于《福建果树》1991年第4期，陈跃飞撰写的《海拔高度对山地柑橘生产的影响》刊登于《福建果树》1992年第1期。项目获1992—1993年度泉州市科学技术进步奖三等奖。

六、柑橘整果饮料生产项目

1985年，永春第二食品厂引进技术设备，试产成功柑橘全果加工天然芦柑汁，并批量生产。1985年生产浓果汁6.17万瓶，1987年生产浓果汁302.62吨。其完成的"柑橘整果饮料"项目获1984—1991年度永春县科学技术进步奖一等奖。

七、海峡两岸永春芦柑生产技术综合改进合作项目

经中国农业交流协会与中国台湾财团法人农村发展基金会商定，1997—1999年组织实施"海峡两岸永春芦柑生产技术综合改进合作项目"，学习借鉴台湾省芦柑生产技术，结合永春实际，推广应用疏伐郁蔽果园、培育自然开心树形、自然草生栽培、配方施肥、疏花疏果、综合防治病虫害、改善果实商品化处理与营销等综合改进技术，取得提高品质、降低成本、增加收益的显著成效，实现了柑橘生产从以数量为中心向质量效益为中心的技术转变。项目获2001年度福建省科技进步三等奖。

八、永春芦柑产业化技术研究与开发

1999—2001年永春县科技开发中心承担福建省科技厅下达的"永春芦柑产业化技术研究与开发"课题。项目通过推广应用海峡两岸永春芦柑生产综合改进技术，开展营养诊断配方施肥技术研究，引进早、晚熟芦柑试验种植，编制发布《永春芦柑标准综合体》，

引进试验新肥料、新农药、新机具、新技术。组织加工企业开发芦柑果汁、饮料、果酒、果醋、含片等产品。完善提高果实商品化处理水平，创建品牌开拓市场，永春县成为全国出口量最大的柑橘生产基地。2001 年 12 月 25 日，项目通过省科技厅主持的技术成果鉴定。项目获 2002 年度福建省科学技术奖三等奖。

九、芦柑绿色食品标准研究及示范基地建设

2003 年，永春县农技站参加福建省科技厅组织的课题公开招标，中标承担省科技厅下达的"芦柑绿色食品标准研究及示范基地建设"项目，于 2003 年 6 月至 2005 年 12 月组织项目实施。项目根据农业部发布的绿色食品柑橘生产相关标准，结合芦柑品种特性与生产实际，研究编制《芦柑（A 级绿色食品）栽培技术规范》，建立天马柑橘场示范基地示范验证技术规范，试验应用绿色食品柑橘生产新技术。研究提出先进、科学、适用的芦柑绿色食品栽培技术，实现果园生态、质量安全与优质高效生产目标。2005 年 11 月 21 日，项目通过省科技厅组织的技术成果鉴定；项目获 2006 年度福建省科学技术奖三等奖。陈跃飞等撰写的《芦柑绿色食品标准研究及示范基地建设》刊登于《福建农业科技》2006 年第 5 期；2008 年 9 月，该论文获第五届泉州市自然科学优秀论文一等奖。

十、早熟品种太田芦柑的引种示范推广

为调整芦柑种植结构，实现早、中、晚熟品种科学搭配。2001 年天马柑橘场从中国柑橘研究所引进太田早熟芦柑接穗进行高接，高接果园位于天马柑橘场第五生产队，母树为 1980 年种植的蕉柑，本砧为福橘，总株数 850 株，面积 15 亩；于 2001 年 2 月 25 日至 3 月 10 日实施高接。经多年试验，太田早熟芦柑表现适应性强，优质高产高效，高接三年生果树平均亩产 633 千克，四年生果园亩产 1 900 千克，成熟期比普通芦柑提早 15～20 天，2004 年每亩增收 855 元，取得良好成效，并在全县推广种植上百亩。项目获 2008 年度泉州市科学技术进步奖三等奖。

十一、永春芦柑品种提纯复壮技术研究

2003 年福建省科技厅下达"永春芦柑品种提纯复壮研究"项目，由永春县科技开发中心承担。项目利用柑橘珠心苗生理复壮特性，以优良芦柑单株"天芦 1 号"作母本，利用柚子大翼叶为显性性状的特性，以琯溪蜜柚为父本，人工套袋杂交取种，播种取得实生苗后，选取不具大翼叶性状的珠心苗接穗，实施高接繁殖，培育提纯复壮的珠心苗后代。并应用 RAPD 和 ISSR 分子标记分析，对珠心苗高接后代进行检测，确定其为母本的珠心苗后代。开展高接果园的观测鉴定，观察提纯复壮成效。陈跃飞等撰写的《芦柑品种提纯复壮技术研究》刊登于《农业科技通讯》2009 年第 2 期，王江波等撰写的《ISSR 分子标记在芦柑提纯复壮研究中的应用》刊登于《亚热带农业研究》2010 年第 1 期。项目获 2005—2010 年度永春县科学技术奖三等奖。

十二、《地理标志产品　永春芦柑》国家标准的研究与应用

2005 年 11 月 29 日，国家质量监督检验检疫总局发出第 165 号公告，批准对永春芦

柑实施地理标志产品保护。根据《地理标志产品保护规定》要求，永春县组织起草的国家标准《地理标志产品 永春芦柑》（GB/T 20559—2006）由中华人民共和国国家质量监督检验检疫总局、中国国家标准化管理委员会于 2006 年 9 月 18 日发布，2007 年 2 月 1 日实施。永春县质量技术监督局、农业局组织《地理标志产品 永春芦柑》国家标准的实施应用，取得良好成效。"《地理标志产品 永春芦柑》国家标准的研究与应用"项目获 2007 年度泉州市科学技术进步奖二等奖。

十三、永春芦柑浓缩汁产品开发

2005 年，福建省宏顺食品饮料有限公司承担泉州市科技计划项目"永春芦柑浓缩汁产品开发"（项目编号 2005ZD11—1），引进美国 FMC 果汁生产设备，采用芦柑全果榨汁、皮籽瞬间分离脱苦、低温短时浓缩等先进技术，制定了企业标准 QYCS001—2006，通过了 ISO9001 质量管理体系认证和国家出口食品生产企业卫生注册。产品批量生产，深受市场欢迎。项目获 2008 年度泉州市科学技术进步奖三等奖。

十四、柑橘黄龙病防控技术研究与应用

2000 年以后，柑橘黄龙病开始在永春蔓延危害，永春县农业局组织开展柑橘黄龙病防控工作。通过采集黄龙病疑似病树叶片、根系、病果样品送科研院校，应用 PCR 检测技术进行病原检测，科学诊断黄龙病，为"红鼻果"作为黄龙病田间诊断症状提供检测依据。科学调查分析，提出劳力转移，部分果园失管，柑橘木虱大量繁衍是永春柑橘黄龙病蔓延危害的主要原因。组织实施统一清除病树，统防柑橘木虱，建立柑橘无病苗木繁育基地等防控措施，取得一定成效。分析提出果园规模连片，农户分散管理，防控措施难以落实到位是防控工作的难点。提出"促进果园均衡管理，及时清除失管果园、病树，严防柑橘木虱，种植无病苗木；适度规模经营，有所隔离，建立疫情处置预案"等黄龙病疫区发展柑橘生产的措施。永春县农业局完成的"柑橘黄龙病防控技术研究与应用"项目获 2011 年度泉州市科学技术进步奖三等奖。

十五、永春芦柑良种繁育病虫防控及深加工技术开发

2008 年福建省科技厅下达"永春芦柑良种繁育病虫防控及深加工技术开发"项目，实施时间 2008—2010 年，由永春县农业技术推广站承担。项目建设规范化柑橘无病苗木繁育基地 90.6 亩，批量生产柑橘无病苗木。建立柑橘病虫害防控体系，开展柑橘黄龙病、橘小实蝇等病虫害防控技术的研究与应用。批量生产柑橘浓缩果汁，开发生产柑橘皮油、果皮、果籽和果渣等副产品，使柑橘浓缩果汁生产的副产品得以综合利用。项目获 2011—2015 年永春县科技进步奖一等奖。

十六、永春芦柑产业可持续发展研讨会

2009 年 10 月 6～8 日，举办"永春芦柑产业可持续发展研讨会"。邀请华中农业大学校长邓秀新，中国农业科学院柑橘研究所原副所长赵学源，台湾嘉义大学教授吕明雄，以及中国农业科学院柑橘研究所、华中农业大学、西南大学、福建省农业厅、福建省农业科

学院、泉州市农业局等 10 多位专家参加研讨会。

10 月 7 日上午，与会专家实地考察了桃城镇、湖洋镇柑橘园，县柑橘无病苗木繁育基地。10 月 7 日下午举办"永春芦柑产业可持续发展研讨座谈会"，县委书记王远东，县长叶一帆，县四套班子分管领导，各乡镇党委书记或乡镇长，农口相关单位负责人及农业技术人员参加座谈会。县农业局就永春芦柑产业发展概况及研讨问题作专题汇报，专家们就永春芦柑产业可持续发展的各项专题作研讨发言，就永春芦柑产业面临的问题开展研讨，交流柑橘黄龙病防控技术，探索永春芦柑产业可持续发展的措施。

10 月 8 日上午，举办"柑橘生产技术讲座"，由中国柑橘研究所研究员赵学源作"柑橘黄龙病"技术讲座；台湾嘉义大学教授吕明雄作"柑橘的健康管理"技术讲座；福建省农业科学院柑橘黄龙病研究中心范国成博士作"柑橘黄龙病研究新进展"技术讲座。各乡镇分管领导、农业综合服务中心负责人、农技人员、种植大户等 100 多人听取讲座。

第三节　科技成果

1978—2015 年，永春柑橘项目获省、部级科技成果奖励 12 项，市、厅级科技成果奖励 18 项，县级科技成果奖励 28 项。

一、获省、部级奖励的科技成果项目

获奖情况如表 9 - 2。

表 9 - 2　1978—2015 年获省、部级奖励的科技成果项目

序号	项目名称	完成单位及主研人员	授奖单位及日期	获奖年度成果类别与等级
1	柑橘的丰产栽培	永春县天马山果林场〔永春县天马山果树试验站〕	中共福建省委员会 福建省革命委员会 1978.9.26	科技成果奖
2	山地柑橘栽培	永春县经作局	福建省人民政府 1982.8.29	1981 年度 推广应用科技成果奖 三等奖
3	山地红壤柑橘园改土培肥研究	永春县湖洋公社桃源大队（协作完成单位）	福建省人民政府 1983.6.28	1982 年度 科技成果奖三等奖
4	柑橘高产稳产栽培	永春县猛虎柑橘场 陈金吉、李文港、周金山	福建省人民政府 1985.4.1	1983 年度 推广应用科技成果奖 四等奖
5	柑橘防腐保鲜试验	永春县科委 永春县天马柑橘场 永春县吾中柑橘场 苏映前、刘孔永	福建省人民政府 1985.4.1	1983 年度 推广应用科技成果奖 四等奖
6	福建省山地柑橘栽培连年丰收	永春县经作站（协作完成单位） 刘金恬（第 18 完成人）、沈仕桢（第 19 完成人）等	中华人民共和国农业部 1988.9.1	1988 年 全国农牧渔业丰收奖 二等奖

（续）

序号	项目名称	完成单位及主研人员	授奖单位及日期	获奖年度成果类别与等级
7	柑橘（芦柑）优质丰产综合配套栽培技术	永春县经作站（第二完成单位）陈跃飞（第4完成人）、陈炳固等	中华人民共和国农业部 2000.12.15	2000年度 全国农牧渔业丰收奖 三等奖
8	柑橘营养诊断、配方施肥技术推广	永春县经作站（第三完成单位）陈跃飞（第5完成人）、陈炳固、黄国良等	中华人民共和国农业部 2001.10.31	2001年度 全国农牧渔业丰收奖 二等奖
9	海峡两岸永春芦柑生产技术综合改进合作项目	永春县农业局 陈跃飞、许良景、陈建国、陈炳固、李宜针	福建省人民政府 2001.11.9	2001年度 科技进步奖三等奖
10	永春芦柑产业化技术研究与开发	永春县柑橘开发中心 李培元、陈跃飞、张文生、陈淑青、李宜针	福建省人民政府 2002.11.22	2002年度 科学技术奖三等奖
11	芦柑绿色食品标准研究及示范基地建设	永春县农业技术推广站 福建农林大学园艺学院 福建省农业厅标准化室 永春县天马柑橘场 陈跃飞、陈石榕、肖文生、张生才、黄佳佳	福建省人民政府 2006.12.31	2006年度 科学技术奖三等奖
12	柑橘黄龙病发生规律及其防控技术研究与应用	福建省种植业技术推广总站等 李健、施清、谢钟琛、谢文龙、陈跃飞	福建省人民政府 2010.2.26	2009年度 科学技术奖三等奖

二、获市、厅级奖励的科技成果项目

获奖情况如表9-3。

表9-3　1978—2015年获市、厅级奖励的科技成果项目

序号	项目名称	完成单位及主研人员	授奖单位及日期	获奖年度成果类别与等级
1	推广建设"天马式"茶果基地	永春县经济作物站（协作完成单位）	福建省农业厅 1981.12	1980年度 农牧技术推广二等奖
2	柑橘上山稳产高产	永春县经作局	福建省农业厅 1981.12	1980年度 农牧技术推广二等奖
3	山地柑橘高产栽培技术	永春县天马柑橘场 刘孔永、余昌水、潘应治	晋江地区行政公署 1982.4.17	1978—1981年度 科技成果奖二等奖
4	柑橘防腐保鲜试验	永春县科委 永春县天马柑橘场 永春县吾中柑橘场 永春县林科所 苏映前、林多丽、刘孔永、郭松练、张生才、张金电、陈鸿藩	晋江地区行政公署 1984.6.13	1982—1983年度 科技成果奖二等奖
5	柑橘高产稳产栽培	永春县猛虎柑橘场 陈金吉、李文港、周金山、颜秀枝	晋江地区行政公署 1984.6.13	1982—1983年度 科技成果推广奖一等奖

（续）

序号	项目名称	完成单位及主研人员	授奖单位及日期	获奖年度成果类别与等级
6	柑橘防腐保鲜技术推广应用的情报服务	永春县科技情报所 林福佑、颜甘霓	福建省科委 1991.2.22	1988—1989年度科技情报成果奖三等奖
7	山地柑橘大面积高产稳产示范试验	永春县科委 福建省果树研究所 永春县经作局 永春县猛虎柑橘场 永春县天马柑橘场 戴良昭、陈金吉、苏映前、陈跃飞、周金山	泉州市人民政府 1994.9.14	1992—1993年度科学技术进步奖二等奖
8	海拔高度对山地柑橘生长结果影响的研究	永春县天马柑橘场 永春县气象站 陈跃飞、张生才、施永宗、陈振溪、徐建东	泉州市人民政府 1994.9.14	1992—1993年度科学技术进步奖三等奖
9	山地芦柑高产优质高效栽培技术	永春县天马柑橘场 施永宗、张生才、杨建南、蔡礼仁、张清照	泉州市人民政府 1996.11.2	1994—1995年度科学技术进步奖二等奖
10	提高山地柑橘果实品质	永春县柑橘研究所 永春县二建公司太峰柑橘场 林绍锋、黄温川、沈仕桢、王翠娥、郑友樵	泉州市人民政府 1996.11.2	1994—1995年度科学技术进步奖三等奖
11	海峡两岸永春芦柑生产技术综合改进合作项目	永春县农业局 陈跃飞、许良景、陈建国、陈炳固、李宜针	泉州市人民政府 2001.2.26	2000年度科学技术进步奖二等奖
12	永春芦柑综合标准化示范	永春县质量技术监督局 永春县农业局 陈经文、陈跃飞、洪永生、陈炳固、颜涌泉	泉州市人民政府 2002.1.5	2001年度科学技术进步奖三等奖
13	芦柑皮提取生物黄酮、发酵饲料及其应用研究	泉州市老科技工作者协会 永春金春酿造有限公司 林文銮、李国忠、刘承林、许荣宗、王文泰	泉州市人民政府 2005.11.17	2005年度科学技术进步奖三等奖
14	芦柑绿色食品标准研究及示范基地建设	永春县农业技术推广站 福建农林大学园艺学院 福建省农业厅标准化室 永春县天马柑橘场 陈跃飞、陈石榕、肖文生、张生才、黄佳佳	泉州市人民政府 2006.11.27	2006年度科学技术进步奖三等奖
15	《地理标志产品永春芦柑》国家标准的研究与应用	永春县质量技术监督局 永春县农业局 陈希鹏、陈跃飞、曾金贵、颜惠斌、李南才	泉州市人民政府 2007.12.13	2007年度科学技术进步奖二等奖
16	早熟品种太田芦柑的引种示范推广	永春县天马柑橘场 张生才、杨建南、尤有利、郑开煌、林文强	泉州市人民政府 2008.12.1	2008年度科学技术进步奖三等奖

（续）

序号	项目名称	完成单位及主研人员	授奖单位及日期	获奖年度成果类别与等级
17	永春芦柑浓缩汁产品开发	福建省宏顺食品饮料有限公司 林劫波、陈晖、郑振华、傅天季、郑克明	泉州市人民政府 2008.12.1	2008年度 科学技术进步奖三等奖
18	柑橘黄龙病防控技术研究与应用	永春县农业局 陈跃飞、肖文生、洪永青、尤有利、杨建南	泉州市人民政府 2012.3.26	2011年度 科学技术进步奖三等奖

三、获县级奖励的科技成果项目

获奖情况如表9-4。

表9-4 1981—2015年获县级奖励的科技成果项目

序号	项目名称	完成单位及主研人员	授奖单位及日期	获奖年度成果类别与等级
1	山地柑橘高产栽培技术	永春县天马柑橘场第二生产队	永春县人民政府	1981年度 科技成果奖一等奖
2	山地红壤柑橘园改土培肥研究	永春县湖洋公社桃源大队	永春县人民政府	1981年度 科技成果奖一等奖
3	山地柑橘自压喷灌技术	永春县水电局工程股 永春县猛虎柑橘场	永春县人民政府	1981年度 科技成果奖三等奖
4	综合防治柑橘吸果夜蛾	永春县外山乡农技站	永春县人民政府	1981年度 科技成果奖四等奖
5	柑橘幼年树短截代替疏花	永春县林业局	永春县人民政府	1981年度 科技成果奖四等奖
6	柑橘防腐保鲜试验	永春县科委 永春县天马柑橘场 永春县吾中柑橘场 刘孔永、苏映前、林多丽、郭松练、张生才、陈跃飞、陈鸿藩、张金电	永春县人民政府 1984.9.27	1982—1983年度 科技成果奖一等奖
7	柑橘高产稳产栽培	永春县猛虎柑橘场 陈金吉、李文港、周金山、颜秀枝	永春县人民政府 1984.9.27	1982—1983年度 科技成果推广奖一等奖
8	山地幼龄柑橘茶园套种西瓜	永春县湖洋乡桃源村 刘金昭、刘其吹	永春县人民政府 1984.9.27	1982—1983年度 科技成果推广奖二等奖
9	柑橘整果饮料	永春第二食品厂 邱建人、颜小克、黄清溪、康铜聪、李永建	永春县人民政府 1993.2.3	1984—1991年度 科学技术进步奖一等奖
10	永春山地柑橘大面积高产稳产示范试验	永春县科委 永春县经作局 永春县猛虎柑橘场 永春县天马柑橘场 桃城镇德风柑橘场	永春县人民政府 1993.2.3	1984—1991年度 科学技术进步奖一等奖

（续）

序号	项目名称	完成单位及主研人员	授奖单位及日期	获奖年度成果类别与等级
11	海拔高度对山地柑橘生产的影响	永春县天马柑橘场 永春县气象站 福建省气象研究所 陈跃飞、张生才、施永宗、陈振溪、徐建东	永春县人民政府 1993.2.3	1984—1991年度 科学技术进步奖二等奖
12	山地柑橘优质栽培技术研究	永春县经作局 永春县柑橘研究所 永春县天马柑橘场 沈仕桢、陈跃飞、王清金、黄温川、王翠娥	永春县人民政府 1993.2.3	1984—1991年度 科学技术进步奖三等奖
13	柑橘防腐保鲜技术推广应用的情报服务	永春县科技情报所 林福佑、颜甘霓	永春县人民政府 1993.2.3	1984—1991年度 科学技术进步奖二等奖
14	山地芦柑高产优质高效栽培技术	永春县天马柑橘场 施永宗、张生才、杨建南、蔡礼仁、张清照	永春县人民政府 1999.5.5	1992—1998年度 科技进步奖一等奖
15	提高山地柑橘果实品质	永春县柑橘研究所 林绍锋、黄温川、沈仕桢、王翠娥、郑友樵	永春县人民政府 1999.5.5	1992—1998年度 科技进步奖二等奖
16	为柑橘高产优质栽培及名优特果树引进提供信息服务	永春县科技情报所 林福佑、张文生、颜甘霓、郑培英、颜添传	永春县人民政府 1999.5.5	1992—1998年度 科技进步奖二等奖
17	芦柑应用植物动力2003提升品质试验	永春县柑橘研究所 永春县柑橘良种场 永春县农业局 林绍锋、陈玉燕、李宜针、陈跃飞	永春县人民政府 1999.5.5	1992—1998年度 科技进步奖三等奖
18	永春芦柑综合标准化示范	永春县质量技术监督局 永春县农业局 陈经文、陈跃飞、洪永生、陈炳固、颜涌泉	永春县人民政府 2002.1.23	1999—2000年度 科技进步奖一等奖
19	永春芦柑营养诊断配方施肥技术研究	永春县农业局 陈跃飞、黄国良、林绍锋、杨建南、陈玉燕	永春县人民政府 2004.2.1	2001—2002年度 科学技术奖二等奖
20	重点柑橘病虫害防治技术研究与应用	永春县农业局 陈跃飞、肖文生、黄国良、陈茹花、张生才	永春县人民政府 2006.1.18	2003—2004年度 科学技术进步奖一等奖
21	永春县柑橘科技资料收集与整理	永春县农业局 陈跃飞、肖文生、黄国良、林绍锋、尤有利	永春县人民政府 2006.1.18	2003—2004年度 科学技术进步奖三等奖
22	早熟品种太田芦柑引种试验	永春县天马柑橘场 张生才、杨建南、郑开煌、林文强、李华珍	永春县人民政府 2006.1.18	2003—2004年度 科学技术进奖三等奖

（续）

序号	项目名称	完成单位及主研人员	授奖单位及日期	获奖年度成果类别与等级
23	柑橘黄龙病防控技术研究与应用	永春县农业局 陈跃飞、肖文生、洪永青、尤有利、杨建南	永春县人民政府 2011.2.11	2005—2010 年度科学技术进步奖一等奖
24	永春芦柑品种提纯复壮研究	永春县科技开发中心 永春县农业局 陈跃飞、张生才、王大根、黄国良、林绍锋	永春县人民政府 2011.2.11	2005—2010 年度科学技术进步奖三等奖
25	永春芦柑早、晚熟品种优质栽培示范推广	永春县科技开发中心	永春县人民政府 2011.2.11	2005—2010 年度科学技术进步奖三等奖
26	永春芦柑营销网络工程建设	福建省永春柑橘总公司 永春县科技情报所 永春县柑橘同业公会 姚美珠、黄天来、康华海、周和平、林福佑	永春县人民政府 2011.2.11	2005—2010 年度科学技术进步奖三等奖
27	永春芦柑良种繁育病虫防控及深加工技术开发	永春县农业技术推广站 永春县植保植检站 福建省宏顺食品饮料有限公司 肖文生、陈跃飞、尤有利、姚建族、陈春荣	永春县人民政府 2016.2.25	2011—2015 年度科学技术进步一等奖
28	永春芦柑无病毒良种苗木繁育推广应用	福建省永春绿源柑橘苗木繁育场 潘建铮、张宇平、杨勇、张生才、范国泰	永春县人民政府 2016.2.25	2011—2015 年度科学技术进步三等奖

第四节　科技论著、标准与技术推广手册

一、科技著作

（一）编写出版《中国永春芦柑栽培》

《中国永春芦柑栽培》一书由永春县农办、农业局组织编写，副县长庄进勇任总主编，永春县农业局高级农艺师陈跃飞、福建农业大学园艺学院教授潘东明任执行主编，中国农业科学院柑橘研究所研究员何天富、谢治银任顾问。中国园艺学会名誉理事长、中国农业交流协会会长相重扬、福建省园艺学会理事长、福建农业大学原校长吕柳新为专著作序。全书 19.5 万字，介绍了国内外芦柑栽培概况，永春芦柑栽培历史与现状，芦柑品种资源与生物学特性，芦柑对环境条件的要求，芦柑生产与果品加工技术，是一部具有地方特色的芦柑专著。该书于 2000 年 3 月由中国农业出版社出版发行精装本 4 000 册，2001 年 6 月出版发行简装本 5 000 册。2003 年 8 月，《中国永春芦柑栽培》获第三届泉州市自然科学优秀论著一等奖。

（二）编印《永春县柑橘科技文集》

2003 年永春县科技局下达"永春县柑橘科技资料收集与整理"科技项目，由县农业

局承担实施。项目对 50 年来永春县柑橘生产的科技资料收集整理。共收集在各种专业技术刊物上发表的永春柑橘科技论文 135 篇；永春科技人员主编或参编的柑橘专著 8 部；编印的柑橘技术推广手册 5 本；永春县获省部级奖励的柑橘科技成果 9 项、市厅级奖励 10 项和县级奖励 19 项；以及永春芦柑历年获得的各种荣誉。通过对资料的整理，编印《永春县柑橘科技文集》。文集全文选登 56 篇论文，并把收集到的论文总题录、出版的著作、编印的技术推广手册、获奖的成果与荣誉等编为附录。文集共约 25 万字，2003 年 12 月印刷 800 册，为内部资料。

（三）参编出版柑橘著作

历年来，永春县有关人员参与了《中国名特优柑橘及其栽培》、《中国柑橘技术大全》、《名特优果树适地适栽与高产栽培图表解》、《中国柚类栽培》等的编写，主要负责编写介绍永春柑橘产地、产品的情况。

福建省农业厅果树站李健主编的《南方果树实用修剪与高接换种技术》，2001 年 5 月由中国农业出版社出版。县农业局陈跃飞参加编写，执笔编写第二章"柑橘"。

福建省农业厅果树站李金和、施清主编的中等职业教育农业部规划教材《果树栽培》（南方本），2001 年 12 月由中国农业出版社出版。县农业局陈跃飞参加编写，执笔编写第一章"柑橘"。

福建省南亚热带作物开发利用管理办公室等组织编写，福建农林大学潘东明、福建省农业厅郑益智主编的《福建南亚热带作物产品生产和营销》，2005 年 2 月由海风出版社出版。县农业局陈跃飞参加编写，编写第一章"新品种引进、选育及其栽培"中"芦柑"的内容。

福建省科技厅编辑的《福建省科技特派员实用技术选编（一）》，2007 年 12 月由中国农业科学技术出版社出版。县农业局陈跃飞编写的"永春芦柑主要栽培技术"编入其中。

永春柑橘科技著作出版情况见表 9-5。

表 9-5 永春柑橘科技著作出版情况

序号	著作名称	出版社名称与出版时间	备 注
1	中国名特优柑橘及其栽培	上海科学技术出版社 1992.1	农业部农业司、中国柑橘研究所主编，永春县王清金、沈仕桢参加编写。书中介绍了名特优柑橘"永春芦柑"及产地概况
2	中国柑橘技术大全	四川科学技术出版社 1992.8	中国柑橘研究所主编，永春县王清金参加编写。书中介绍了名优柑橘"永春芦柑"和永春县天马柑橘场概况
3	名特优果树适地适栽与高产栽培图表解	中国农业出版社 1999.6	中国果树研究所朱佳满主编，永春县陈跃飞任编委。书中介绍了名优果品"永春芦柑"产地、产品概况
4	中国柚类栽培	中国农业出版社 1999.12	农业部种植业管理司、中国柑橘研究所主编，永春县人民政府等协编，永春县庄进勇、刘征明、沈仕桢、陈跃飞任编委。书中介绍了"永春蜜柚"及永春县柑橘生产概况

（续）

序号	著作名称	出版社名称与出版时间	备 注
5	中国永春芦柑栽培	中国农业出版社 2000.3	永春县农办、农业局组织编写。总主编庄进勇；执行主编：陈跃飞、潘东明；编写人员：陈跃飞、潘东明、陈炳固、刘金恬、陈丽娇、王翠娥、林绍锋、吴宝亚、周文瀚
6	南方果树实用修剪与高接换种技术	中国农业出版社 2001.5	福建省农业厅李健主编，永春县陈跃飞参编，执笔编写第二章"柑橘"
7	果树栽培（南方本）（中等职业教育农业部规划教材）	中国农业出版社 2001.12	福建省农业厅李金和、施清主编，永春县陈跃飞参编，执笔编写第一章"柑橘"
8	福建南亚热带作物产品生产和营销	海风出版社 2005.2	福建省南亚热带作物开发利用管理办公室等组织编著，永春县陈跃飞参编，执笔编写第一章第一节中柑橘部分的"芦柑"
9	福建省科技特派员实用技术选编	中国农业科学技术出版社 2007.12	福建省科技厅组织编写，永春县陈跃飞编写的"永春芦柑主要栽培技术"编入其中
10	永春县柑橘科技文集 （内部资料）	永春县农业局、科技局 2003.12	编委主任：刘国胜、李培元 主编：陈跃飞 编委：肖文生、黄国良、林绍锋、尤有利

二、柑橘标准

（一）国家标准《地理标志产品 永春芦柑》

2005 年 11 月 29 日永春芦柑获国家地理标志产品保护，根据《地理标志产品保护规定》要求，县质量技术监督局、农业局组织起草的国家标准《地理标志产品 永春芦柑》（GB/T 20559—2006），于 2006 年 9 月 18 日由中华人民共和国国家质量监督检验检疫总局、中国国家标准化管理委员化发布，2007 年 2 月 1 日实施。

（二）福建省地方标准

1. 永春芦柑综合标准 由福建省农业厅科技与技术监督处、永春县农业局、永春县质量技术监督局组织起草的福建省地方标准《永春芦柑标准综合体》（DB35/T 105.1～105.5—2000，DB35/369—2000），于 2000 年 9 月 30 日由福建省质量技术监督局发布，2000 年 11 月 1 日实施。2005 年 3 月 21 日修订为《永春芦柑综合标准》（DB35/T 105.2～105.5—2005，DB35/369—2005）由福建省质量技术监督局发布，2005 年 4 月 11 日实施，代替 2000 年发布的《永春芦柑标准综合体》。

2. 柑橘简化与矫形修剪技术规范 福建省农业厅果树站组织起草的福建省地方标准《柑橘简化与矫形修剪技术规范》（DB/T 743—2007），2007 年 5 月 25 日由福建省质量技术监督局发布，2007 年 6 月 15 日实施。县农业局肖文生、陈跃飞参加标准的起草工作。

（三）企业标准《芦柑（A 级绿色食品）栽培技术规范》

2003 年 6 月，永春县农技站承担省科技厅下达的"芦柑绿色食品标准研究及示范基地建设"项目，建立天马柑橘场示范基地，研究起草《芦柑（A 级绿色食品）栽培技术规范》（Q/YCTM 001—2005），经县质量技术监督局组织专家审定备案，作为永春县天马柑橘场企业标准，于 2005 年 3 月 31 日由永春县天马柑橘场发布，2005 年 5 月 1 日实施。

柑橘标准发布情况见表9-6。

表9-6 柑橘标准发布情况

序号	标准名称	发布单位与时间	备　注
1	福建省地方标准《永春芦柑标准综合体》(DB35/T 105.1~105.5—2000,DB35/369—2000)	福建省质量技术监督局2000年9月30日发布2000年11月1日实施	标准起草单位：福建省农业厅科技与技术监督处、永春县农业局、永春县质量技术监督局。主要起草人：陈跃飞、陈经文、陈石榕、陈炳固、洪永生、黄国良
2	福建省地方标准《永春芦柑综合标准》(DB35/T 105.2~105.5—2005,DB35/369—2005)	福建省质量技术监督局2005年3月21日发布2005年4月11日实施	标准起草单位：福建省农业市场信息办、永春县农业局、永春县质量技术监督局。主要起草人：陈跃飞、陈石榕、陈希鹏、黄国良、洪永生、颜惠斌
3	国家标准《地理标志产品　永春芦柑》(GB/T 20559—2006)	国家质量监督检验检疫总局国家标准化管理委员会2006年9月18日发布2007年2月1日实施	标准起草单位：永春县质量技术监督局、农业局等。主要起草人：陈跃飞、曾金贵、李南材、陈石榕、余永成、颜惠斌、林绍锋、林树林
4	永春县天马柑橘场企业标准《芦柑（A级绿色食品）栽培技术》规范（Q/YCTM 001—2005）	福建省永春县天马柑橘场2005年3月31日发布2005年5月1日实施	标准起草单位：永春县农技站、天马柑橘场。主要起草人：陈跃飞、陈石榕、杨建南、张生才
5	福建省地方标准《柑橘简化与矫形修剪技术规范》(DB35/T 742—2007)	福建省质量技术监督局2007年5月25日发布2007年6月15日实施	标准起草单位：福建省农业厅果树站。主要起草人：肖文生、陈亿顺、杨建榕、陈跃飞、李健

三、技术推广手册

1. 永春县山地柑橘栽培管理要点　20世纪80年代初期，永春芦柑生产进入快速发展时期，永春县经济作物局于1983年5月编印《永春县山地柑橘栽培管理要点》技术手册，内容包括成年树、幼年树、苗圃管理要点及主要病虫害防治历，依月份、节气编写果园管理要点。该手册由县经济作物局王清金、刘瑞珍等编写。1986年5月，经修改补充后再次印刷。

2. 芦柑生产综合改进技术实用推广手册　1997—1999年组织实施"海峡两岸永春芦柑生产技术综合改进合作项目"，1998年12月，中国农业交流协会、中国台湾财团法人农村发展基金会、永春县农业局编印了《芦柑生产综合改进技术实用推广手册》，介绍项目示范推广的疏伐郁蔽果园、培育开心树形、草生栽培、配方施肥、疏花疏果、综合防治病虫害、改进芦柑商品处理与营销等改进技术。推广手册由县农业局陈跃飞编写初稿，两岸专家共同讨论修改定稿，三次印刷，计45 000册。

3. 山地芦柑施肥技术推广手册　1996—1999年开展"芦柑营养诊断配方施肥技术"项目研究，通过叶片、土壤营养检测，果园调查，分析永春芦柑果园营养与施肥状况及存在的问题，提出了施肥技术的改进要点和山地芦柑园配方施肥推荐方案。为使技术成果得到推广应用，2000年5月，县农业局、科技局编印《山地芦柑施肥技术推广手册》，印刷8 000册。推广手册由县农业局陈跃飞、陈炳固、黄国良编写，送请福建省亚热带植物研究所教授庄伊美审阅修改。

4. 永春芦柑标准化生产技术推广手册　1998—2000 年,"永春芦柑生产与加工综合标准化"列为福建省农业产业化综合标准化示范区建设项目,福建省地方标准《永春芦柑标准综合体》由福建省质量技术监督局于 2000 年 9 月 30 日发布,2000 年 11 月 1 日实施。为促进芦柑标准化生产技术的推广应用,2001 年 12 月县农业局、质量技术监督局、科技局编印《永春芦柑标准化生产技术推广手册》,印刷 10 000 册。推广手册由陈跃飞执笔编写,陈经文、李培元、洪永生和部分农技人员、种植户参加审定修改。

5. 无公害芦柑生产技术推广手册　2001 年 4 月,农业部启动"无公害食品行动计划",发布实施了《无公害食品　柑橘》(NY 5014—2001)、《无公害食品　柑橘生产技术规程》(NY/T 5015—2002)、《无公害食品　柑橘产地环境条件》(NY 5016—2001),为推广应用无公害芦柑生产技术,依据农业部有关无公害柑橘生产的三个标准,参照《永春芦柑标准综合体》,县农业局、质量技术监督局、科技局编印了《无公害芦柑生产技术推广手册》,印刷 10 000 册。推广手册由陈跃飞、陈石榕(福建省农业厅标准化室高级农艺师)执笔编写,部分科技人员和种植户参加审定修改;并送请中国柑橘研究所研究员彭良志审阅修改。

6. 芦柑(A 级绿色食品)生产技术推广手册　2003—2005 年,永春县农技站承担省科技厅下达的"芦柑绿色食品标准研究及示范基地建设"项目,获得 2006 年度福建省科学技术奖三等奖。为推广应用项目技术成果,2007 年 9 月,永春县农业技术推广站等编印了《芦柑(A 级绿色食品)生产技术推广手册》,印刷 10 000 册。推广手册由陈跃飞执笔编写。2011 年 9 月,该手册在泉州市科协组织的泉州市农函大首届实用技术农村优秀乡土培训教材评选中获一等奖。

永春县柑橘生产技术推广手册编印情况见表 9 - 7。

表 9 - 7　柑橘生产技术推广手册编印情况

序号	手册名称	编印单位	印刷时间	印刷数量（册）
1	永春县山地柑橘栽培管理要点	永春县经济作物局	1983.5	
2	芦柑生产综合改进技术实用推广手册	中国农业交流协会 台湾财团法人农村发展基金会 福建省永春县农业局	1998.12	45 000 （三次印刷）
3	山地芦柑施肥技术推广手册	永春县农业局 永春县科技局	2000.5	8 000
4	永春芦柑标准化生产技术推广手册	永春县农业局 永春县质量技术监督局 永春县科技局	2001.12	10 000
5	无公害芦柑生产技术推广手册	永春县农业局 永春县质量技术监督局 永春县科技局	2003.8	10 000
6	芦柑(A 级绿色食品)生产技术推广手册	永春县农业技术推广站 永春县农业科学研究所 永春县天马柑橘场	2007.9	10 000

四、科技论文

20世纪50年代永春县开始成片栽培柑橘，70年代就有大量柑橘科技论文发表，据不完全统计，至2015年在各种专业技术刊物上发表的永春柑橘科技论文、文史资料等达300多篇，主要为永春县科技人员的试验研究和技术总结，也有一些科研院校专家在永春的研究成果，一些论文获各级评选为优秀论文。历年来，获省级以上学会和泉州市自然科学优秀论文奖的柑橘科技论文见表9-8。

表9-8　获奖科技论文目录

序号	论文名称	作者	奖项、等级、时间
1	永春芦柑出口综述	陈跃飞、余永成	2004年度中国柑橘学会优秀论文三等奖 2004.8
2	闽台合作山地芦柑栽培综合改进技术	陈跃飞	福建省农学会第二届青年学术年会优秀论文 1998.7
3	红壤山地红橘砧和枳砧椪柑的综合表现	林绍锋	福建省园艺学会优秀论文三等奖 1993.11
4	环割与叶面喷布PP333促进椪柑开花结果的效应	林绍锋	1992—1995年泉州市自然科学优秀论文二等奖 1997.11
5	海拔高度对山地柑橘生产的影响	陈跃飞	1992—1995年泉州市自然科学优秀论文三等奖 1997.11
6	山地椪柑生产综合改进技术	陈跃飞	第二届泉州市自然科学优秀论文二等奖 2000.11
7	中国永春芦柑栽培	陈跃飞、潘东明	第三届泉州市自然科学优秀论文一等奖 2003.8
8	芦柑绿色食品标准研究及示范基地建设	陈跃飞	第五届泉州市自然科学优秀论文一等奖 2008.9
9	芦柑品种提纯复壮技术研究	陈跃飞、肖文生	第七届泉州市自然科学优秀论文二等奖 2012.9
10	永春芦柑获全国、全省芦柑评比五连冠技术分析	陈跃飞、张生才	第八届泉州市自然科学优秀论文三等奖 2014.10

第十章
对外交流

第一节　院校合作与产区交流

一、院校合作与专家指导

（一）中国科学院上海生化研究所

1979 年 4 月上旬，中国科学院上海生物化学研究所科学家彭加木到永春考察指导，深入天马柑橘场、猛虎柑橘场、北硿华侨茶果场小湖洋管理区、湖洋红卫柑橘场等 8 个柑橘场调查柑橘黄龙病。4 月 7 日下午在永春县作"柑橘病毒及黄龙病防治"学术报告，听讲人数 450 人。

（二）中国农业科学院柑橘研究所

20 世纪 70～80 年代，中国农业科学院柑橘研究所叶荫民、沈兆敏，李学柱、蒋元晖、刘孝仲等专家到永春考察指导。1978 年 12 月，时任中国农业科学院柑橘研究所品种研究室主任的叶荫民到永春考察指导。1979 年，刘孝仲到永春考察指导，并作"柑橘栽培技术"学术报告。1981 年，时任副所长的沈兆敏到永春考察指导，并作"考察澳大利亚及柑橘生产发展"学术报告。

20 世纪 90 年代至 21 世纪初期，中国农业科学院柑橘研究所所长何天富、沈兆敏多次参加永春芦柑贸洽会、新闻采风会，在永春召开的海峡两岸福建柑橘发展研讨会，项目技术成果鉴定、评审等活动，对永春芦柑科技进步与品牌建设给予有效指导和支持。何天富与谢治银一起担任《中国永春芦柑栽培》专著编写顾问，指导编写工作。所长周常勇于 2004 年 10 月 30 日和 2010 年 6 月 30 日莅临永春指导。原副所长赵学源不顾高龄，于 2005 年 12 月、2009 年 10 月到永春现场指导，为全县干部、技术人员、果农作技术讲座，指导柑橘黄龙病防控工作。2003 年，时任中国农业科学院柑橘研究所栽培与生理研究室主任的彭良志为永春县农业局编印的《无公害柑橘生产技术推广手册》审阅修改。2006 年 4 月 25 日，品种资源研究室主任陈竹生到永春参加《地理标志产品　永春芦柑》国家标准审定会议。2008 年 1 月，原副所长吴厚玖主持开展柑橘鲜食与加工品质专项调查检测，对永春芦柑鲜果样品进行检测，亲笔撰写评语。

（三）华中农业大学

2002 年 5 月，华中农业大学教授邓秀新到永春县考察指导。2007 年，农业部、财政部共同启动现代农业产业技术体系建设，成立国家现代农业柑橘产业技术体系，设立永春芦柑综合试验站。华中农业大学校长、中国工程院院士邓秀新作为国家现代农业柑橘产业技术体系首席科学家，多次亲临永春指导。2009 年 10 月 6～8 日，邓秀新应邀参加"永春芦柑产业可持续发展研讨会"。教授姜玲为永春柑橘无病苗木繁育基地提供"柑橘接穗脱毒"技术服务；教授彭抒昂、祈春节、伊华林等多次到永春开展调查研究与指导。

2013 年 8 月 20 日，华中农业大学与永春县人民政府签署"关于研发芦柑黄龙病防控技术"的合作协议，合作期限三年。2015 年 11 月 25 日，华中农业大学组织湖南农业大学、浙江省柑橘研究所、华南农业大学、福建省果树研究所和福建省农业厅专家考察"黄龙病疫区永春芦柑种植新模式"示范现场，专家组对示范果园集成生态隔离、适当规模、无毒大苗、拉枝早结丰产、清除复染病树等技术给予肯定，形成现场考察意见。华中农业大学校长、中国工程院院士邓秀新亲临参加。

（四）福建省农业科学院

20 世纪 70～80 年代，福建省农业科学院丘武陵、龚均智等众多专家到永春指导。戴良昭团队在永春天马柑橘场，湖洋桃源村、吾峰吾中村柑橘场等开展果园土壤改良、绿肥施用、营养施肥、高产稳产栽培等方面的试验研究工作。20 世纪 80 年代初，叶垂扬指导开展柑橘生态区划工作。1984 年，福建省农业科学院组织实施柑橘无病毒苗木培育体系建设，在永春县建立西山柑橘无病采穗母本园。2005 年 12 月，福建省农业科学院原院长柯冲不顾高龄，应邀到永春指导柑橘黄龙病防控工作，为全县干部、技术人员、果农作技术讲座，协助制订控防方案。福建省果树研究所所长郑少泉，副所长柯冠武、蔡子坚、范国成等多次到永春指导生产，参加芦柑贸洽会、项目评审等活动。范国成多次到永春开展黄龙病防治试验，作技术讲座。

（五）福建农林大学

20 世纪 60～70 年代，福建农学院院长李来荣等老一代专家多次莅临永春指导山地柑橘种植。1979 年，李来荣到永春考察指导，作"关于柑橘生产与生态平衡"学术报告。1980 年 10 月，李来荣再次到永春考察指导，作"丘陵山区综合开发利用"学术报告。福建农业大学校长吕柳新关心永春柑橘产业，20 世纪 80 年代初曾在湖洋公社桃源大队柑橘场开展试验研究工作，1999 年为《中国永春芦柑栽培》一书作序，多次带领学生到永春调研指导。20 世纪 80 年代，庄伊美等在永春开展多项科研工作，出席参加在永春开展的学术研讨活动，指导项目实施，为永春县农业局编印的《山地芦柑施肥技术推广手册》审阅修改。园艺学院历任院长刘星辉、潘东明、吴少华、陈清西等多次出席参加永春芦柑活动，指导项目实施，参加项目评审。1981 年刘星辉带领果树专业 77 级学生在天马柑橘场、猛虎柑橘场实习，帮助天马柑橘场总结亩产万斤果园技术经验。潘东明任永春柑橘"五新技术"引进推广项目指导专家，参加编著《中国永春芦柑栽培》、《永春芦柑志》，2003 年 12 月为《永春县柑橘科技文集》作序。园艺学院副院长赖钟雄在永春县实施其承担的"福建省柑橘种质资源圃建设（永春圃）"项目。食品科学学院教授陈丽娇指导永春芦柑加工企业研发芦柑加工产品，参加《中国永春芦柑栽培》编写，执笔编写"芦柑果品加工及综合利用"。国家现代农业柑橘产业技术体系岗位专家陈立松多次到永春指导，开展试验研究工作。

2003—2005 年永春县农技站与福建农林大学园艺学院等合作实施省科技厅下达的"芦柑绿色食品标准研究及示范基地建设"项目获 2006 年度福建省科学技术奖三等奖。2003—2007 年永春县科技开发中心与福建农林大学园艺学院合作承担福建省科技厅下达的"永春芦柑品种提纯复壮研究"项目，2008 年 11 月，项目通过省科技厅组织的验收。

（六）福建省农业厅

永春柑橘产业在福建省农业厅的支持指导下发展壮大。20 世纪 60 年代，永春天马山华侨垦殖场、猛虎山华侨农场由福建省农业厅接办，成为永春柑橘生产示范农场。1979 年省农业厅支持建设"永春县柑橘良种场"，1985 年省农业厅与福建省农业科学院支持建设"永春县西山柑橘良种母本园"，1986 年支持建设"永春县夏橙示范场"。由福建省农业厅果树站主持、永春县经作站协作完成的"柑橘（芦柑）优质丰产综合配套栽培技术"获农业部 2000 年全国农牧渔业丰收奖三等奖、"柑橘营养诊断、配方施肥技术推广"获农业部全国农牧渔业丰收奖二等奖。福建省农业厅果树站站长李健、施清主持开展的"柑橘营养诊断配方施肥技术"、"柑橘黄龙病发生规律与防控技术研究"等项目，对永春柑橘产业发展发挥重要作用。农业厅标准化室陈石榕指导并参加起草福建省地方标准《永春芦柑综合标准》、国家标准《地理标志产品　永春芦柑》和永春县天马柑橘场企业标准《芦柑（A 级绿色食品）栽培技术规范》。永春县农技站与农业厅标准化室等合作完成的"芦柑绿色食品标准研究及示范基地建设"项目获 2006 年度福建省科学技术奖三等奖。

（七）泉州市农业局

20 世纪 70 年代后期，晋江地区农业局在全市推动建设 150 个"天马式"茶果生产基地，永春县建立了 25 个"天马式"基地。20 世纪 80 年代初期地区农业局在永春县湖洋公社桃源大队建设芦柑生产示范村，杨锡山、杨式梨等专家蹲点指导，使桃源村成为全县芦柑栽培面积最大的柑橘生产示范村，对永春芦柑产业发展发挥重要作用。

（八）国家现代农业柑橘产业技术体系

2007 年底，农业部会同财政部启动国家现代农业产业技术体系建设试点工作。成立国家现代农业柑橘产业技术体系，由华中农业大学邓秀新院士任首席科学家，设立了柑橘育种、病虫害防控、栽培、机械、加工和产业经济六个功能研究室，聘任岗位科学家 24 位，建立 26 个柑橘综合试验站，永春芦柑综合试验站成为全国首批试验站之一。试验站成立后，依托体系的科技、人才资源，开展各项工作，众多岗位科学家亲临永春指导，开展相关研究与示范。

2010 年，国家柑橘技术体系机械研究室岗位科学家、华中农业大学教授张衍林在天马柑橘场建立电动遥控运输单轨道 200 米，无轨道运输设施 120 米。2011 年，国家柑橘技术体系机械研究室岗位科学家、华南农业大学教授洪添胜在绿源柑橘苗木场配套建设恒压喷雾管道系统 35 亩；在湖洋镇红卫柑橘场配套建成 7SGH—2 山地果园钢丝绳牵引货运机系统 180 米；示范果园轨道运输与灌溉设施技术。

二、产区交流

(一) 外来考察交流

1990 年出版的《永春县志》记载，1978 年至 1987 年，省外来永春参观的有广东省佛山地区、汕头地区，海南行政区的各县代表，广西壮族自治区部分县，浙江省玉环县、江西省南丰县、四川省简阳县、上海市红卫农场和云南省、贵州省的代表；福建省来县参观的有 47 个县市，代表 2 700 多人。

其后，仍有大量外地柑橘产区前来考察交流。考察的内容主要有永春芦柑基地建设、开展海峡两岸交流、争创品牌、开拓市场的经验。2000 年后，许多产区通过到永春交流，借助永春芦柑营销队伍与市场网络，吸引营销商到产区经销芦柑，带动柑橘出口业务；浙江、江西、湖南、湖北、广东、广西、贵州等众多产区前来考察交流。

(二) 外出考察交流

1. 参加全国各种科技交流与学术活动 1983 年 12 月 22～26 日，由中国农业科学院柑橘研究所主持召开的"全国柑橘良种区试点和部分基地县科研协作会议"在上海举行，全国 13 个省、直辖市、自治区柑橘产区派员参加，永春县由县政府副县长李文港带队参加。

1998 年 4 月 27～30 日，中国农业科学院柑橘研究所在重庆召开"全国名优柑橘产销技术研讨会"，全国有 12 个省区市 88 人参会。永春县副县长庄进勇提交"实施名牌战略，促进永春芦柑发展"论文参加交流；会议安排县农业局陈跃飞作"永春芦柑产销技术"专题发言。

2000 年 1 月 4～13 日，福建省农业厅经济作物处举办"常绿果树修剪技术人员高中级研修班"，安排永春县农业局陈跃飞讲授"柑橘修剪技术"。

2004 年 5 月，永春县被福建省质监局确定为全省唯一农业标准化示范单位代表参加全国农业标准化示范区经验交流会，永春芦柑标准化示范项目工作经验被推荐为会议交流材料。

2004 年 8 月，中国柑橘学会年会安排永春县农业局陈跃飞作"永春芦柑生产与出口"专题报告。

2005 年 5 月，全国农业技术推广服务中心举办"全国柑橘生产技术培训班"，安排永春县农业局陈跃飞讲授"柑橘生产与出口贸易"专题。

2005 年 8 月，福建省农业厅举办 2005 年度第二期（经作专业）农业技术人员高级研修班，安排永春县农业局陈跃飞讲授"福建芦柑鲜果出口研究进展"专题。

2006 年 10 月 9～10 日，农业部在大连召开"全国苹果高层论坛暨'一村一品'经验交流会"。永春县作为"一县一业"典型，提交了《做大做强芦柑产业、繁荣永春农村经济》典型材料，会议安排永春县农业局陈跃飞专题介绍永春芦柑产业发展的经验和做法。

2013 年 11 月，中国柑橘学会年会安排永春芦柑试验站张生才作"柑橘黄龙病综合防控技术初探"专题报告。

2. 组织赴外地柑橘产区考察交流 1983 年，永春县科委组织柑橘参观考察团赴当时全国最大柑橘产区浙江黄岩参观考察，由时任县人大常委会主任王佐党带队，县科委、天马、猛虎、桃源村、德风村柑橘场等单位人员参加。

永春县政协多次组织赴外地柑橘产区考察：1999 年 9 月组织农业部门、乡镇等有关人员赴著名芦柑产区浙江衢县考察交流，2002 年 10 月组织赴江西南丰考察南丰蜜橘生产，2007 年 3 月组织赴广东杨村柑橘场考察黄龙病防控情况。每次考察均形成考察报告，呈报县委、县政府领导，借鉴外地经验促进永春柑橘业发展。

永春县柑橘同业公会会员每年营销季节赴兄弟产区考察，了解生产市场情况，开展交流活动。

国家现代农业柑橘产业技术体系永春芦柑综合试验站多次组织相关人员赴湖北、陕西、贵州等产区交流。

第二节　海峡两岸交流

一、永春芦柑生产技术综合改进合作项目

（一）项目的引进

改革开放后，永春县柑橘生产快速发展，1995 年全县柑橘种植面积达 140 919 亩，总产 131 131 吨，成为柑橘生产大县。而柑橘生产仍沿袭以产量为中心的生产模式，果园环境未臻理想，栽培技术未尽合理，优质果率低，生产成本高，影响着果农收益和产品竞争力，迫切需要通过改进生产技术提升产业竞争力。而台湾柑橘产业在推行优质化、省力化栽培等方面，取得一些成功经验，值得学习借鉴。

1995 年 10 月 10～12 日，中国农业交流协会、中国台湾财团法人农村发展基金会和福建省农业厅在福州共同举办"海峡两岸亚热带、热带果树产销研讨会"，时任中国台湾财团法人农村发展基金会执行长的王友钊（1998 年 10 月任董事长）率 14 位台湾省专家参加研讨会，会前对漳州、泉州、莆田等地的水果生产进行考察。台北永春同乡会王超英获悉这一情况后，觉得家乡永春芦柑生产具有开展两岸合作的条件与优势，及时与县有关部门通报沟通。永春县报请上级有关部门并通过王超英邀请台湾省专家到永春考察芦柑生产。10 月 8 日，参加研讨会的台湾省专家应邀到永春考察芦柑生产，县委书记张贻伦和县长洪泽生参加考察，并提出开展海峡两岸永春芦柑生产技术改进合作项目的意向，得到两岸有关部门支持。

1995 年 12 月 20～23 日，中国农业交流协会秘书长瞿宁康、副秘书长翁永庆及省农业厅有关人员到永春进行项目预备性考察。1996 年 3 月 8～11 日，中国台湾财团法人农村发展基金会委派嘉义农专（1997 年 7 月升格为嘉义技术学院、2000 年 2 月与嘉义师范学院合并为嘉义大学）教授吕明雄和台湾青果运销合作社主任秘书陈志宏（其后任副总经理）到永春进行项目可行性考察。1996 年 9 月 11～13 日，中国台湾财团法人农村发展基金会王友钊执行长再次来到永春，会同中国农业交流协会、闽台经济文化交往促进会农业分会及永春县相关人员，商谈制定"福建省永春县芦柑生产技术综合改进计划"，获两岸有关部门批准，于 1997—1999 年组织实施，成为海峡两岸首批开展农业技术合作的项目之一。

（二）项目的实施

1. 两岸有关部门高度重视 永春县成立了以县政协主席林玉璧为组长的项目小组和由科技人员组成的项目技术小组，并拨出专项经费。中国农业交流协会会长相重扬，农业部台湾事务办公室副主任任爱荣、中国台湾财团法人农村发展基金会董事长王友钊、执行长涂勋、闽台经济文化交往促进会农业分会会长尤玎、副会长杨思知和林敏和、郑田瑞等专家多次莅临永春指导。中国台湾专家吕明雄、陈志宏等每年多次到永春开展技术培训、现场操作示范，进行技术指导。福建省农业厅为项目提供了部分果园改造和培训经费；中国台湾财团法人农村发展基金会提供了果实分级机、割草机、农用车、部分培训器材和技术推广费用。

2. 芦柑生产综合改进技术 经两岸专家研讨，借鉴台湾芦柑生产经验，结合永春实际，提出了疏伐郁蔽果园、培育自然开心树形、自然草生栽培、疏花疏果、配方施肥、综合防治病虫害、改进果实商品处理与营销等生产综合改进技术，经生产实践检验，对提高优质果率、降低生产成本成效显著。

3. 建立示范果园 项目选定永春县柑橘良种场1988年定植的芦柑园10亩，醒狮柑橘场20世纪60年代定植的老果园10亩，湖洋农业科学研究所1982年定植的果园8.2亩，建立示范果园。1998年柑橘良种场示范园增至160亩，醒狮柑橘场增至100亩；并在全县各乡镇建立20个示范点。在两岸专家指导下，示范生产综合改进技术。

4. 开展技术培训 项目期间，中国台湾财团法人农村发展基金会委派的专家共12次到永春考察指导，举办9场技术培训和一次研讨会，参加培训和研讨的人员1 500多人次。县农业科技人员到乡镇、村、场进行多轮培训指导，受训近万人次。

5. 编印《芦柑生产综合改进技术实用推广手册》 两岸专家编写《芦柑生产综合改进技术实用推广手册》，分三次印刷4.5万册，分发果农，加速技术的推广。

6. 举办"海峡两岸福建柑橘发展研讨会" 1998年11月23～26日在永春县举办"海峡两岸福建柑橘发展研讨会"。中国农业交流协会会长、农业部原副部长相重扬，农业部台办副主任任爱农、闽台经济文化交往促进会农业分会会长、福建省农业厅原厅长尤玎、中国台湾财团法人农村发展基金会董事长王友钊、执行长涂勋、董事葛锦昭，中国农业科学院柑橘研究所原所长何天富，以及福建省农业厅、福建农业大学、福建省果树研究所、福建省亚热带植物研究所等单位的专家，全省各柑橘产区的代表参加研讨会。两岸专家提供10多篇论文，交流了两岸水果生产情况，对福建柑橘业和永春芦柑持续发展战略进行研讨。研讨会上永春县政府县长潘燕燕作了"永春芦柑生产持续发展规划意见"、县农业局陈跃飞作了"永春芦柑可持续发展策略的探讨"的发言。

7. 两岸人员互访 1995年10月至1999年12月，中国台湾财团法人农村发展基金会12次派出专家到永春考察指导。除上述专家外，尚有农村发展基金会专门委员黄慰庭、屈先泽，台湾省农委会陈耀勋、叶汉添，台湾大学教授林宗贤，台中农试所园艺系主任徐信次，嘉义技术学院园艺系教授李堂察、副教授林芳存等专家到永春指导交流。

在此期间，永春县三批13人次到台湾省考察农业生产。1996年12月17～26日，县政府副县长庄进勇、调研员李文港，县农业局副局长陈建国，参加农业部组织的海峡两岸农业合作水果考察团赴台考察。

　　1999 年 4 月 12～21 日，应台北市农会邀请，永春县农业考察团一行 8 人赴台湾省考察。县委书记张贻伦任团长，成员陈金榜、林玉壁、洪一彬、黄珍霞、林智贤、陈跃飞、李宜针。考察团考察参观了台湾凤山热带园艺试验所、台中农业改良场、嘉义技术学院，台北市、宜兰县和嘉义市农会，宜兰县农会新鲜农产品商品化处理中心，宜兰、台北农会超市，台北市建国假日花市和都会区农产品直销中心等。两度拜访台湾财团法人农村发展基金会，就开展交流情况进行座谈。拜访台湾福建同乡会、闽南同乡会和永春同乡会，以及众多永春乡亲和所办学校、企业。

　　1999 年，永春县县长潘燕燕、县农业局局长许良景，参加福建省农业厅组织的农业考察团赴台湾省考察。

（三）项目的成效

　　芦柑生产综合改进技术科学性强。疏伐郁蔽果园、培育开心树形、矮化树冠，使果园群体和树冠个体通风透光良好，枝梢生长充实，立体结果，利于产量品质提高，又方便耕作。疏花疏果疏去劣质果、密生果，合理结果，果实发育良好而大小一致。草生栽培减少土壤耕作次数，改善果园生态，保持水土，增加土壤有机质。配方施肥使营养均衡，提高肥效。综合防治病虫害提高防治效果，减少农药用量。改进芦柑商品处理可提高果品价值。综合改进技术通俗易懂，易于掌握，不仅有利于产量品质的提高，又可有效降低生产成本，深受果农欢迎，示范应用效果极为显著。

　　1999 年 11 月 19～21 日，中国农业交流协会、福建省农业厅邀请专家，由中国农业科学院柑橘研究所所长、研究员沈兆敏任专家组组长，对项目进行验收评审，示范园亩产 3656 千克/亩，一级以上优质果率比对照园提高 32.59 个百分点，达 57.10%；三级及以下果率下降 19.39 个百分点，为 3.80%。认为项目通过改进芦柑生产技术，提高优质果率，降低生产成本，增加农民收入，增强市场竞争力，意义重大。项目技术是先进、可行、成熟的，处于国内芦柑生产技术的领先水平，在我国芦柑产区具有广泛的应用价值。

　　项目验收后，永春县重视技术成果的推广应用，县长潘燕燕亲自部署，要求各乡镇每个行政村建立一片 50 亩以上的示范果园，举办一场现场技术培训。农业部门成立果园改造技术指导组，全县举办 200 多场培训班，现场操作示范，受训人数近万人。建立 239 片示范果园，示范园总面积 15 060 亩，芦柑生产改进技术迅速在全县普及应用。全县芦柑一级以上优质果率（果实横径大于 70 毫米）从此前平均 30%～35% 提高至 50% 甚至 60% 以上，全县果农每年增收 3 000 万～5 000 万元。在我国柑橘生产处于转型的时期，永春芦柑生产实现了从以产量为中心向质量效益为中心的技术转变。

　　农业部、福建省农业厅重视技术成果的推广应用，1997 年 1 月 21～26 日，农业部举办项目观摩会，邀请四川、广东、广西、湖南、湖北、云南、贵州、江西、浙江、海南等省区农业部门派员到永春观摩项目技术；福建省农业厅组织柑橘主产区派员参加项目观摩研讨等活动；省内外众多产区来永春交流参观，技术成果在许多产区推广应用，取得良好成效。

　　项目的成功实施得到两岸有关部门的高度评价，认为是两岸农业技术合作最成功的项目之一。中国农业交流协会会长、农业部原副部长相重扬撰写《永春芦柑综合改进项目的启迪》刊载于《中国南方果树》2002 年第 2 期。中国农业科学院海峡两岸农业发展研究中心赵一夫博士、任爱荣（研究中心主任、农业部台办原副主任）撰写《祖国大陆对台湾农业技术引进的模式探讨——以永春芦柑栽培技术引进为例》刊载于《台湾农业探索》2007年第2期。2002年4月10～11日，农业部海峡两岸农业交流协会会长（海峡两岸农业交流协会于2001年1月15日成立）、农业部原副部长万宝瑞，会同中国台湾财团法人农村发展基金会董事长王友钊、执行长涂勋到永春考察项目成果，在桃城镇大坪村柑橘园，看到项目成效显著、果农喜悦的情景，王友钊董事长高兴地说：芦柑树开心，果农开心，大家都开心。

二、其他交流活动

2004年9月1～2日，应农业部海峡两岸农业交流协会邀请，中国台湾柑橘策略联盟考察团一行21人到永春考察。考察团由台湾柑橘策略联盟理事长李海浪（台湾台中县石冈乡农会理事长）任团长，台湾嘉义大学园艺系教授、台湾柑橘策略联盟顾问吕明雄为副团长，成员主要来自台湾中南部地区台中、嘉义、云林和苗栗的果农。考察团到桃城镇七八柑橘场、湖洋镇部分果园实地考察，与永春县柑橘业同行座谈，交流柑橘产业发展状况，探讨开展两岸柑橘产业的合作。

2006年11月6～8日，应闽台经济文化交流促进会农业分会的邀请，台湾台中县云冈乡农会柑橘考察团一行11人到永春参访考察。台中县石岗乡农会供销部主任廖廷坚为考察团团长，台湾嘉义大学教授吕明雄、台湾嘉义农试所园艺系主任徐信次随团参访。考察团到桃城镇七八柑橘场实地参观，与县有关部门、相关人员就柑橘生产、营销等方面进行座谈交流。

第三节　国际交流

一、澳大利亚

1986年11月，澳大利亚柑橘专家考察团范·维尔森博士等4人，到永春考察山地红壤柑橘生产情况。

二、日本

20世纪90年代，永春芦柑出口量高速增长，在菲律宾、马来西亚、印度尼西亚、新加坡等东南亚市场占有率高，竞争力强；不仅国内同行关注，也引起周边柑橘生产国家日本、韩国等的重视。《中国南方果树》2001年第4期刊载浙江省柑橘研究所程绍南研究员撰写的"小议我国芦柑叩击日本市场之门"，文中介绍：从日本中央果实基金会对各国水果进口解禁申请项目迄至2000年11月25日的审查进展状况汇总材料中，得知中国芦柑于1998年4月进入日本农林水产省进口解禁审查第一阶段，2000年9月进入第二阶段。文章介绍，日本农林水产省规定进口解禁申请植物检疫验证必须经过的程序是：出口国向日本农林水产省提交进口解禁申请文件→试验或调查计划的确定→试验或调查资料的确认→现场确认试验或确认调查计划的确定→现场确认试验或确认调查结果的确定→召开听证会→宣布进口解禁与否。文章分析芦柑申请进入日本市场与"永春芦柑"品牌日益响亮有关。2008年12月，程绍南陪同日本中央果实基金会专家到永春考察时介绍，原以为是中国有关农业部门向日本提出解禁申请，实为日本水果经营商（进口商）向日本政府提出的申请，其后由于当事各方对有关事项协商未果，进口解禁申请因此而中断。由于其以中国（永春）芦柑提出申请，永春芦柑在日本柑橘业界产生重大影响，2002—2008 年，日本中央果实基金会、鹿儿岛大学的专家，柑橘产区农林水产委、农协等三次专程到永春考察芦柑生产。

2002 年 10 月 7 日，日本和歌山县农林水产委员会委员长生驹三雄带领柑橘考察团一行 9 人到永春县天马柑橘场和猛虎柑橘场考察。

2003 年 2 月 26 日，日本香川县农协园艺部部长安藤昭则带领柑橘考察团一行 10 人，在福建省农业厅等人员的陪同下，到永春县天马柑橘场及农贸水果市场实地考察。

2008 年 12 月 1～2 日，日本中央果实基金会（财团法人）部长、审议役小平基、日本鹿儿岛大学农学部园艺系教授、农学博士富永茂人，在浙江省农业科学院研究员程绍南、省农业厅专家陪同下，到永春考察交流。实地考察了桃城镇洋上村柑橘园、永春县聚富果品有限公司芦柑出口包装厂、福建省宏顺食品饮料有限公司芦柑果汁加工厂，并与农业部门、柑橘同业公会交流座谈。

三、韩国

永春芦柑在国际市场的占领，同样引起韩国柑橘业界的关注。2001 年，韩国济州农业技术院高富瑛和济州柑橘农协丁元泰两位专家前来永春考察柑橘生产。

四、智利

根据 2007 年 7 月中国和智利双方草签的《中国柑橘输往智利植物检疫议定书》，国家质检总局安排智利农业部的植检专家到福建永春和江西南丰柑橘产区实地考察。2007 年 11 月 5～7 日，来自智利农业部的植检专家 Susana Biscupovich Fellenberg 和 Beatriz Giglia Fernandez，在中国检验检疫协会、福建省出入境检验检疫局人员陪同下到永春考察。考察组听取了出入境检验检疫部门和农业部门关于永春柑橘出口质量安全控制和柑橘有害生物发生防控等情况的介绍，并到桃城镇七八柑橘场、猛虎柑橘场，永春对外加工装配公司、永春外贸公司和永春县聚富果品有限公司三家柑橘出口包装厂实地考察，对永春柑橘出口生产基地情况表示满意。2008 年 4 月 13 日，中智双方正式签署《中国柑橘输往智利植物检疫议定书》。2008 年 4 月，智利农牧局发布官方公报，正式允许中国新鲜柑橘进入智利市场，其中包括橘、橙、柠檬、柚等多个柑橘品种。

五、美国

2005 年美国开始发现柑橘黄龙病危害，并快速蔓延，引起高度重视。2008 年 10 月 22～24 日在福建省农业科学院举办中美柑橘黄龙病研究学术研讨会，美国农业部佛罗里达园艺试验室黄龙病研究专家出席研讨会。10 月 24 日，出席研讨会的美国农业部佛罗里达园艺试验室专家 Calvin E. Arnold、Kim Bowman、Yongping Duan 和 Eddie Wayne Stover，在福建省农业科学院副院长刘波等陪同下到永春考察柑橘生产。实地参观考察了桃城镇洋上村柑橘园和猛虎柑橘场，交流了柑橘生产与黄龙病防控情况。

第十一章
生产体制与经营管理

第一节　生产体制

一、国营种植

国营柑橘种植最早为 1954 年 5 月创办的北硿华侨垦殖场，1955 年种植新会橙 50 株，1957 年种植柑橘 100 亩。1964 年 4 月、1965 年 3 月天马山华侨垦殖场和猛虎山华侨农场相继由福建省农业厅接办成为国营农场，在原有柑橘种植基础上，扩大种植，成为柑橘生产专业农场。1979 年 10 月在福建省农业厅支持下创办永春县柑橘良种场，成为国营柑橘生产专业农场。此外，20 世纪 70 年代及其后，永春县农场、碧卿林场、大荣林场、溪塔林场、介福林场等国营农林场调整种植结构，发展柑橘生产。

1977 年全县有 7 个国营农林茶果场种植柑橘 1 993 亩，占全县柑橘种植面积 23.6%。1982 年全县有 9 个国营农林茶果场种植柑橘 3 422 亩，占全县柑橘种植面积 8.6%。1987 年全县国营农林茶果场柑橘种植面积 4 565 亩，占全县 5.1%。1998 年 10 月北硿华侨茶果场改制成乡镇建制，2005 年全县国营农林果场柑橘种植面积 3 466 亩，占全县 2.3%；2015 年全县有 8 个国营农林果场柑橘种植面积 1 670 亩，占全县 1.4%。

二、集体种植

20 世纪 50 年代试验种植阶段，永春柑橘果园多数由归国华侨创办。20 世纪 60~70 年代推广种植阶段，许多公社、大队集体兴办柑橘场，多数柑橘场属国营、公社或大队等集体所有。1982 年，全县柑橘种植面积中国营种植占 8.6%，社员个体种植占 11.1%；集体种植的柑橘面积 32 022 亩，占全县 80.3%，为柑橘生产主体。1987 年，全县柑橘种植面积中集体种植的占 39.57%。其后，随着农民个体种植的快速发展，集体种植所占比例不断下降。

20 世纪 70~80 年代，一些机关、企事业单位，中小学校集体兴办柑橘场。颜春木撰写的《永春柑橘》（《永春文史资料》总第 11 辑，1991 年）记述，1990 年全县中小学校柑橘种植面积 527 亩，年产 283.5 吨，详见表 11 - 1。县供销社及所属企业，柑橘园面积

1 290.5 亩，产量 800 吨。其中县供销社总社有两个场，面积 661.5 亩，产量 400 吨；所属基层供销社有桂洋、锦斗、仙夹、桃城上沙、岵山南石及五里街大山、蒋溪等柑橘场，面积 629 亩，产量 400 吨。

表 11 - 1　1990 年全县中小学校柑橘生产情况统计表

中　学			小　学		
学校名称	面积（亩）	产量（吨）	学区名称	面积（亩）	产量（吨）
华侨中学	85	25.0	一都	4	0
永春三中	50	12.5	玉斗	10	0
永春四中	124	200.0	蓬壶	4	0
永春五中	50	12.5	达埔	5	0
永春六中	9	0	五里街	16	0
永春九中	25	0	桃城	10	2.5
坑仔口中学	4	0	东平	15	1
夹际中学	30	0	湖洋	82	30
			仙夹	4	0
合计	377	250	合计	150	33.5

三、个体种植

新中国成立前，全县零星种植的少量柑橘由农户个体种植。20 世纪 50 年代，多数柑橘场由归侨创办，属私营果园。20 世纪 60～70 年代，柑橘种植多数属国营、公社或大队等集体所有，农民个体仅限于房前屋后或自留地少量种植。20 世纪 80 年代及其后，实行改革开放政策，国有、集体、个体多种所有制发展柑橘生产，个体种植快速发展。1982年社员个体种植的柑橘面积占全县 11.1%，1987 年提升为 54.97%，其后所占比例不断提高，成为柑橘生产主体。

20 世纪 80 年代中期后，国营农场兴办职工家庭农场，集体所有的柑橘场多数由个体承包经营，国营、集体所有的柑橘场所有权与经营权分离，全县柑橘园多数由个体独立经营或个体股份制合作经营，采取集体管理的果园极为少见。

县经济作物局的调查资料，1982 年和 1987 年全县柑橘种植单位统计见表 11 - 2 和表 11 - 3。

表 11 - 2　1982 年永春县柑橘种植单位统计表

单位性质		办场数量（个）	种植面积（亩）	占全县比例（%）
国营种植	国营农场	9	3 422	8.6
集体种植	公社办场	39	4 431	11.1
	大队办场	203	14 668	36.8
	生产队办场	997	12 742	31.9
	机关、企事业单位办场	—	181	0.5
个体种植	社员个人种植	6 000 多户	4 445	11.1
合　计			39 889	100

表 11-3 1987 年永春县柑橘种植单位统计表

单位性质		种植面积（亩）	占全县比例（%）
国营种植	10 个国营农林场	4 565	5.12
	2 个国营厂矿	300	0.34
集体种植	县供销社及所属企业	1 248	1.40
	县办水库及水电站	140	0.16
	中小学校	417	0.47
	乡镇集体	5 533	6.21
	村集体	15 352	17.24
	村民小组	12 549	14.09
个体种植	村民个体	48 961	54.97
合计		89 065	100

第二节　经营机制

20 世纪 50 年代试验种植阶段，华侨投资的垦殖场，大多聘请专人或自行经营管理，雇请工人，采用计时、计件等方式支付工资，经营结果由场部核算。60 年代后华侨垦殖场多数由国家或公社集体接办；至 70 年代末期，多数柑橘园属国营或公社、大队、生产队等集体所有。国营柑橘场规模较大，一般划分管理区或生产队组织生产管理，职工多数领取固定工资或计时工资，由场部或作业区进行核算。集体柑橘场多数由公社、大队或生产队委派管理人员，工人由社员中抽调，管理干部和技术员发固定工资或补贴，其余多数采用计时或计件工资。有些大队、生产队办的柑橘场采用评工记分，按全大队、生产队平均工分值付酬。经营效益由集体核算。

20 世纪 80 年代开始实行联产承包、超产奖励的措施。初期国营或集体柑橘场大多采取定产量、定产值、定成本、定利润，超计划奖励，完不成计划扣罚的"四定一奖赔"或联产计酬的承包责任制，产品仍由农场统一销售，统一核算。其后多数集体柑橘场采取大包干的承包责任制，按合同上缴承包金额，由承包者独立经营。1984 年中共中央 1 号文件提出"国营农场应继续进行改革，实行联产承包责任制，办好家庭农场。"国营农场开始兴办家庭农场，多数采取以家庭为单位大包干的承包方式，独立经营，上缴合同规定的承包金额，剩余全部归家庭农场所有。

改革开放后，落实中央农村政策，分给农民自留山，发给林权证。果农在自留山或承包集体荒山开发的果园，由果农自行经营管理。果农间也有相互转让，承包经营，或雇工管理者，形成许多柑橘生产专业大户。

第三节 流通管理

一、流通体制与派购政策

新中国成立初期，柑橘等农产品实行在国家统一的经济计划内贸易自由政策。1956年，柑橘列为国家统一收购产品。1961年，国家对属于二类农产品管理的柑橘等产品，实行通过合同进行派购的政策。1984年，国家取消柑橘二类农产品派购管理，市场放开，自由购销。

国家对柑橘实行统一收购、派购期间，柑橘由国营商业或供销合作社统一收购。1956年，柑橘列为国家统一收购产品，完成规定的收购任务后，其余部分允许在市场上出售。1957年8月，国务院发布《关于由国家计划收购（统购）和统一收购的农产品和其他物资不准进入自由市场的规定》，完成规定的柑橘收购任务后，农民自己留用部分如果要出卖的时候，也必须卖给国家委托的收购商店。1961年1月，中共中央颁布《关于目前农产品收购工作中几个政策问题的规定》，完成规定的柑橘派购任务后，允许剩余的部分在国家指定的农村集市上出售；在农村集市上，只允许出卖自己生产的产品，或者购买自己需要的商品，不许倒手转卖，投机取利。1981年，柑橘派购计划内按国家规定的价格收购，完成派购计划后实行议价收购。1982年，生产单位完成派购任务后，剩余产品允许自行处理。1983年，完成国家计划任务后的柑橘产品，允许通过各种流通渠道，采取各种方式经营。1984年7月，柑橘取消派购政策，实行议价收购，多渠道经营。

在柑橘实行统一收购、派购期间，根据上级下达的计划指标及生产实际，永春县人民政府每年把派购计划任务下达至各公社、果场，由国营商业或供销社统一收购经营。生产单位完成派购计划后，超产部分多数也由供销部门按定价收购。派购的购留比例，1961年规定柑橘的集中产区生产单位留15％～30％，购70％～85％；分散产区留30％～50％，购50％～70％。1980年规定按产量确定国家购60％、果农留40％。1983年规定按产量购半留半。1965—1983年永春柑橘产量、收购调配计划及完成收购数量见表11-4，收购计划（派购数量）占总产量的比例历年平均为82.3％。

表 11-4 1965—1983 年永春县柑橘产量与收购数量

单位：吨

年份	总产量	收购调配计划			完成收购量
		收购计划	本县市场供应	上调任务	
1965	36.50	—	—	—	25.15
1966	109.20	40	—	—	89.30
1967	165.70	—	—	—	144.25
1968	133.15	178	—	—	100.00
1969	272.15	217	—	—	219.20
1970	531.75	375	44	331	402.10
1971	522.40	—	—	—	350.00

（续）

年份	总产量	收购调配计划			完成收购量
		收购计划	本县市场供应	上调任务	
1972	568.65	700	110	590	425.00
1973	928.20	634	20.25	613.75	721.00
1974	2 094.80	1 500	200	1 300	1 750.00
1975	1 690.20	1 885	81.5	1 803.5	1 350.00
1976	2 566.15	2 500	—	—	2 150.00
1977	3 955.85	2 750	—	—	3 445.00
1978	3 047.85	3 500	100	3 400	2 560.90
1979	5 254.20	4 050	131.5	3 918.5	4 535.90
1980	4 963.00	3 750	156.5	3 593.5	2 730.20
1981	6 568.40	4 700	—		4 809.80
1982	6 930.60	4 700	105	4 595	4 268.45
1983	7 195.75	3 500	66.25	3 433.75	3 170.00

二、购销价格与奖售政策

（一）统一收购、派购时期的购销价格与奖售政策

1. 购销价格 1957—1983 年，柑橘列为国家统一收购、派购产品，收购价格由省统一管理和制定。

永春县物价委员会《关于下达 1964 年地产柑橘价格的通知》（〔64〕永物委字第 093 号），柑橘价格按 1963 年的价格执行，见表 11-5。

表 11-5 1963—1964 年柑橘购销价格表

单位：元/50 千克

品名	规格	收购价	产地		城关、五里街	
			批发价	零售价	批发价	零售价
芦柑	一级 70 毫米以上	22.0	24.2	29.0	24.8	30.0
	二级 61~70 毫米	19.0	20.9	25.0	21.5	26.0
	三级 51~60 毫米	15.0	16.5	20.0	17.1	21.0
	四级 45~50 毫米	11.0	12.1	15.0	12.7	16.0
印柑	一级 70 毫米以上	21.0	23.1	28.0	23.7	29.0
	二级 61~70 毫米	18.0	19.8	24.0	20.4	25.0
	三级 51~60 毫米	15.0	16.5	20.0	17.1	21.0
	四级 45~50 毫米	10.0	11.0	13.0	11.6	14.0
蕉柑	一级 70 毫米以上	21.0	23.1	28.0	23.7	29.0
	二级 61~70 毫米	18.0	19.8	24.0	20.4	25.0
	三级 51~60 毫米	14.0	15.4	19.0	16.0	20.0
	四级 45~50 毫米	10.0	11.0	13.0	11.6	14.0

（续）

品名	规格	收购价	产地		城关、五里街	
			批发价	零售价	批发价	零售价
橙柑	一级 70 毫米以上	20.0	22.0	26.0	22.6	27.0
	二级 61～70 毫米	16.0	17.6	21.0	18.2	22.0
	三级 51～60 毫米	13.0	14.3	17.0	14.9	18.0
	四级 45～50 毫米	9.5	10.5	13.0	11.1	14.0

1965 年，为促进柑橘生产的迅速恢复和发展，福建省物价委员会决定，1965—1966 生产年度柑橘收购价，在保持上年度不动的基础上，每 50 千克平均增加价外补贴 4.0 元（一级 6.0 元，二级 4.0 元，三级 2.5 元，四级 1.5 元）。永春县物价委员会《关于一九六六年柑橘收购价格和奖售标准的通知》（［66］永物价字第 076 号），1966 年永春柑橘收购价格与上年（1965 年）相同，见表 11-6。

表 11-6 1965—1966 年柑橘收购和价外补贴价

单位：元/50 千克

品名		硬芦		冇芦		印柑		橙柑		蕉柑		红橘		雪柑、福橘	
等级		收价	补价	收价	补价	收价	补价	收价	补价	收价	补价	收价	补价	收价	补价
外销	一等	22.0	6.0	19.0	6.0	21.0	6.0	20.0	6.0	21.0	6.0	19.0	6.0	19.5	6.5
	二等	19.0	4.0	16.0	4.0	18.0	4.0	16.0	4.0	18.0	4.0	17.0	4.0	17.5	4.5
内销	三等	15.0	2.5	13.0	2.5	15.0	2.5	13.0	2.5	14.0	2.5	13.0	2.5	14.0	2.8
	四等	11.0	1.5	9.5	1.5	10.0	1.5	9.5	1.5	10.0	1.5	9.5	1.5	9.5	1.0

永春县贸易管理站革命委员会《关于一九七〇年柑橘销售价格的通知》（［70］永贸革生字第 060 号），柑橘购销价格见表 11-7。

表 11-7 1970 年柑橘购销价格表

单位：元/50 千克

品种	一等			二等			三等			四等		
	收购价	调拨价	零售价	收购价	调拨价	零售价	收购价	调拨价	零售价	收购价	调拨价	零售价
硬芦	22.0	24.97	28.0	19.0	21.67	25.0	15.0	17.27	20.0	11.0	12.87	14.0
冇芦	19.0	21.67	25.0	16.0	18.37	21.0	13.0	15.07	17.0	9.5	11.22	14.0
印柑	21.0	23.87	28.0	18.0	20.57	24.0	15.0	17.27	20.0	10.0	11.77	14.0
橙柑	20.0	22.77	26.0	16.0	18.37	21.0	15.0	17.07	17.0	9.5	11.22	14.0
红柑	19.0	21.67	25.0	17.0	19.47	22.0	13.0	15.07	17.0	9.5	11.22	14.0
蕉柑	21.0	23.87	28.0	18.0	20.57	24.0	14.0	16.17	19.0	10.0	11.77	14.0

永春县革命委员会生产指挥组《关于调整部分柑橘购销价格的通知》（永革产发［1974］172 号），调整后的柑橘收购价格见表 11-8。

表 11 - 8　1974 年柑橘收购价格表

单位：元/50 千克

等级	硬芦、印柑	雪柑、福橘、无核蜜橘	蕉柑、冇芦、橙柑、红柑	温州有核蜜橘	早、椪橘	本地早、南丰蜜橘
一级	23.0	22.0	21.0	17.0	17.0	19.0
二级	20.5	20.0	18.0	14.0	14.0	17.0
三级	16.5	16.0	14.0	10.0	10.0	13.0
四级	12.0	11.0	10.0	9.5		

永春县计划委员会、永春县供销合作社《关于调整柑橘购、销价格的通知》（［78］永计发字第 061 号、［78］永供业字第 155 号），对永春县柑橘购销价格进行调整，调整后价格见表 11 - 9。

表 11 - 9　1978 年柑橘购销价格表

单位：元/50 千克

品种	等级	产地统一收购价	产地收购点调拨价	产地城关		产地收购点零售价	说明
				批发价	零售价		
硬芦印柑	一级	26.00	28.08	30.90	35.00	34.00	
	二级	24.00	25.92	28.60	32.00	31.00	
	三级	21.00	22.68	25.20	28.00	27.00	
	四级	16.00	17.28	19.40	22.00	21.00	
福橘雪柑	一级	25.00	27.00	29.80	33.00	32.00	
	二级	23.00	24.84	27.60	31.00	30.00	
	三级	20.00	21.60	24.00	27.00	26.00	
	四级	15.00	16.20	18.30	21.00	20.00	
无核蜜橘冇芦、橙柑蕉柑南丰蜜橘	一级	24.00	25.92	28.60	32.00	31.00	产地收购点调拨，如经初选包装在仓库交货的，可按城关批发价作价
	二级	22.00	23.76	26.30	30.00	29.00	
	三级	19.00	20.52	22.90	26.00	25.00	
	四级	14.00	15.12	17.10	19.00	18.00	
有核蜜橘红橘本地早	一级	21.00	22.68	25.20	28.00	27.00	
	二级	19.00	20.52	22.90	26.00	25.00	
	三级	16.00	17.28	19.40	22.00	21.00	
	四级	11.00	11.88	13.70	15.00	14.00	
早橘椪橘黄岩蜜橘	一级	19.00	20.52	22.90	26.00	25.00	
	二级	17.00	18.36	20.60	23.00	22.00	
	三级	14.00	15.12	17.10	19.00	18.00	

此后，1979—1983 年柑橘仍实行国家统一定价派购期间，芦柑等多数柑橘品种收购价格稳定，仅少量品种收购价格有所变动。1980 年 10 月，永春县供销合作社《关于调整部分柑橘购销价格的通知》（［80］永供业字第 139 号），雪柑收购价格提高至与硬芦柑同

价，一级每 50 千克 26 元，二级 24 元，三级 21 元，四级 16 元，其他品种收购价格按原规定不变。1983 年 10 月，永春县物价委员会、供销合作社《关于调整柑橘价格的通知》（永供业字［83］第 141 号），蕉柑收购价格一级提高至每 50 千克 26 元、二级 24 元、三级 21 元、四级 16 元，与硬芦柑同价。温州蜜柑收购价格调整为一级每 50 千克 21 元、二级 19 元、三级 16 元、四级 11 元，此前温州蜜柑均按早橘收购，1983 年按此规定收购。其余品种收购价格不变。

20 世纪 70 年代后期，供销部门开始实行柑橘收购和销售季节差价政策。永春县计划委员会、永春县供销合作社《关于调整柑橘购、销价格的通知》（［78］永计发字第 061 号、［78］永供业字第 155 号），收购季节差价分三期调整，第一期 1979 年 1 月 15 日，第二期 2 月 15 日，第三期 3 月 15 日，每期每 50 千克芦柑、橘类收购加价 2.5 元，蕉柑、橙柑加价 2 元收购。永春县供销合作社《关于调整部分柑橘购销价格的通知》（［80］永供业字第 139 号），实行销售季节差价，1981 年 1 月 15 日为第一期，按基期加价 10%，第二期 2 月 1 日，按基期加价 20%。永春县物价委员会、供销合作社《关于调整柑橘价格的通知》（永供业字［83］第 141 号），硬芦柑销售季节差价见表 11-10。

表 11-10　1983 年产季硬芦柑产区（城关）销售季节差价表

单位：元/50 千克

等级	基期零售价	第一次调价 （1983 年 12 月 21 日起至春节前 16 天）		第二次调价 （春节前 15 天起）	
		批发价	零售价	批发价	零售价
一级	35.0	35.7	40.0	41.0	46.0
二级	32.0	33.0	37.0	37.5	42.0
三级	28.0	28.6	32.0	32.0	36.0
四级	22.0	22.3	25.0	25.8	29.0

综合以上及其他相关资料，1957—1983 年芦柑列为国家统一收购和派购产品期间收购价格见表 11-11。

表 11-11　1957—1983 年芦柑收购价格

单位：元/50 千克

年　份	一级果	二级果	三级果	四级果	备　注
1957—1959	—	12.4	—	—	
1960—1962	19.0	16.0	13.0	9.3	1965—1966 年每 50 千克增加价外补贴一级 6.0 元，二级 4.0 元，三级 2.5 元，四级 1.5 元
1963—1973	22.0	19.0	15.0	11.0	
1974—1977	23.0	20.5	16.5	12.0	
1978—1983	26.0	24.0	21.0	16.0	

2. 奖售政策　1999 年 9 月出版的《福建省志　物价志》记述，对国家计划收购（派

购）的柑橘，除按规定价格收购外，实行奖售办法。1962 年开始奖售，1968 年停止奖售，1974 年又恢复奖售；1984 年柑橘实行议价收购后，取消奖售。1962 年的奖售标准：以每交售芦柑金额 100 元为标准，奖售化肥 60 千克，饼肥 37.5 千克。1964 年奖售标准改为：每收购 50 千克柑橘平均奖售化肥 10 千克、原粮 1.5 千克、棉布 1 米。1965 年奖售标准：每收购 50 千克柑橘，奖售化肥 10 千克、棉布 1 米、原粮 90 千克。1967 年，奖售标准除取消奖棉布 1 米外，其余保持原奖售标准。1974—1983 年，每收购 50 千克芦柑奖售化肥：一等 8 千克，二等 7 千克，三等 5.5 千克。

永春县物价委员会《关于一九六六年柑橘收购价格和奖售标准的通知》（［66］永物价字第 076 号），1966 年永春柑橘收购奖售标准与上年（1965 年）相同，见表 11 - 12。

表 11 - 12　1965—1966 年柑橘收购奖售标准

单位：千克/50 千克、米/50 千克

品名	规格	化肥	布票	原粮	品名	规格	化肥	布票	原粮
硬芦	一等	17.0	1.83	100	其他品种	一等	13.0	1.33	75
	二等	14.0	1.33	95		二等	10.5	1.00	70
	三等	12.0	1.00	90		三等	8.5	0.83	65
	四等	5.0	0.50	80		四等	3.5	0.33	50

永春县人武部农业生产领导小组《关于一九六七年收购柑橘奖售标准的通知》（［67］永武财字第 056 号），对社、队收购的柑橘每 50 千克奖售氮肥 10 千克，原粮 90 千克；国营果林农场收购的柑橘每 50 千克平均只奖售氮肥 10 千克不奖粮。

（二）议价购销时期的购销价格

1984 年国家取消柑橘二类农产品派购政策，实行议价购销。根据永春县物价部门调查，1984—1995 年永春芦柑产地收购平均价格见表 11 - 13。1996 年永春县柑橘同业公会成立后，每年均对永春芦柑销售价格进行调查，1996—2015 年调查统计的永春芦柑产地平均价格见表 11 - 14。

表 11 - 13　1984—1995 年永春芦柑产地收购价格

单位：元/50 千克

年份	采收时鲜果价格	贮藏保鲜后价格	年份	采收时鲜果价格	贮藏保鲜后价格
1984	33	—	1990	60	80
1985	65	—	1991	65	70
1986	75	—	1992	50	60
1987	75	—	1993	50	90
1988	75	—	1994	80	95
1989	75	—	1995	75	130

注：数据来源于《永春物价志》（北京：民主与建设出版社，2004 年）。

表 11 - 14　1996—2015 年永春芦柑产地价格

单位：元/50 千克

年份	价格	年份	价格	年份	价格	年份	价格	年份	价格
1996	69	2000	72	2004	71	2008	79	2012	152
1997	75	2001	79	2005	122	2009	106	2013	168
1998	99	2002	63	2006	128	2010	140	2014	190
1999	53	2003	77	2007	116	2011	98	2015	180

注：永春县柑橘同业公会调查数据，1996—2004 年为产地收购价格，2005—2015 年为产地销售价格。

三、营销机构与营销队伍

在柑橘列为统一收购和派购商品时期，永春柑橘经营业务主要由国营商业和供销合作社交替分工经营。1956 年设国营食品杂货公司，经营干鲜果菜等业务，1958 年并入副食品经理部。1968 年等一些年份柑橘统一由县外贸部门收购安排，或县外贸部门参与部分收购任务。1977 年果、菜业务划归供销社。1978 年后，归县果品食杂公司主营。

1984 年 7 月，柑橘市场放开，实行议价收购，多渠道经营。柑橘市场放开初期，国营果品食杂公司仍发挥重要作用，一些个体经营者、果农开始参与营销。当时全国柑橘市场供不应求，价格涨幅较大，一些经营者通过果品贮藏调节销季，经营效益良好。20 世纪 80 年代后期开始，随着生产快速发展，受消费水平及贮运条件限制，一些丰收年份，出现全国性柑橘价格下跌滞销，无人问津；一些果农被迫自行组织运销，虽多数效益低微甚至亏损，但许多果农由此从果园走向市场。20 世纪 90 年代以后，果农及营销专业户在柑橘营销过程中，逐步走向专业化，成立公司，建立品牌，成为芦柑营销的主力军。1996 年 10 月，永春县柑橘同业公会成立，拥有会员 55 名。2015 年 10 月 10 日，永春县柑橘同业公会召开第五届会员大会，450 名会员出席大会。

20 世纪 80～90 年代，从事永春柑橘营销的公司、人员众多，柑橘市场供应、价格波动较大，经营效益较不稳定。90 年代后期以后，柑橘营销逐步向专业公司、大户集中，从事柑橘营销的公司、人员有所减少，柑橘营销趋于专业化经营，效益较为稳定。

四、出口管理

在柑橘列为国家统一收购和派购商品时期，芦柑由国营外贸公司组织出口。1984 年实行议价收购后，市场经营逐步开放，经营企业开始多元。永春芦柑出口量逐年增多，1994 年 11 月泉州出入境检验检疫局设立永春办事处，极大地方便和促进了永春芦柑出口。1994 年，全县有芦柑出口企业 8 家、加工点 20 多个；1997 年出口企业 25 家、加工点 80 多个。1998 年按闽检综〔1998〕116 号文规定，对出口企业实行登记备案制度。2004 年 10 月 29 日，国家质量监督检验检疫总局与泰国农业与合作部签署了《中国水果输泰检验检疫条件的议定书》，明确自 2005 年 9 月 30 日起，输往泰国的柑橘，应符合议定书要求。至 2007 年 4 月，全县有 4 家公司 6 个果园 1 000 亩通过输泰水果果园和加工厂备案，有 10 家公司 16 个果园 3 410 亩通过输欧盟水果果园和加工厂备案。

2006 年 12 月 25 日，国家质量监督检验检疫总局发布第 91 号令，公布于 2006 年 11

月 27 日通过的《出境水果检验检疫监督管理办法》，自 2007 年 2 月 1 日起施行。对水果出境果园和包装厂的注册登记、监督管理和检验检疫等作出规定。2007 年 8 月 20 日，国家质量监督检验检疫总局又印发《关于进一步加强进出境水果检验检疫工作的通知》（国质检动函［2007］699 号），规定自 2007 年 11 月 1 日开始，不得接受来自非注册果园和包装厂的水果出口报检。2007 年，永春县有 26 家出口公司申请 71 个芦柑果园 52 528 亩，1 个脐橙果园、2 个蜜柚果园 850 亩及 68 个包装厂计 95 350 平方米获注册登记，在国家质量监督检验检疫总局网站对外公布。2014 年 8 月 1 日，由出入境检验检疫部门注册登记公布发证，全县有 29 个芦柑果园 32 226 亩获出境果园注册登记，有 27 家柑橘包装厂获出境水果包装厂注册登记。

第四节　税费政策

一、农林特产税

（一）1954—1982 年征收概况

1954 年，福建省人民政府颁发《福建省农林特产农业税暂行办法》，把特产税从农业税中分离出来，独立征收。水果税率按 15% 计征，但对种在非耕地（4～6 折）或农地（7～9 折）的给予按实收入打折优待，对利用坡、荒、隙地培植或新垦辟种（养）的特产免税 2～5 年。

1963 年，永春县人民委员会印发《关于农林特产税征收工作移交财政局办理的通知》（［63］永财税字第 0122 号），根据省财政厅《关于特产税征收工作移交财政局办理的通知》（［63］财税字第 7005 号）的精神，决定原由税务局征收的农林特产税工作移交给财政局办理，并确定从该年五月一日起正式办理移交。

1965 年，永春县人民委员会印发《县人委关于修改特产税征收办法的暂行规定》（［65］永财字第 276 号）：根据省人委《关于特产税若干政策问题的暂行规定》（［65］省财字第 643 号）通知精神，水果停征特产税，改征农业税；除柑橘已规定免税外，其余税率由 15% 降为 12% 计征，按实产出打六折计算征收，不论种植何种土地均应征收。天马山果树试验站当年资料显示，1967 年度该场柑橘产量 12.8 吨，当年仅缴纳其他水果特产税 88.92 元，柑橘免税。

1970 年 8 月，永春县革命委员会转发福建省革委会生产指挥部《关于柑橘恢复征收特产税和茶叶、水果恢复征收地方附加的通知》（闽革产［1970］280 号文），柑橘恢复征收特产税，计税价格按实产量打六折，税率按 12% 征收，柑橘特产税的征收由税务部门负责；茶叶、水果恢复征收地方附加，为正税的 15%，由农业税征收部门负责征收。

1975 年 3 月，永春县革命委员会印发《关于茶叶、水果特产税征收问题的通知》（永革发［1975］027 号），柑橘特产税按原规定不变，仍由税务部门征收。天马山果树试验站资料显示，1976 年全场柑橘产量 332.4 吨，按实产量打六折后计税总值 74 107.7 元，税率 12%，缴纳柑橘特产税 8 892.92 元。1979 年天马柑橘场全场产量 604.6 吨，按实产量打六折后计税总值 111 834 元，税率 12%，缴纳柑橘特产税 13 420 元。

在此时期，多数柑橘园归国营、公社、大队或生产队集体所有，产品多由供销部门统一收购销售，柑橘特产税一般在产季结束后，由税务部门根据实际销售情况按规定征收，由生产单位缴纳。

（二）1983—2003 年征收概况

1. 征收年限　1982 年 2 月，福建省人民政府修订颁发《福建省农林特产税征收规定》（闽政〔1982〕17 号），农林特产税由财政部门负责征收。永春县从 1983 年开始按新的规定征收柑橘特产税，至 2003 年 10 月，福建省委、省政府印发《中共福建省委、福建省人民政府关于全面开展农村税费改革试点工作的通知》（闽委〔2003〕40 号），全省取消除烟叶及原木收购环节的特产税之外的其他特产税，不再改征农业税。2003 年产季前期永春县仍征收柑橘特产税，后期停止征收；2004 年产季开始全部停止征收柑橘特产税。

2. 征收税率　1983—2003 年征收柑橘特产税的税率不同年份有所变化。1982 年 2 月，福建省人民政府印发《福建省农林特产税征收规定》（闽政〔1982〕17 号），柑橘特产税率为 5％。1987 年 3 月，永春县人民政府《关于加强农林特产税征收管理工作的通知》（永政〔1987〕120 号），根据福建省人民政府印发的《关于〈福建省农林特产税征收规定〉的补充通知》（闽政〔86〕综字 224 号），柑橘特产税率调整为 6％。1989 年 4 月，福建省人民政府印发《福建省人民政府贯彻国务院关于进一步做好农林特产农业税征收工作的通知》（闽政〔1989〕20 号），规定福建省柑橘特产税率为 16％。1993 年 6 月，永春县财政局印发《关于调整农林特产税率的通知》（永财税〔93〕064 号），根据福建省政府闽政〔1993〕综 144 号、福建省财政厅闽财农税〔1993〕021 号文件关于调整农林特产税率有关规定，柑橘特产税率调整为 12％，地方附加 1.2％，实征税率 13.2％，按应征税额减三分之一征收，从 1993 年 7 月 1 日起执行，至 2004 年结束柑橘特产税征收均执行此税率。

3. 计税价格　柑橘特产税计税价格历年也有所变化。1989 年 11 月，永春县财政局印发《转发市财政局关于统一柑橘特产税计税价格的紧急通知》（永财农〔1989〕093 号），当年全市柑橘特产税计税价格为 40 元/50 千克；若售价 40 元/50 千克以上的按 40 元计征，40 元以下的可按实际价格计征。1990 年 9 月，永春县人民政府印发《关于统一柑橘特产税计税价格的通知》（永政〔1990〕494 号），全县柑橘计税价格最低 20 元/50 千克，最高 30 元/50 千克。1991 年 3 月，永春县人民政府印发《关于下达 1991 年农林特产税征收任务及有关问题的通知》（永政〔1991〕154 号），柑橘计税价格最低 20 元/50 千克，最高 30 元/50 千克。1992 年 3 月，永春县人民政府印发《关于加强 1992 年农林特产税征收管理工作的通知》（永政〔1992〕040 号），柑橘计税价格 20 元/50 千克。1996 年 10 月，永春县财政局印发《关于调整柑橘特产税计税价格的通知》（永财农税〔1996〕183 号），决定从 1996 年 10 月 30 日起，柑橘最低计税价格为 30 元/50 千克，税率 13.2％，柑橘特产税额为 3.96 元/50 千克。对有意偷漏柑橘特产税的单位和个人，查补的计税价格按 60 元/50 千克计算，柑橘特产税额为 7.92 元/50 千克。2000—2003 年永春县执行柑橘特产税率 13.2％，计税价格 35 元/50 千克，征税金额 4.62 元/50 千克。

4. 征收管理　柑橘特产税征收办法采取源头控制定产定税征收和市场征收、收购部门代征相结合。定产定税的根据果园近年实际产量与当年生产情况估产确定，采取三年一定或一年一定。上市外运的柑橘产品必须先报交税后销售，税据随货同行；未报交税先销售者，如经检查发现，一律补交特产税，并视情节予以相应处罚。

多数年份，永春县政府把农林特产税征收任务数下达各乡镇，1987 年全县下达征收任务 35 万元、1988 年 40 万元、1989 年 45 万元、1990 年 94.5 万元、1991 年 129.4 万元。永春县人民政府《关于下达 1987 年至 1989 年农林特产税征收任务及有关问题的通知》（永政〔1987〕121 号）规定，征收税额县与乡镇分成比例为任务内 8∶2，县得 80％，乡镇得 20％；超任务税额分成比例 3∶7，县得 30％，乡镇得 70％。永春县人民政府《关于下达 1990 年农林特产税征收任务及有关问题的通知》（永政〔1990〕127 号），提出乡镇可根据税源分布情况把征收任务下达包干到村，由村把任务落实到村民组、户，乡镇付给村 1％至 1.5％的征收费用，由村负责征收上缴，并与村实行超收分成，县、乡、村分成比例 3∶3∶4。

在此时期，由于柑橘个体种植比例不断提高，国有、集体果园多数采取承包经营，柑橘产品市场议价销售，柑橘特产税多数在流通环节由营销商缴纳。

5. 征收税额 1983—2003 年全县农林特产税及 2000—2003 年全县柑橘特产税征收情况见表 11 - 15。柑橘特产税是农林特产税的主要来源，2000—2003 年柑橘特产税占全县农林特产税的 77％。

表 11 - 15　1983—2003 年永春县农林特产税征收情况

年份	农林特产税（万元）	柑橘特产税（万元）	柑橘特产税占农林特产税比例（％）	年份	农林特产税（万元）	柑橘特产税（万元）	柑橘特产税占农林特产税比例（％）
1983	15.9	—	—	1994	778	—	—
1984	6.0	—	—	1995	1 017	—	—
1985	19.8	—	—	1996	1 142	—	—
1986	21.4	—	—	1997	1 381	—	—
1987	56.6	—	—	1998	1 520	—	—
1988	104.6	—	—	1999	1 566	—	—
1989	101.5	—	—	2000	1 567	1 228	78.4
1990	126.2	—	—	2001	1 884	1 485	78.8
1991	177.0	—	—	2002	1 827	1 269	69.5
1992	237.5	—	—	2003	1 337	1 087	81.3
1993	312.6	—	—	合计	15 198		

二、柑橘生产改进费

1995 年 2 月出版的《福建省志　供销合作社志》记述，1964 年起由供销社按柑橘收购价提取 1％作为改进费，用于发展柑橘生产或改进生产技术，引进新品种；其后因机构移接业务变动，曾一度中断。1975 年 8 月 29 日，福建省革命委员会农业局、福建省革命委员会商业局联合发文《关于恢复提取柑橘生产改进费的通知》（闽革农字〔75〕第 86 号、〔75〕闽商食字第 56 号），从 1975 年开始恢复提取柑橘生产改进费。柑橘生产改进费的收缴办法，仍按 1964 年原定办法执行，由县收购经营单位负责在柑橘收购季节结束后，按收购数量的总金额提取 1%的金额计入进货成本，作为柑橘生产改进费，市场销售价不动。提取的改进费由县公司逐级汇缴省食品公司后，统一拨交省农业局管理，经省农商两局共同研究安排使用。从 1975 年起到 1980 年止，全省共提取改进费 23 万元，分别由农业部门（占 60%）和供销社（占 40%）掌握使用。

1989 年 3 月 22 日，福建省农业厅印发《关于收取麻类、柑橘生产技术改进费的通知》（［89］闽农经字第 095 号），征收费率柑橘为 1%，按收购价提取。由各县农业（经作）部门委托有关单位（包括生产者）代收，亦可直接向收购者收取。收取的改进费，省、地、县按 1：2：7 比例分配，专款专用，只能用于柑橘引进良种、良种鉴评、繁育、示范、培训等技术改进工作。

第五节　生产效益与社会效益

一、生产效益

（一）生产效益概况

永春山地芦柑种植，一般投资期 3 年，第 3～4 年开始投产，第 4～5 年当年收支平衡或略有盈利，第 7～8 年可收回投资。一般盛产期果园亩产 2 500～3 000 千克，20 世纪 80 年代中期至 21 世纪初期多数年份产值 4 000～6 000 元/亩，扣除直接生产成本后，毛利润 2 000～3 000 元/亩，利润率 40%～60%。2010 年后，芦柑产值和生产成本均显著提高，2014—2015 年对一些芦柑丰产园的调查，平均每亩产值达 10 000 元以上，平均每亩直接生产成本 6 000 多元。种植效益受市场价格和经营水平影响较大，一些价格低的年份，果农利润较低甚至亏损。

（二）生产效益调查资料

1. 1984—2003 年县物价部门芦柑生产效益调查　2004 年 5 月出版的《永春物价志》记载，1984—2003 年期间一些年份县物价局开展永春芦柑生产效益定点调查，结果见表 11 - 16。

表 11 - 16　永春芦柑生产效益调查表

调查年份	每亩产量（千克）	每亩产值（元）	平均售价（元/50 千克）	生产成本（元/亩）				税金（元/亩）	减税纯收益（元/亩）
				物质费用	用工作价	期间费用	合计		
1984	1 575.0	1 175.0	37.3	240.2	199.5	—	439.7	84.6	650.7
1985	887.3	1 189.2	67.0	242.6	130.1	—	372.7	83.3	733.2
1986	967.6	1 209.6	62.5	265.6	141.8	—	407.4	88.5	713.7
1987	1 448.7	1 634.2	56.4	387.8	265.4	—	653.2	86.9	894.1
1988	1 546.0	2 087.8	67.5	451.9	299.4	—	751.3	92.8	1 243.7
1989	1 616.0	1 809.9	56.0	705.6	252.9	—	958.5	285.6	565.8
1990	898.5	1 024.3	57.0	724.7	276.6	—	1 001.3	161.0	−138.0
1991	1 186.5	1 230.0	51.8	761.5	287.7	—	1 049.2	84.8	96.0

（续）

调查 年份	每亩产量 （千克）	每亩产值 （元）	平均售价 （元/50千克）	生产成本（元/亩）				税金 （元/亩）	减税纯收益 （元/亩）
				物质 费用	用工 作价	期间 费用	合计		
1992	1 017.0	1 179.7	58.0	730.0	297.9	—	1 027.9	77.1	74.7
1997	1 709.0	2 324.2	68.0	955.7	873.3	—	1 829.0	189.5	305.7
1998	2 106.0	3 159.0	75.0	1 131.0	926.1	544.0	2 601.1	168.5	389.4
1999	3 666.6	5 036.7	68.7	1 815.0	825.0	605.0	3 245.0	390.1	1 401.6
2001	3 595.5	4 572.5	63.6	1 721.6	946.8	767.0	3 435.4	373.9	763.2
2002	4 609.9	5 781.3	62.7	1 333.4	1 134.4	755.5	3 223.3	381.7	2 176.3
2003	4 235.0	5 876.1	69.4	1 064.5	1 016.3	649.3	2 730.1	—	3 146.0

2. 1997—1999 年永春芦柑丰产园生产效益 1997—1999 年实施海峡两岸永春芦柑生产技术综合改进合作项目，玉斗寨坪柑橘场和县柑橘良种场示范果园生产效益见表 11-17。示范园平均亩产 3 072 千克，亩产值 5 524 元，平均售价 1.8 元/千克，每亩直接生产成本 2 038 元，亩利润 3 487 元，二个示范果园平均利润率 60.2%。每 50 千克产量直接生产成本 35.5 元，柑橘良种场生产成本中肥料占 39.2%、农药 11.0%、工资 14.0%、采收贮藏 32.8%、其他费用 3.0%。

表 11-17　1997—1999 年永春芦柑丰产园生产效益调查表

年份	果园名称	果园 面积 （亩）	亩产量 （千克）	亩产值 （元）	生产成本（元/亩）						50千克 产量成本 （元）	亩利润 （元）	利润率 （%）
					肥料	农药	工资	采收 贮藏	其他	合计			
1997	玉斗寨坪柑橘场	30	1 933	3 267	—	—	—	—	—	2 367	61.2	900	27.5
	柑橘良种场	10	3 600	6 451	679	215	212	648	50	1 804	25.1	4 647	72.0
1998	玉斗寨坪柑橘园	30	3 167	7 333	—	—	—	—	—	2 290	36.2	5 043	68.8
	柑橘良种场	10	2 150	3 919	649	163	235	387	50	1 484	34.5	2 435	62.1
1999	玉斗寨坪柑橘园	30	4 333	6 456	—	—	—	—	—	2 637	30.4	3 819	59.2
	柑橘良种场	10	3 250	5 720	603	164	242	585	50	1 644	25.3	4 076	71.3
1997—1999 年平均			3 072	5 524	644	181	230	540	50	2 038	35.5	3 487	60.2

注：生产成本为直接生产成本，工资费用未包括果园主人用工工资，采收贮藏包括工资、材料等费用；其他费用指燃油、机械维修等费用。

3. 2003—2005 年永春芦柑丰产园生产效益 2003—2005 年永春县农技站承担福建省科技厅"芦柑绿色食品标准研究及示范基地建设"项目，对示范基地天马柑橘场五个示范户芦柑生产效益进行记载，结果见表 11-18。示范果园 128 亩，平均亩产 3 528 千克，亩产值 5 416 元，平均售价 1.54 元/千克，每亩直接生产成本 2 670 元，亩利润 2 746 元，五个示范户平均利润率 50.6%。50 千克产量生产成本 39.2 元，生产成本中肥料占 32.0%、农药 23.3%、工资 12.1%、采收贮藏 27.3%、其他费用 5.3%。

表 11 - 18　2003—2005 年永春芦柑丰产园生产效益调查表

| 年份 | 户主姓名 | 果园面积（亩） | 亩产量（千克） | 亩产值（元） | 亩成本（元） | | | | | | 50千克产量成本（元） | 亩利润（元） | 利润率（元） |
					肥料	农药	工资	采收贮藏	其他	合计			
2003	姚文进	14	4 357	6 536	1 000	714	429	929	71	3 143	36.1	3 393	51.9
	李华珍	36	3 472	5 208	778	639	417	639	333	2 806	40.4	2 402	46.1
	林文强	15	4 000	6 000	1 000	700	233	800	200	2 933	36.7	3 067	51.1
	张佐帜	18	3 417	4 783	1 000	717	222	667	111	2 717	39.8	2 066	43.2
	郑东发	45	3 444	4 960	747	656	333	711	111	2 558	37.1	2 402	48.4
	平均		3 738	5 497	905	685	327	749	165	2 831	38.0	2 666	48.1
2004	姚文进	14	5 179	7 250	1 036	786	436	1 071	71	3 400	32.8	3 850	53.1
	李华珍	36	4 097	5 736	861	597	383	694	333	2 868	35.0	2 868	50.0
	林文强	15	4 833	6 573	987	733	213	1 000	200	3 133	32.4	3 440	52.3
	张佐帜	18	4 194	5 453	972	656	233	894	111	2 866	34.2	2 587	47.4
	郑东发	45	4 000	5 600	793	700	356	822	111	2 782	34.8	2 818	50.3
	平均		4 461	6 122	930	694	324	896	165	3 009	33.8	3 113	50.6
2005	姚文进	14	2 250	4 500	929	643	357	543	71	2 543	56.5	1 957	43.5
	李华珍	36	2 792	5 583	917	528	389	667	36	2 537	45.4	3 046	54.6
	林文强	15	2 167	4 333	833	600	333	500	200	2 466	56.9	1 867	43.1
	张佐帜	18	2 278	4 328	417	278	111	544	56	1 406	30.9	2 922	67.5
	郑东发	45	2 444	4 400	556	400	378	444	111	1 889	38.6	2 511	57.1
	平均		2 386	4 629	730	490	314	540	95	2 169	45.7	2 461	53.2
2003—2005 年平均			3 528	5 416	855	623	322	728	142	2 670	39.2	2 746	50.6

注：生产成本为直接生产成本，工资费用未包括果园主人用工工资，采收贮藏包括工资、材料等费用；其他费用指燃油、机械维修等费用。

4. 2007 年永春芦柑丰产园生产效益　2008 年 8 月，永春县农业局陈跃飞等开展 2007 年度芦柑生产效益调查。调查对象为成年丰产芦柑果园，共调查 24 片果园，总面积 686.5 亩，结果见表 11 - 19。调查果园平均亩产 3 027 千克，亩产值 6 127 元，平均售价 2.02 元/千克，平均每亩直接生产成本 3 138 元，亩利润 2 989 元，24 片果园平均利润率 47.6%。50 千克产量生产成本 51.8 元。生产成本中肥料占 36.5%、农药 24.0%、工资 9.3%、采收贮藏 28.1%、其他费用 2.1%。

表 11 - 19　2007 年永春芦柑丰产园生产效益调查表

| 果园编号 | 果园地址 | 面积（亩） | 亩产量（千克） | 亩产值（元） | 亩成本（元） | | | | | | 50千克产量成本（元） | 亩利润（元） | 利润率（元） |
					肥料	农药	工资	采收贮藏	其他	合计			
001	桃城外坵	7	3 429	7 000	1 071	786	329	900	200	3 286	47.9	3 714	53.1
002	桃城外坵	31	3 548	7 097	968	806	316	1 032	103	3 226	45.5	3 871	54.5

（续）

果园编号	果园地址	面积（亩）	亩产量（千克）	亩产值（元）	亩成本（元）						50千克产量成本（元）	亩利润（元）	利润率（元）
					肥料	农药	工资	采收贮藏	其他	合计			
003	桃城外坵	20	2 125	3 750	375	375	110	650	90	1 600	37.6	2 150	57.3
004	桃城洋上	10	3 000	5 900	1 200	500	240	600	60	2 600	43.3	3 300	55.9
005	桃城洋上	10	3 100	5 000	500	700	100	630	70	2 000	32.3	3 000	60.0
006	桃城洋上	4	2 250	4 000	700	575	200	550	100	2 125	47.2	1875	46.9
007	桃城卧龙	30	3 333	7 333	1 333	1 000	160	1 200	0	3 693	55.4	3 640	49.6
008	桃城卧龙	55	2 909	5 818	1 455	509	327	927	55	3 273	56.3	2 545	43.7
009	桃城卧龙	18	2 500	5 111	778	561	222	900	38.9	2 500	50.0	2 611	51.1
010	桃城姜莲	12	2 100	3 833	917	667	250	500	83.3	2 416	57.5	1 417	37.0
011	桃城姜莲	10	3 200	6 050	1 200	800	110	1 050	40	3 200	50.0	2 850	47.1
012	桃城姜莲	20	1 375	2 405	625	450	175	275	40	1 565	56.7	840	34.9
013	吾峰吾中	6	2 417	5 000	1 167	500	250	500	83	2 500	51.7	2 500	50.0
014	吾峰吾中	7	3 771	6 143	1 571	1 143	429	1 429	71	4 642	61.6	1 501	24.4
015	吾峰吾中	100	5 000	9 000	2 000	1 750	550	1 500	0	5 800	58.0	3 200	35.6
016	吾峰吾中	8.5	3 235	6 941	1 706	1 176	0	889	118	3 889	60.1	3 052	44.0
017	吾峰吾中	30	3 333	8 333	1 667	833	833	1 333	50	4 716	70.8	3 617	43.4
018	吾峰吾西	36	3 750	8 250	1 278	972	222	1 250	28	3 750	50.0	4 500	54.6
019	吾峰吾西	17	2 824	6 176	1 353	846	294	765	47	3 305	58.5	2 871	46.5
020	吾峰吾中	5	4 000	9 300	1 600	400	0	800	100	2 900	36.25	6 400	68.8
021	吾峰吾中	40	2 875	7 619	1 200	855	375	745	75	3 250	56.5	4 369	57.3
022	吾峰择水	50	3 000	4 200	1 100	900	420	900	30	3 350	55.8	850	20.2
023	吾峰吾中	100	2 250	4 450	850	450	430	620	50	2 400	53.3	2050	46.1
024	吾峰吾中	60	3 333	8 333	917	500	633	1 250	33	3 333	50.0	5 000	60.0
	平均		3 027	6 127	1 147	752	291	883	65	3 138	51.8	2 989	47.6

注：生产成本为直接生产成本，工资费用未包括果园主人用工工资，采收贮藏包括工资、材料等费用；其他费用指燃油、机械维修等费用。

5. 2014—2015 年永春芦柑丰产园生产效益　2015 年 11～12 月，永春县农业局陈跃飞对一些芦柑丰产园 2014—2015 年的生产效益开展调查，结果见表 11 - 20。调查果园平均亩产 3 112 千克，亩产值 10 335 元，平均售价 3.32 元/千克，平均每亩直接生产成本 6 301元，亩利润 4 034 元，调查果园平均利润率 37.3％。50 千克产量生产成本 103.2 元。生产成本中肥料占 25.8％、农药 14.9％、工资 21.4％、采收贮藏 36.8％、其他费用 1.1％。

表 11 - 20 2014—2015 年永春芦柑丰产园生产效益调查表

年份	户主姓名	果园面积（亩）	亩产量（千克）	亩产值（元）	亩成本（元）						50千克产量成本（元）	亩利润（元）	利润率（元）
					肥料	农药	工资	采收贮藏	其他	合计			
2014	苦岭柑橘场	100	3 150	14 805	1 600	1 150	1 350	2 186	50	6 336	100.2	8 469	57.2
	金星柑橘场	100	2 500	11 500	1 200	950	1 500	2 000	50	5 700	114.0	5 800	50.4
	下洋大荣柑橘场	12	3 750	12 375	1 000	667	2 000	2 750	0	6 417	85.6	5 958	48.1
	下洋柳坑柑橘场	20	2 000	6 600	1 400	1 250	500	1 400	0	4 550	113.8	2 050	31.1
	外山墘溪柑橘园（1）	15	2 000	5 333	1 333	667	600	1 400	0	4 000	100.0	1 333	25.0
	外山墘溪柑橘园（2）	7	2 143	8 571	1 714	571	1 143	1 714	0	5 143	120.0	3 429	40.0
	碧卿林场柑橘园	10	3 750	12 000	2 000	1 000	2 500	2 800	0	8 300	110.7	3 700	31.3
	湖洋石厝柑橘园	15	4 000	14 333	3 000	667	1 667	2 667	0	8 000	100.0	6 333	44.2
	猛虎柑橘场	8	3 125	10 000	850	1 163	1 063	3 125	875	7 076	113.2	2 924	29.2
	平均		2 935	10 613	1 566	898	1 369	2 227	108	6 169	106.4	4 444	39.6
2015	苦岭柑橘场	100	3 500	12 250	1 600	1 200	1 350	2 310	50	6 510	93.0	5 740	46.9
	金星柑橘场	100	3 250	10 400	1 200	1 000	1 800	2 600	50	6 650	102.3	3 750	36.1
	下洋柳坑柑橘场	20	2 500	7 250	1 500	1 250	1 250	1 250	0	5 250	105.0	2 000	27.6
	外山墘溪柑橘园（1）	15	2 667	8 000	1 333	667	800	2 000	0	4 800	90.0	3 200	40.0
	外山墘溪柑橘园（2）	7	2 857	8 000	1 714	600	1 143	2 286	0	5 743	100.5	2 257	28.2
	湖洋石厝柑橘园	15	5 333	1 4667	3 000	667	1 667	3 333	0	8 667	81.3	6 000	40.9
	猛虎柑橘场	80	2 914	9 832	1 471	1 431	2 088	2 331	90	7 411	127.2	2 421	24.6
	平均		3 289	10 057	1 688	974	1 335	2 409	27	6 433	99.9	3 624	34.9
2014—2015 年平均			3 112	10 335	1 627	936	1 352	2 318	68	6 301	103.2	4 034	37.3

注：生产成本为直接生产成本，工资费用未包括果园主人用工工资，采收贮藏包括工资、材料等费用；其他费用指燃油、机械维修等费用。

二、社会效益

20 世纪 80 年代之前，所建柑橘场多数归公社、大队、生产队集体所有。1988 年的资料显示，全县 100％的乡镇，95％的村集体创办茶果场，共计 360 多个，平均每个村每年从茶果中获取利润 2 万多元，平均每个乡镇每年获取利润 10 万元左右，壮大了集体经济，为巩固基层组织，发展各项事业发挥重要作用。

20 世纪 80 年代至 21 世纪初期，柑橘产业是永春农业生产的第一产业，农民收入的重要来源，为农村建设、社会稳定、保障民生，作出重要贡献。

20 世纪 90 年代中期至 21 世纪初芦柑产业鼎盛时期，全县有 80％以上的农户种植芦柑，涉柑果农 10 多万人。全县柑橘种植面积 15 万多亩，社会产量 35 万～40 万吨。芦柑产业带动运输、纸箱包装、农资销售、劳务服务、果品加工等产业发展，直接与间接产值达 10 多亿元，全县果农、营销商及相关业者从芦柑产业中获得收入 3 亿～5 亿元。

第十二章
机构与队伍

第一节　机　　构

一、行政管理机构

（一）永春县农业局

1952年县政府设农建科，1957年7月改局。1968年5月归农林水站革命委员会；1971年6月改为农林科，9月设农业科；1977年8月改为农业局。柑橘业务除设立县经济作物局期间由经济作物局主管外，其余由农业局主管。

（二）永春县经济作物局

1960年7月县政府成立经济作物局，同年11月撤销。1980年12月25日恢复，主管柑橘等经济作物业务工作，1996年8月县经济作物局并入县农业局。

二、业务部门

（一）技术推广部门

柑橘技术推广、科研工作长期由县农业技术推广站负责。1979年4月，成立永春县经济作物技术推广站、永春县柑橘科学研究所，负责柑橘技术推广与科研工作。2004年6月，撤销永春县经济作物技术推广站和永春县柑橘科学研究所，并入永春县农业技术推广站，加挂"永春县柑橘茶叶科学研究所"牌子，其职能由县农技站负责。此外，县农业局下设的植保植检站、土肥站、农业科学研究所等也具有柑橘生产技术推广、科学试验的职能。乡镇柑橘业务工作，在不同时期分别由乡镇农技站、农业服务中心等负责。

（二）管理服务部门

除业务主管和技术推广部门外，农业标准化、地理标志产品保护等工作由质量技术监督部门主管；市场、商标等由工商部门主管。1994年11月泉州出入境检验检疫局设立永春办事处，负责柑橘出口的检验检疫等工作。

三、学会组织

（一）永春县园艺学会

1979年5月7日，永春县科学技术协会印发《关于恢复和成立农学会、园艺学会、医药卫生学会、畜牧兽医学会及理事会组成人员的名单的通知》（［79］永科协字第003号），成立永春县园艺学会，公布酝酿商定的理事会成员：理事长曾汉英；副理事长叶天培、刘孔永、王天送；秘书长沈仕桢，副秘书长周友智；理事李文港、刘重生、沈德木、陈开波、卢显明、陈金吉、刘金昭。1980年1月30日，永春县园艺学会召开首次年会。1982年5月，园艺学会会员74人。

1983年6月18～19日，永春县园艺学会召开学术交流会并选举新一届理事会。12位会员宣读科技论文，福建省农业科学院果树研究所戴良昭作"山地柑橘红壤改土培肥研究"学术报告。县人大常委会主任王佐党、县长苏中亚、副县长李文港到会致辞祝贺。会议选举产生第二届理事会：名誉理事长李文港，理事长刘孔永；副理事长刘重生、廖成宗、章存厥；秘书长沈仕桢，副秘书长丁度；理事陈金吉、陈开波、刘淑兰、刘金昭、沈德木、刘子军、周友智、黄圣厚、郭松练、孙火炎、陈跃飞。

1991年11月，永春县园艺学会重新登记，产生新的理事会：名誉理事长李文港，理事长陈金仁；副理事长廖成宗、章存厥；秘书长沈仕桢，副秘书长丁度；理事李文港、陈金仁、廖成宗、章存厥、沈仕桢、丁度、陈金吉、陈开波、刘淑兰、刘金昭、沈德木、刘子军、黄圣厚、郭松练、陈跃飞、叶金星；会员36人。

2000年6月2日，永春县科学技术协会《关于永春县园艺学会第五届理事会组成人员的批复》（永科协［2000］10号），同意县园艺学会第五届理事会组成名单：名誉理事长许良景，理事长陈跃飞；副理事长陈炳固、林绍锋；理事黄国良、颜涌泉、周文瀚、李宜针、杨建南、张生才、苏文国。秘书长林绍锋（兼），副秘书长张生才（兼）。

2008年12月22日，永春县园艺学会召开第六届会员大会，重新登记的50名会员参会。县科协、农业局、民政局有关领导到会指导并致辞祝贺。选举产生了县园艺学会第六届理事会：名誉理事长刘国胜，理事长陈跃飞；副理事长林绍锋、周文瀚、肖文生；理事黄国良、颜涌泉、李宜针、杨建南、张生才、郑文才、郑东晖、尤俊杰、陈玉燕、郑振华；秘书长林绍锋（兼），副秘书长张生才（兼）。

2015年12月，园艺学会会员53人。

（二）永春县柑橘研究会

1984年6月22日，县科协召开永春县柑橘研究会成立会议。选举产生了理事会：刘重生任理事长，沈仕桢、陈跃飞任副理事长；李星辉任秘书长，陈炳固任副秘书长。

（三）永春县水果贮藏保鲜研究会

1987年7月24日，在永春第五中学召开永春县水果贮藏保鲜研究会成立会议，选举产生第一届理事会：会长林渊泉，副会长刘正泵，秘书长潘明德，理事颜秀枝、张生才。

1989年3月25日，水果贮藏保鲜研究会第二次会员大会在天马柑橘场召开，开展学术交流活动，增选陈金吉、陈跃飞为副会长。

1991 年 10 月 21 日，水果贮藏保鲜研究会在猛虎柑橘场召开第三次会员大会，开展技术交流活动。

四、柑橘同业公会与营销协会

(一) 永春县柑橘同业公会

1984 年，柑橘由国家派购改为议价销售后，私营、个体营销队伍应运而生。在政府有关部门的指导下，1996 年 10 月成立了永春县柑橘同业公会。首任会长林明招，副会长颜彬耀、刘光淮、陈友军、郑永镇、王文锡，秘书长赵志金，顾问徐再兴。理事 20 名，会员 55 人，会员由永春县柑橘营销与种植户自愿组成。柑橘同业公会为民间性行业自治团体，是政府管理柑橘经营行业的助手，在芦柑产业发展中发挥重要作用。2003 年 12 月，永春县柑橘同业公会被农业部授予"农民专业合作组织先进单位"。2015 年 10 月 10 日，永春县柑橘同业公会召开第五届会员大会，450 名会员出席大会，选举产生第五届理事会，永春聚富果品有限公司经理刘光淮当选会长。

1. 当好政府行业管理助手 一是柑橘同业公会的成立提高了行业组织化程度，通过行业协商自律，促进产业健康有序发展。二是发挥行业组织优势，协助落实政府柑橘发展措施，及时反映产业出现的问题，提出产业发展建议意见，成为政府与农户沟通的桥梁。三是构建产地与销地的市场营销网络，成为果农与市场连接的纽带。四是为柑橘发展提供产前、产中和产后服务，为果农果商带来效益。五是配合政府部门，解决柑橘发展过程中的问题。协助县工商部门设立的"永春县柑橘营销投诉中心"，及时解决营销过程中的纠纷，维护果农和营销商权益，维持良好市场秩序和永春芦柑的声誉。六是配合政府举办永春芦柑客商洽谈会、订货会等活动，引进客商，拓展市场。七是配合县政府做好"永春芦柑地理标志保护产品专用标志"的使用和推广。由县柑橘同业公会申请注册"永春芦柑"证明商标，在全县推广使用，保护永春芦柑品牌。

2. 提供柑橘产销信息服务 及时调查收集产销信息，在芦柑采收前印发年度产销形势分析报告，在销售季节发布市场信息，销季结束后形成年度产销工作总结报告，为政府和果农、果商提供具有参考价值的产销信息。

3. 开展生产管理营销咨询服务 发挥柑橘同业公会人才、经营优势，开展咨询服务。为果农、果商提供生产技术指导，果品包装，火车、汽车、轮船运输，代理出口等产、供、销服务。

4. 关注热点，提供产业服务 关注柑橘产业发展过程中出现的热点问题。及时与交警、路政和工商等部门沟通，促使芦柑绿色运输通道畅通。与中国铁路运输、中国远洋海运等建立长期合作关系，促使运输部门为永春芦柑提供运费优惠与服务方便。

5. 配合金融机构，提供信贷服务 主动与金融机构沟通联系，配合金融机构为永春柑橘产销提供贷款支持，保障生产销售顺畅。2013 年与县邮政银行协商，为公会会员提供 3 人联保最高可贷 20 万和 25 人联保最高可贷 500 万元的贷款支持，办理贷款 3 000 多万元。

6. 注册推广使用"永春芦柑"证明商标 为保护永春芦柑品牌，经县政府同意，由永春县柑橘同业公会申请注册"永春芦柑"证明商标，于 2009 年 2 月 7 日获国家工商总局批准。制定《"永春芦柑"证明商标使用管理细则》，在全县推广使用。2015 年全县有

83 家柑橘企业获准使用"永春芦柑"证明商标。

7. 重视自身品牌建设，树立良好形象 2009 年 11 月，柑橘同业公会申报的芦柑产品被农业部农产品质量安全中心认定为无公害农产品。2009 年 12 月，公会申报的"永春芦柑"被福建省农业厅授予"福建省名牌农产品"称号。2012 年 12 月，公会申报的"永春芦柑"证明商标被福建省工商行政管理局授予"福建省著名商标"。

8. 开展产区交流合作，拓展业务 柑橘产销季节，公会人员到国内外柑橘产销地区考察交流，大量海内外客商到永春开展产地考察，与公会交流座谈，沟通信息，探讨柑橘产销策略。随着永春柑橘业的发展和市场开拓，许多柑橘产区依托永春柑橘出口营销队伍和营销网络组织柑橘出口，永春营销商不断拓展业务，足迹遍及全国柑橘主要产区，为中国柑橘走向世界作出贡献。

（二）吾峰镇农产品营销协会

吾峰镇为永春县柑橘主产乡镇，2007 年全镇柑橘种植面积 8 143 亩，年产 10 761 吨；以芦柑销售为主的营销队伍达 668 人。在当地政府和有关部门的指导下，按照"自愿、民办、民管、民益"的原则，2008 年 6 月登记成立了吾峰镇农产品营销协会，并组建农产品营销协会党支部，拥有会员 70 人。会员均为从事芦柑、枇杷、茶叶等农产品生产营销人员。协会在政府与农户、营销人员之间发挥桥梁纽带作用，促进会员之间的交流合作。通过网络、墙报发布科技、营销信息，印发宣传资料，开展培训交流活动，设立"农产品合同文书咨询服务站"，提供各项咨询服务，以会员拥有的生产基地和创办的芦柑出口加工厂带动芦柑生产销售，有效促进了产业发展。

五、重点柑橘场

（一）国营永春县猛虎柑橘场

1953 年秋，旅居印度尼西亚的著名侨领尤扬祖回乡创办蓬莱猛虎山华侨垦殖场（1960 年更名为福建省永春县达埔猛虎山华侨农场）。1954 年春该场从漳州引进 240 株芦柑种植于鸡屎坑山上，在全县率先开展山地芦柑成片栽培试验。1958 年起，培育的大量柑橘等水果苗木销往漳州、龙岩、长乐、福安、德化、同安等地。1965 年 3 月 16 日，猛虎山华侨农场由福建省农业厅接办，改名为国营永春县猛虎果林场。当年山地面积 1 100 多亩，柑橘 30 亩（1 553 株），产量 4 200 千克，其他水果 100 多亩，油茶 200 亩。1968 年更名为永春县猛虎农场，1978 年 12 月 25 日改名为国营永春县猛虎柑橘场。1979 年，猛虎柑橘场被评为全国农垦系统先进集体，受到国家农垦部表彰。2000—2005 年，全场柑橘种植面积 650 亩，多个年份柑橘产量达 2 000 多吨，平均亩产 3 000～3 500 千克。

猛虎柑橘场重视科学种植与科学试验，开展高产稳产栽培与夏橙种植等试验项目。1981—1984 年全场柑橘总产 3 445 吨，平均年产量 861 吨，平均亩产 3 142 千克，大小年结果幅度由 24％～54％缩小到 13.4％，完成的"柑橘高产稳产栽培"项目获 1983 年度福建省推广应用科技成果奖四等奖。历年来，猛虎柑橘场培育柑橘苗木，培养技术人才，示范应用先进技术，对永春芦柑产业发展发挥重要作用。

（二）永春县北硿华侨茶果场

为安置归国华侨，福建省侨委拨款 4 万多元，于 1954 年 5 月创办永春北硿华侨垦殖场。1955年春从漳州引进新会橙苗木50株，种植于北硿山地上；1957年又种植柑橘100亩。1955年底北硿华侨垦殖场改为高级农业生产合作社，1957年改为永春北硿华侨农场。1960年2月，永春北硿华侨农场与永春茶场合并，改名为福建省永春北硿华侨茶果场。1968年首次实现盈利。其柑橘生产不断发展，成为全县柑橘生产规模最大的农场。

1978年底，全场人口3745人，其中归侨2432人；职工2017人，其中归侨960人。土地总面积23260亩，柑橘面积1193亩，产量797吨。工农业总产值475万，其中农业产值144万元，工副业产值331万元；职工平均年收入633.8元。1990年，全场人口6012人，其中归侨1980人。茶园6102亩，茶叶产量386.4吨。果园4586亩，水果产量1892吨；其中柑橘4044亩，产量1856吨。工农业产值996.6万元。1997年全场柑橘面积4163亩，柑橘产量3080吨。1998年10月北硿华侨茶果场改制，由北硿华侨茶果场及东平镇的东关、溪南、美升、东美、外碧村组建成东关镇。

北硿华侨茶果场是永春县最早种植柑橘的农场之一，1957年2月从福州受聘为北硿华侨垦殖场技术员的叶天培，为永春柑橘科技的开拓者与奠基人。北硿农场种植柑橘早，面积大，技术力量强，开展柑橘高产优质栽培，品种引进，以及柑橘接穗热处理培育无病柑橘苗木等试验研究工作，为永春柑橘发展发挥重要生产示范、人才培训、技术指导的作用。1972年11月，中央新闻电影制片厂曾到农场摄制《柑橘熟了的时候》纪录片。

北硿华侨垦殖场成立后归福建省华侨事务委员会主管；1969年北硿华侨茶果场下放为县属企业，1978年6月收归福建省人民政府侨务办公室主管，1997年1月下放由地方政府管理，1998年10月改制为乡镇建制。

（三）永春县天马柑橘场

1955年11月，华侨邱清秀、郑金案、陈宝生等合资创办天马山华侨垦殖场，其后尤扬祖投入资金，合作经营。1956年春垦殖场引种芦柑、蕉柑10亩，种植于海拔500多米的山地上。1964年，原投资股东申请要求将天马山华侨农场交国家接办，双方协议，除银行存款和库存现金合计4164.19元留给天马山华侨农场作为付息等用外，其余资产28771.5元全部移交国家接收，原股东投资34270元由国家拨款付还。1964年4月1日，由永春县人民委员会农业科与天马山华侨农场董事会完成移交手续。移交时果园227亩，8620株。其中水蜜桃56亩，芙蓉李63亩，山东梨40亩，芦柑、桶柑12亩，文旦柚2亩，白沙枇杷30亩，番石榴10亩，葡萄2亩，柿子2亩，香蕉10亩。同时移交的果树及油茶、棕等苗木133230株，其中桶柑嫁接苗5000株，柑橘实生苗50000株，沙田柚实生苗1000株。

1964年4月1日移交后，天马山华侨垦殖场由福建省农业厅接办，于1964年7月20日改名为永春县天马山果树试验站。1964年全场职工39人，总收入4319元，总支出7348元，亏损3559元，柑橘产量550千克。1972年开始盈利，当年利润9711元。1971年开始通电，结束煤油灯时代，有了电灯照明，广播电视。1973—1977年开通8千米盘山公路，全场各生产队均通汽车。1978年11月28日，永春县天马山果树试验站改名为国营永春县天马柑橘场，当年全场职工64人，总收入23.39万元，纳税15972元，利润60665元；柑橘园298亩，产量407吨。1984年全场柑橘556亩，栽培面积达历年之最。21世纪初期，全场柑橘481亩，多个年份全场柑橘总产1750～2000吨，平均亩产3500～4000千克。2005年6月13日，国营永春县天马柑橘场变更为永春天马柑橘场。

1978年、1979年天马柑橘场二度评为全国农垦系统先进集体，受到国家农垦总局、国家农垦部表彰。1978年，中共晋江地委在永春县召开建设"天马式"茶果基地工作会议，号召所辖各县（市）学习天马柑橘场艰苦创业的精神，开发山区，发展茶果生产，建设商品基地。天马柑橘场在芦柑高产优质栽培、柑橘防腐保鲜技术、绿色食品生产等方面取得许多成果。天马柑橘场第二生产队芦柑多次参加全国、全省芦柑评比获芦柑第一名，为永春芦柑品牌建设、科技进步作出贡献。

（四）永春县柑橘良种场

永春县柑橘良种场于1979年10月创办，地处石鼓镇桃星村，占地326亩，柑橘园220亩。1981—1987年，繁育柑橘实生苗130万株，柑橘嫁接苗40多万株。苗木供应永安、莆田、福州及泉州等地市。1983年建立柑橘品种园4.75亩，引进40多个品种试验种植。该场还开展柑橘种子、接穗热处理培育柑橘无病苗木，不同砧木、柑橘不同种植密度、不同肥料施用试验以及山地柑橘高产栽培等科学研究。2000—2005年，全场年产柑橘500～600吨。2004年6月永春县柑橘良种场与永春县良种繁育场合并，组建为永春县作物良种场。受柑橘黄龙病影响，2011年全园受毁；2012年园地租赁苗木种植公司，种植绿化苗木。

（五）永春县西山柑橘母本园

1984年8月，福建省农业厅、福建省农业科学院柑橘无检疫性病（虫）良种联合开发小组与县经济作物局签订合同，于碧卿林场西山工区建设永春县西山柑橘无检疫性病（虫）良种母本园，组织生产无检疫性病（虫）柑橘良种接穗，为莆田、泉州地区提供无检疫病虫柑橘良种接穗。联合开发小组提供15万元作建园费用，并提供无检疫性病（虫）良种母本园生产技术措施，以及符合要求的柑橘母本树苗木。母本园面积137亩，其中山地110亩、水田27亩。1985—1990年分期种植由省农科院提供的无病柑橘苗木6 125株，其中芦柑4 175株、雪柑1 200株、福橘300株、新会橙350株、蕉柑100株；数年后福橘、蕉柑、新会橙及部分雪柑高接换种为芦柑。2005—2010年全场柑橘产量最高时，年产125～150吨。受柑橘黄龙病危害，2010年底全园进行更新，于2011年春重新种植柑橘无病苗木4 260株，2012年初因园地被政府征用停止经营。2004年6月，西山柑橘良种母本园和县夏橙示范场合并，组建永春县柑橘实验场。由于该场土地被征为他用，2015年5月18日，中共永春县委机构编制委员会印发《中共永春县委机构编制委员会关于撤销永春县柑橘实验场的通知》（永委编［2015］11号），撤销永春县柑橘实验场。

（六）永春县夏橙示范场

永春县夏橙示范场由农牧渔业部、福建省农业厅、永春县经济作物局三级联营，于1986年1月创建，全场土地面积325.14亩，为当年全省两个夏橙示范场之一。原由永春县岵山镇南石村委会承建管理，1986年定植芦柑220亩、夏橙80亩，夏橙品种以伏灵夏橙为主，少量刘金光、五月红等品种。1991年1月，因管理资金困难，该场移交县经济作物局管理。1992—1993年夏橙高接换种为芦柑，21世纪初期全场芦柑12 000多株，最高年产量750～800吨。2004年6月，西山柑橘良种母本园和县夏橙示范场合并，组建永春县柑橘实验场。2015年5月18日，永春县委机构编制委员会发文（永委编［2015］11号）撤销永春县柑橘实验场。

（七）福建省永春绿源柑橘苗木繁育场

福建省永春县柑橘良种繁育与标准化示范基地项目于 2006 年 7 月获农业部批复同意实施，2007 年 12 月开工建设，基地位于五里街镇高垅村，占地 90.6 亩，总投资 1 025 万元，其中中央资金 470 万元、地方财政配套 555 万元。建设综合楼 469 平方米，建设网室 28 992 平方米及其他配套设施，2008 年 12 月建成投入生产，具备年提供 20 万～30 万株无病毒柑橘良种苗木的能力。2008 年 7 月，永春县人民政府批复同意成立福建省永春绿源柑橘苗木场，负责苗木基地的经营。

基地按照农业部发布的"柑橘无病毒苗木繁育规程"培育苗木，经过脱毒处理的优良柑橘繁殖材料，在网室里培育采穗母本树及苗木，育苗全程在避虫网室内进行，以避免传病虫媒传病。2011 年开始批量供苗，至 2015 年培育柑橘嫁接苗木 30 余万株。

（八）永春县第四中学柑橘场

1976 年冬，湖洋公社划拨位于吴岭村和上板村交界处的大崂山山地供永春四中建设校办农场。在时任校长陈耀章带领下，永春四中 900 多名师生，背着铺盖，到离校 10 多千米的大崂山，开发荒山，种下 124 亩柑橘，63 亩茶园。1987 年获得利润 10.6 万元。1992 年生产柑橘 210 吨，茶叶 6 000 千克，产值 28 万元，利润 12 万元，用于改善办学条件，提高师生福利。20 世纪 90 年代中期，全场柑橘总产最高年份达 500 多吨。当年缺乏资金，学校发动师生，自力更生，艰苦创业，开山建园，挑肥上山，科学管理，使柑橘、茶叶种植获得成功，取得显著经济效益，成为全省、全国勤工俭学先进典型。1982—1990 年永春四中在高中部开设茶果职高班，毕业生近 300 人，许多成为柑橘生产专业户，为永春柑橘业发展输送人才。1982 年、1988 年永春四中二次被授予"全国勤工俭学先进单位"称号，受到国家教委、计委、财政部、国家经委、劳动部等联合表彰；1983 年、1985 年、1989 年、1992 年、1995 年被评为福建省勤工俭学先进单位。《福建日报》、《中国教育报》分别编发新闻报道，中央新闻电影制片厂到校拍摄新闻纪录片。

六、重点乡镇、村

（一）湖洋镇

1955 年，湖洋龙山村归侨郑启存创办石鼓尖华侨垦殖场，种植桃、李和少量柑橘。1966 年 10 月，石鼓尖华侨垦殖场由湖洋公社接办，改名为红卫柑橘场，1968 年红卫场扩大种植柑橘至 110 亩。1967 年，湖洋公社又创办半山柑橘场，种植柑橘 160 亩；同年，桃源大队在印龟崙办场，种植柑橘 50 亩。1968 年，湖洋公社柑橘种植面积 450 亩。20 世纪 70 年代初，上述 3 个柑橘场产量逐年增加，经济效益较高，成为全县发展柑橘的典型单位。1978 年，湖洋公社柑橘种植面积 2 532 亩，产量 436 吨，占全县柑橘产量的 14.4%。党的十一届三中全会后，公社（乡）、大队（村）、生产队（村民小组）和个体农户都大量种植柑橘。1987 年，全乡柑橘种植面积 18 499 亩（平均每人 0.49 亩），占全县柑橘面积的 20.77%，其中投产园 9 517 亩，产量 6 050 吨，占全县柑橘产量的 30.25%。2004 年全镇柑橘面积 27 975 亩，产量 52 988 吨，为历年最多；面积占全县 18.5%，产量占 22.8%。1994 年，湖洋镇桃美村芦柑获福建省首届优质柑橘评选芦柑第一名。

（二）湖洋桃源村

1966年秋，湖洋公社桃源大队在印龟崙开垦柑橘园50亩，次年定植柑橘2000余株，1969年收获500千克。1978年，晋江地区号召"学天马、建设茶果基地"，桃源大队柑橘场列为晋江地区、永春县"天马式"茶果基地示范点。20世纪80年代后，桃源村柑橘生产快速发展，村集体办起了有10个分场的柑橘总场，16个村民小组均创办柑橘场，几乎所有村民都种植柑橘，成为永春柑橘生产第一村。该村重视科学发展，修筑水平梯田柑橘园，荒山造林绿化，达到水土保持要求。建环山果园公路13千米，凿通引水隧洞608米，修建果园水渠6.5千米，建设果园自压喷灌240亩。建立柑橘品种园，引进柑橘品种40多个试验种植。配合福建省农业科学院果树研究所开展柑橘园土壤改良、营养施肥、高产稳产等科研活动，协作完成的"山地红壤柑橘园改土培肥研究"获1982年度福建省科技成果奖三等奖。1990年，全村柑橘种植面积3620亩，产量3250吨，占湖洋镇26.9%；收入445万元，占农业收入的70.5%。1995年全村柑橘种植面积3870亩，产量5454吨。20世纪90年代末期至21世纪初，全村柑橘种植面积4400多亩，年产柑橘近万吨；其中村集体柑橘园950亩，年柑橘收入46万多元。

第二节　队　　伍

一、专业技术人才

永春芦柑试验种植阶段，时任福建省副省长、分管侨务工作的尤扬祖在福州亲临拜访曾修读福建协和大学果蔬课程二年、在家经营果园的叶天培，1957年2月由福建省华侨事务委员会聘请叶天培担任北硿华侨垦殖场技术员，兼顾猛虎山和天马山华侨垦殖场的技术工作。叶天培坚持在北硿华侨茶果场工作26年，成为永春柑橘科技的开拓者与奠基人。1980年3月被任命为北硿华侨茶果场农业科科长，1981年9月被任命为副场长，1981年6月被推举担任晋江地区园艺学会第一届理事会理事长。1982年2月因病逝世。由李宇思等撰写的《"老牛深知夕阳短，不用扬鞭自奋蹄"——访永春北硿华侨茶果场技术员叶天培》刊登于《永春科普》1981年第4期，廖公枕撰写的《毕生精力　倾注柑橘——记北硿华侨茶果场原副场长叶天培》刊登于《永春文史》第24辑（2004年），陈跃飞撰写的《永春柑橘科技奠基人——叶天培》刊登于《桃源乡讯》2016年第5期。

1963年，刘孔永福建农学院果树专业毕业后分配到福建省农业厅工作。1964年，天马山华侨垦殖场由福建省农业厅接办，改名为永春县天马山果树试验站。1965年，刘孔永从福建省农业厅调任天马山果树试验站技术员。1965—1983年，刘孔永在天马柑橘场工作19年，1978年9月至1983年8月任天马柑橘场场长。1983年6月至1991年11月，任永春县园艺学会理事长。1984年被选举为晋江地区园艺学会第二届理事会理事长；1989年至1994年11月续任泉州市园艺学会第三届理事会理事长（1986年晋江地区园艺学会更名为泉州市园艺学会）。1983年12月至1984年10月，任永春县代理县长。由陈跃飞撰写的《柑橘专家刘孔永》刊登于《永春文史》第25辑（2005年）。

1965年，李文港毕业于福建农学院果树专业，1968年9月到猛虎农场工作，1978年10月任猛虎农场副场长，1980年12月被选举为永春县人民政府副县长，1984年11月被选举为永春县人大常委会副主任。

1963年福建农学院果树专业毕业的陈金橘，1972年8月从外地调入永春县农技部门工作，曾任北碴华侨茶果场技术员、猛虎柑橘场副场长、县经济作物局局长。1985年7月作为果树专家参加国家农牧渔业部农垦局组织的考察团赴泰国考察水果生产。

此外，新中国成立至"文化大革命"期间，长期从事柑橘技术工作的尚有刘微晓、柯孙通、周友智、刘瑞珍、陈开波、沈德沐、郑章良、刘金恬、陈炳固、郑元友、郑兴棋、刘子军、刘大钧等。

改革开放后，专业院校毕业及长期从事柑橘生产科技工作的有黄国良、陈永成、颜涌泉、颜秀枝、王翠娥、陈跃飞、林绍锋、李宜针、郑燕卿、潘建铮、林金堆、陈玉燕、林大春、范国泰、陈慈源、尤有利、林健全、周金山、潘应智、杨建南、张生才等。

具有高级职称的柑橘科技人员：农业技术推广研究员：陈跃飞；高级农艺师：刘重生、刘孔永、沈仕桢、陈金吉、刘金恬、王翠娥、林绍锋、黄国良、张生才、陈玉燕、尤有利。

二、农民技术人才

在永春柑橘发展过程中，培养了众多农民技术人才。早期柑橘场主要为集体所有，各场管理主要由技术员、植保员负责。改革开放后，多数果园为果农自有，人人学技术，个个技术员，从借鉴或效仿他人种植开始，在实践中摸索，得益于农业科技部门的培训，生产技术的引进推广，逐步成为柑橘栽培能手。20世纪80年代中期以后，众多果农通过承包经营成为柑橘生产大户，在生产实践中成为芦柑栽培与经营管理的专家。柑橘生产技术广为普及，出现了湖洋桃源刘金昭、溪东村郑景川等众多从实践中成长起来的柑橘栽培专才。

1966年桃源村在印龟崙集体建立柑橘园50亩，由刘金昭担任技术员，在其精心培育下印龟崙柑橘园成为永春县重要示范基地。刘金昭担任桃源村委会主任后，发动群众科学种柑，桃源村成为全县柑橘生产第一村。刘金昭参加的"山地红壤柑橘园改土培肥研究"项目获1982年福建省科技成果奖三等奖。1993年10月经福建省农民高级技师职称评委会考核评审，刘金昭被确认为果树专业农民高级技师。

20世纪80年代初期，在柑橘迅速发展时期，永春县经济作物局曾在每个公社聘请1~2名农民技术员，配合做好柑橘发展与技术指导工作。2004年福建省人民政府印发《关于加强村级农民技术员队伍建设的意见》（闽政文〔2004〕351号），2005年全县聘用村级农民技术员674名，其中柑橘果树专业209人。柑橘果树专业的村级农民技术员津贴标准为每人每月50元，按省级财政每人每月20元，市、县财政每人每月30元予以补助。2011年开始，村级农民技术员津贴标准提高至每人每月100元，其中由省级财政每人每月40元、市级财政20元、县级财政40元予以补助。至2015年全县仍聘用村级农民技术员674名，其中涉种植业的村级农民技术员302名。

三、营销人才

1984年7月，柑橘取消国家派购政策，采取议价购销，多渠道经营。在市场竞争中，培育形成了强大的柑橘营销队伍，出现了许多营销人才。永春县外贸公司经理林建新、永春聚富果品有限公司经理刘光淮被中共永春县委、县人民政府授予"优秀企业经营管理人才"称号。

2015年10月10日当选为第五届永春县柑橘同业公会会长的永春聚富果品有限公司经理刘光淮，1987年开始做摩的生意，从载客开始，其后兼任芦柑销售中介；1989年开始自己搞营销，1996年为外贸公司加工芦柑出口到马来西亚，1997年开始自行组织芦柑出口，2005年成立永春聚富果品有限公司。2005—2015年，每年组织芦柑出口2万～3万多吨，出口额3 000万～4 000万美元，成为全国柑橘出口大户。

四、获表彰奖励的人员

（一）获评确认的各级优秀人才

2002年11月，永春县农业局陈跃飞被确定为福建省第五批"百千万人才工程"第三层次人选。

2012年9月，永春县农技站尤有利被中共泉州市委组织部、市公务员局、市科技局和市科协授予"第四届泉州青年科技奖"。2013年8月，泉州市委人才工作领导小组办公室核准县农业局陈跃飞为泉州市高级人才，获由泉州市委组织部、公务员局监制的《泉州市高级人才证》。2016年3月，中共泉州市委人才工作领导小组（泉委人才〔2016〕2号）《中共泉州市委人才工作领导小组关于公布2015年度泉州市"海纳百川"高端人才聚集计划人才项目人选名单的通知》，永春县农技站高级农艺师尤有利入选为泉州市科技创新领军人才。

1989年1月，中共永春县委员会、永春县人民政府授予县人大李文港，县经济作物局陈金吉、刘重生，猛虎柑橘场周金山等永春县第一批"优秀拔尖人才"称号。

1995年11月，中共永春县委员会、永春县人民政府授予县经济作物局陈金吉、陈跃飞等永春县第二批"优秀拔尖人才"称号。

1998年12月，中共永春县委员会、永春县人民政府授予县农业局陈跃飞、林绍锋、肖文生等永春县第三批"优秀拔尖人才"称号。

2004年8月，中共永春县委员会、永春县人民政府授予县农业局陈跃飞、林绍锋、肖文生，县柑橘良种场李宜针，呈祥乡政府张文生等永春县第四批"优秀拔尖人才"称号，授予县外贸公司林建新等永春县第二批"优秀企业经营管理人才"称号。

2007年12月，中共永春县委员会、永春县人民政府授予县农业局陈跃飞、天马柑橘场张生才等永春县第五批"优秀拔尖人才"称号，授予永春聚富果品有限公司刘光淮等永春县第三批"优秀企业经营管理人才"称号。

2015年3月，中共永春县委、永春县人民政府授予永春聚富果品有限公司刘光淮、天马柑橘场张生才、县农业区划办公室陈章体、县农业技术推广站姚建族等永春县第六批"优秀人才"称号。

2015年6月，天马柑橘场张生才被永春县委人才工作领导小组认定为永春县第二批第四类高层次人才。

（二）受聘的省、市科技特派员与兼职教授

2005 年 12 月，福建省科技厅任命县农业局陈跃飞为永春芦柑推广示范基地科技特派员，于 2006 年 5 月颁发福建省科技特派员聘书。2000 年 9 月，县农业局陈跃飞受聘为福建农业大学园艺系兼职教授；2004 年 6 月再次受聘为福建农林大学园艺学院兼职教授。

2010 年 8 月，泉州市科学技术局聘请县农技站农艺师尤有利为泉州市科技特派员。

2015 年 1 月，泉州市科学技术局聘请天马柑橘场高级农艺师张生才为泉州市科技特派员。

（三）获省、部级等表彰奖励人员

1978 年，天马柑橘场刘孔永评为福建省先进科技工作者，在福建省科学大会上受到省委、省革委会表彰；1979 年、1982 年二次被福建省人民政府授予福建省劳动模范称号；1979 年被国家农垦部授予全国农垦系统先进工作者；1982 年 6 月被中共福建省委授予优秀共产党员称号。

1979 年 9 月，天马柑橘场施秀宝被授予全国"三八"红旗手称号。

1985 年 12 月，永春县柑橘科学研究所沈仕桢获国家农牧渔业部颁发的"长期坚持农牧渔业技术推广工作，做出了成绩"荣誉证书。

1988 年 5 月，猛虎柑橘场场长周金山被福建省人民政府授予福建省劳动模范称号。

1989 年 11 月，湖洋桃源村主任刘金昭被福建省人民政府授予省先进村委会主任称号，1990 年被农业部、人事部授予全国农业劳动模范称号。

1991 年 7 月，天马柑橘场陈跃飞被中共福建省委授予优秀共产党员称号。2004 年 4 月，县农业局陈跃飞被评为福建省十佳农业科技推广工作者，受到福建省农科教结合协调领导小组、省农办、人事厅、科技厅、教育厅联合表彰；2006 年 6 月，被中共福建省委授予优秀共产党员称号；2009 年 6 月，被国家科学技术部授予"全国优秀科技特派员"称号；2009 年 11 月，中共福建省委、福建省人民政府授予陈跃飞福建省"人民满意的公务员"称号。

第十三章
芦柑文化

第一节　芦柑乡土文化

一、芦柑大众文化

芦柑文化是永春大众文化，全县80％以上农户种植芦柑，芦柑与民众的生活息息相关。在生产季节，人们谈论如何施肥、用药、整枝，科学种植芦柑；采收销售季节，人人谈市场、讲行情，探讨如何增加收入。芦柑是永春民众的吉祥食品，祭拜谒祖、逢年过节都要摆上鲜红的芦柑，人来客往以芦柑为最佳礼品。家人在外的芦柑上市时节，要寄上几箱芦柑以解思念之情，回乡探亲者要带回家乡芦柑请家人朋友品尝。

20世纪80～90年代，柑橘生产是农民收入的重要来源，在湖洋镇当年流传着姑娘嫁人，要先问问对方家里拥有多少芦柑果园，管理水平高不高；有的农家嫁女还以"芦柑树"做嫁妆。

1983年及以前，芦柑列为国家派购商品，由果品公司收购销售。1984年开始实行议价购销，刚开始习惯于果园种植的果农并不适应市场营销，但仍有众多果农投身于市场洪流之中，在市场竞争中积累经验、吸取教训、开拓市场，由此从果园走向市场，从永春走向世界，慢慢转身成为产销一体的经营者，或柑橘营销专业户。

二、芦柑节文化活动

四届芦柑节文化活动中，永春文艺工作者编导大型团体操，制作各色彩车，组织文艺踩街，自编自导文艺晚会，演唱传统民间戏曲，是永春乡土文化的集中展现，让民众与嘉宾享受文化盛宴。

1. 大型团体操　首届芦柑节由1 200多名学生参加表演《又是橙黄橘绿时》大型团体操，第二届芦柑节由1 500多名学生参演《橘乡春潮》团体操，第三届芦柑节由2 000多名学生参加表演《乡情浓似酒》大型团体操，主题突出、气势磅礴、场面宏伟，激情飞扬，令人记忆深刻。

2. 文艺踩街 四届芦柑节开幕式当天夜晚均举办文艺踩街活动。首届芦柑节有88个单位45部彩车、25支方队参加踩街；第二届芦柑节有68个单位40部彩车、35支方队参加踩街；第三届芦柑节有52部彩车方队参加踩街；第四届芦柑节有72个大型文艺节目参加踩街活动，并燃放焰火。彩车造形各异，方队多姿多彩。高甲戏方队、琵琶方队、南音方队、大鼓吹方队、白鹤拳方队、舞狮舞龙方队、拍胸舞方队、装阁方队、摩托车方队、归侨民族服装方队等，尽显乡土文化色彩。每届芦柑节踩街活动均吸引10万民众从各乡镇云集山城，人潮如流、万人空巷，盛况空前。

3. 文艺演出 历届芦柑节永春县文艺工作者均自编自导，举办文艺晚会迎接嘉宾。表演《橘乡颂》《漆蓝情》《采柑乐》《开山谣》《芦柑红了》《芦柑情》等显示芦柑之乡特色的文艺节目；高甲戏、梨园戏展演，南音演唱，浓浓乡土文化得以展示发扬。

第二节　芦柑"乡愁"文化

一、海外"三胞"的芦柑情怀

永春芦柑的发展，始终与海外"三胞"（港澳同胞、台湾同胞、海外侨胞）的故乡情怀紧密相连。讲到永春芦柑，人们都会想到尤扬祖等华侨的贡献，正是尤扬祖、邱清秀、郑启存、颜清桂等兴办华侨垦殖场，试验种植芦柑获得成功，为永春芦柑发展奠定了基础。

永春县是著名侨乡，拥有海外"三胞"120多万人，东南亚是永春华侨主要聚居地。芦柑生产基地形成后，发挥永春华侨经商"无永不开市"的优势，举办四届芦柑节，邀请侨亲客商参加盛会，鼓励经营永春芦柑。马来西亚马六甲中华总商会会长、东美有限公司董事长吴国基，长期经销家乡永春的芦柑、老醋、茶叶、金橘、漆篮、养脾散、纸织画等土特产品，多次回乡参加芦柑节等活动，宣传推介营销家乡芦柑，为永春芦柑成为东南亚国家柑橘市场独占鳌头的柑橘产品做出贡献。

20世纪90年代中期，永春芦柑产业处于从数量型向质量效益型转型升级的时期，1995年10月，海峡两岸有关部门在福州共同举办"海峡两岸亚热带、热带果树产销研讨会"，台北永春同乡会王超英获悉后，觉得家乡永春芦柑生产具有开展两岸合作的条件与优势，及时与家乡联络，通报信息，邀请参加研讨会的台湾专家考察永春芦柑生产，促成海峡两岸有关部门于1997—1999年组织实施"海峡两岸永春芦柑生产技术综改进合作项目"，极大地提高了芦柑生产科技水平。永春芦柑发展凝聚了海峡两岸科技交流的成果，倾注了王超英等台胞的故乡情怀。

20世纪90年代以后，永春芦柑知名度不断提高，成为"永春城市"名片。每年芦柑上市季节看到市场上畅销的永春芦柑，海外"三胞"倍感自豪，思乡的情感油然而生；芦柑节等活动的举办，成为海内外永春人聚会的节日；芦柑成为"乡愁"的寄托。

二、芦柑"乡愁"诗文作品

（一）梁披云的《永春北硿》和《返永春》

1961年10月，著名侨领、教育家、书法家、诗人和社会活动家梁披云回乡到北硿华侨茶果场参观，现场挥毫题诗《永春北碇》：

> 刀耕火种认遗踪，场圃新开遍北碇。
>
> 巫语侨童争指点，乱山高下橘林红。

1980 年，梁披云回乡参观，撰《返永春》诗云：

> 偶尔还乡入永春，溪山晤对倍情真。
>
> 东关访罢登天马，茶圃柑林处处新。

（二）余光中的《永春芦柑》

台湾著名"乡愁"诗人余光中，1928 年出生于南京，1934 年初年仅 7 岁的余光中随父亲回到家乡永春县桃城洋上村居住半年。2003 年 9 月 18 日，时隔 70 年余光中再次回到永春县桃城镇洋上村。其在《八闽归人——回乡十日记》（《永春文史》第 23 辑，2003 年）中写道，快到洋上村老家时，"忽然，我感到这一带隐隐青山，累累果林，都为我顾盼所拥有，相信我只要发一声喊，十里内，枝头所有的芦柑都会回应。骤来的富足感一扫经年的乡愁。"快要离开时，族人把用于祭祖的尚未成熟转色的一对并蒂芦柑交给余光中，让其带回台湾。余光中写道："有什么比这对孪生的绿孩子更能够吮吸故乡的乳汁与地气呢？绿柑盈握，有谁能比我更富足呢？"回台湾后，有感而发，2004 年 8 月 5 日写下了诗作《永春芦柑》：

> 一对孪生的绿孩子
>
> 乡人送来我手中
>
> 圆滚滚的肚皮
>
> 酿着甜津津的梦
>
> 梦见天真的绿油油
>
> 熟成诱惑的金闪闪
>
> 把半山的果园
>
> 烘成暖洋洋的冬天
>
> 向山县慷慨的母体
>
> 用深根吮吸乳香
>
> 爬上茂枝密叶
>
> 向高坡索讨阳光
>
> 轻的变重，酸的变甘
>
> 直到胀孕的果腹
>
> 再包也包不住
>
> 蠢蠢不安的瓤瓣
>
> 于是村姑上梯来
>
> 来采满筐的金果
>
> 去满足渴望的馋客
>
> 安慰焦喉与燥舌

（三）晓帆的《永春行》

2005 年 11 月 5 日，祖籍永春湖洋龙山村的香港著名诗人，汉俳专家晓帆（原名郑天宝）回到著名芦柑之乡湖洋镇，祝贺家乡龙山小学 80 周年庆典，其诗作《永春行》刊登于《永春文艺》（总第 9 期，2006 年），诗中不乏芦柑情缘：

一

龙山草青葱

几度春风抹劲松

点点山花红

二

永春碧空晴

一沙一石都晶莹

茶香故人情

三

故乡伊甸园

一草一木皆春天

永春芦柑甜

四

农舍遭围歼

寻寻觅觅都不见

龙山别有天

五

大路通龙山

三座拱桥架龙潭

渡河不下鞍

六

梯田何处见

漫山遍野绿无边

橘红山花艳

七

故居龙潜堂

精雕细刻独流芳

满堂皆华章

八

一村三好汉

松涛翻滚金光闪

勋章垂天靳

九

一村三作家

天南地北写天下

青史留天涯

十

一村三拱桥

几处龙门鲤鱼跳

鹧鸪漫山叫

十一

一村三半岛

清溪潺潺两岸绕

风景这边好

十二

漫山碧波滚

蝶舞蜂喧好个春

茶园吐芳芬

十三

故居留清影

山水画廊此中寻

翠竹几多情

十四

溪水绕山行

几处浮光高山青

斑鸠啼松岭

十五

龙山小学校

八十华诞迎归侨

百人锣鼓敲

十六

驱车绕山行

风驰电掣到山顶

松涛坐中听

十七

晚风半山亭

浮光掠影林海静

山月何娉婷

十八

垂钓晓风清

竹影婆娑无落英

放杆静心灵

十九

公路夺池沿

荷塘月色不复见

井蛙音情变

二十

回家看茶山

问寒说暖道平安

乡情苦纠缠

第三节　芦柑题词

一、第一届永春芦柑节题词

1991年9月14日，中共中央政治局常务委员会委员、国务院总理李鹏题词："大力发展永春经济，芦柑远销四海"和"愿永春芦柑远销四海。"

1991年10月20日，全国人大华侨委员会副主任梁灵光题词："柑橘之乡，后来居上。"

1991年10月18日，国务院侨务办公室原副主任林一心题词："永春芦柑东方佳果，繁荣经济造福人民。"

1991年10月，中共福建省委副书记、省长贾庆林题词："茶果上山，粮经并举。"

1992年1月，中共福建省委常委、宣传部长何少川题词："沃土绣锦，春色永驻。"

1991年11月，福建省人大常委会副主任张明俊题词："山地要综合开发，芦柑要产销加工。"

1991年9月，福建省副省长苏昌培题词："春色满桃源。"

1992年3月，福建省政协副主席许集美题词："柑香飘万里，情系赤子心。"

1991年11月，中共永春县委书记洪辉煌题词："团结友谊合作发展的盛会。"

1992年春，永春县县长陈金榜题词："橘香飘四海。"

马来西亚著名画家李家耀题词："永春柑橘甲天下。"

二、第二届永春芦柑节暨纪念尤扬祖诞辰 100 周年活动题词

1992年10月30日，中共中央政治局候补委员、全国人大常委会副委员长王汉斌题词："弘扬尤扬祖先生热爱祖国建设家乡的可贵精神。"

1992年秋，全国人大常委会原副委员长姬鹏飞题词："团结海外侨胞，振兴永春经济。"

1992年11月，全国政协副主席卢嘉锡题词："华侨领袖，爱国爱乡，育柑兴教，功在国家。"

1992年10月1日，国务院侨务办公室原副主任林一心题词："赤子情深，魂系桑梓。"

1992年11月，国务院侨务办公室原副主任林修德题词："为发展祖国种植业、养殖业作出重大贡献。"

1992年冬，全国侨联副主席王汉杰题词："学习尤扬祖先生爱国主义精神，夺取有中国特色社会主义事业的更大胜利。"

1992年9月，原中央顾问委员会委员项南题词："种柑橘，建医院；兴教育，办水电；功在国，山河变；颂侨领，与时添。"

1992 年 10 月，中共福建省委副书记、省人大常委会副主任袁起彤题词："千山吟橘颂，仙境忆故人。"

1992 年秋，福建省副省长苏昌培题词："扬芳闽山。"

1992 年 11 月，福建省人大常委会副主任郭瑞人题词："缅怀尤老先生爱国爱乡光辉业绩，为统一祖国振兴中华而奋斗。"

1992 年秋，福建省侨务办公室主任林铭侃题词："侨乡之光。"

1992 年 11 月，福建省侨联主席庄南芳题词："华侨楷模。"

1992 年 11 月，福建省政协原主席伍洪祥题词："爱国爱乡典范。"

福建省委原常委、宣传部长何若人题词："爱国爱乡多善事，柑橘上山建奇功。"

1992 年 11 月，中共泉州市委常委，石狮市委书记、市长刘成业题词："学扬祖，乐育人，善用人，兴永春。"

中共永春县委书记洪辉煌题词："开发结硕果，开放展风采。"

1993 年春，永春县县长陈金榜题词："积极发展市场农业。"

全国政协委员、著名书法家梁披云题词："柑橘成林，开山治圃；首创者谁，实尤扬祖；著绩炎州，输财故土；爱国爱乡，百年万古。"

国民党退役中将、著名书画家余承尧题词："爱国爱乡，风范永存。"

新加坡永春会馆主席陈新荣题词："敬恭桑梓盛德可风。"

台北市永春同乡会理事长黄金如题词："造福桑梓。"

马来西亚永春联合会会长、拿督黄美才题词："造福人群。"

菲律宾永春同乡会理事长陈文成题词："德泽绵长。"

三、第三届永春芦柑节暨"世界永春社团联谊会"成立活动题词

1993 年秋，全国人大常委会副委员长卢嘉锡祝贺永春第三届芦柑节题词："以柑为媒，繁荣永春。"

全国扶贫基金会主任项南题词："芦柑与水电，特色在永春。"

1993 年 8 月，全国人大华侨委副主任梁灵光祝贺永春第三届芦柑节题词："花开桃源，香飘四海。"

1993 年 10 月 31 日，中共福建省委书记陈光毅祝贺永春第三届芦柑节题词："水电明珠柑橘基地，侨乡优势前程似锦。"

福建省人大常委会副主任苏昌培祝贺世界永春社团联谊会成立题词："光明天下。"

1993 年 10 月 30 日，福建省政协原副主席许集美祝贺世界永春社团联谊会成立题词："崑鹏高山情，桃源故乡亲。"

1993 年秋，福建省财政厅厅长潘心城祝贺世界永春社团联谊会成立题词："桃源城中花不谢。"

1993 年秋，泉州市人大常委会主任王继超祝贺世界永春社团联谊会成立题词："一时今夕会，万里故乡情。"

1993 年冬，全国政协委员、世界永春社团联谊会名誉会长、澳门归侨总会主席梁披云祝贺世界永春社团联谊会成立题词："声应枝连风薰日永，民胞物与海曙山春。"

世界永春社团联谊会名誉会长、马来西亚永春联合会名誉会长黄美才祝贺世界永春社团联谊会成立题词："永日天空照，乡谊在梓结，春风大地吹，亲情从此生。"

世界永春社团联谊会名誉会长、新加坡国家发展部高级政务次长李玉胜祝贺世界永春社团联谊会成立题词："敦睦乡谊。"

世界永春社团联谊会署理会长、新加坡永春会馆主席陈新荣祝贺世界永春社团联谊会成立题词："团结乡谊，共谋福利。"

1993年11月，中共永春县委书记洪辉煌祝贺永春第三届芦柑节题词："以柑会友，隆结乡谊。"

1994年春，永春县县长陈金榜题词："发挥优势，振兴永春。"

四、第四届永春芦柑节题词

1995年冬，全国人大常委会原副委员长彭冲题词："勤劳创业，永春新花。"

1995年11月18日，国务院特区办主任胡平题词："山水美喜结硕果，风物新再奏凯歌。"

1995年11月6日，全国人大侨委原副主任、广东省原省长梁灵光题词："群策群力，振兴永春。"

1995年11月12日，国务院侨办原副主任林一心题词："群策群力，振兴永春。"

1995年秋，中共福建省委常委黄瑞霖题词："联结四海情谊，开拓九州财源。"

1995年春，福建省人大常委会副主任苏昌培题词："藏宝。"

福建省人大常委会副主任黄文麟题词："名牌誉天下，桃源展新姿。"

1995年11月，福建省政协副主席金能筹题词："立足特色，大展宏图。"

1995年11月，福建省侨办主任郑宗杰题词："凝聚海内外乡谊，再创侨乡新业绩。"

1995年11月，中共厦门市委常委、厦门市副市长刘成业题词："硕果累累，万家致富。"

五、其他题词

1991年12月27日，中共中央顾问委员会常务委员姬鹏飞与夫人中国外交协会原副会长许寒冰回到许寒冰的故乡永春县石鼓镇石鼓村许家祖厝"瑞裕堂"寻根。当天，姬鹏飞和许寒冰深入桃城镇七八柑橘场，走访果农，对永春山地资源得到综合开发深为赞许，姬老挥毫写下"春满桃源"的题词。

2014年5月9日，华中农业大学校长邓秀新院士在猛虎柑橘场看到尤扬祖1954年种植的芦柑园依然枝繁叶茂，对尤扬祖所做贡献深受感动，欣然题词："枝繁叶茂橘香越甲子，实业兴国精神照千秋。"

第四节　芦柑诗画作品

一、上级领导、专家芦柑诗画作品

（一）何香凝的橘乡情缘与诗画作品

新中国成立之初，许多东南亚华侨回归祖国，在时任中央华侨事务委员会主任何香凝的建议下，中央决定鼓励华侨去开辟农场，发展生产。永春华侨积极响应，1953年秋，旅居印度尼西亚的尤扬祖携家人回国，即在家乡创办猛虎山华侨垦殖场，从漳州引进芦柑，开创了永春县成片种植芦柑的历史。1954 年尤扬祖到北京拜会何香凝，何老太太欣然作画《梅花》赠送，得知尤扬祖创办的农场位于猛虎山时，又将一幅《呼啸猛虎》的国画相赠。1954 年 5 月，永春北硿华侨垦殖场成立，安置归侨，种植柑橘等作物，何香凝十分高兴，于 1954 年冬和 1955 年春，分别捐赠其出版诗画所得稿费 2 000 元和 5 000 元，作为农场生产基金。1958 年，北硿农场场长蔡水占到北京开会，何香凝书赠条幅《劳动万岁》和画作《虎》，让其带回农场。1960 年，北硿华侨垦殖场与永春茶场合并，更名为"福建省永春北硿华侨茶果场"，何老作画赋诗勉励归侨：一张拙画慰劳君，勉励归侨爱国心；万劫千辛归故里，劳动建设勇于人。1961 年和 1962 年国民经济困难时期，何香凝多次关心农场生产和归侨生活，赠送亲笔画《梅花》、《梅花牡丹》和亲笔书写的《团结爱国》、《增产节约》条幅，还题赠《勉归侨》诗：闽桂黄金地，种植必优先。生产大跃进，努力种肥田。热带经济物，栽成绿化村。工农渔牧副，干劲一心连。人民公社好，勇敢志冲天。为国增财富，儿孙享万年。1964 年北硿华侨茶果场创办 10 周年，86 岁高龄的何香凝亲笔写下《生产大跃进，努力种肥田》条幅，并作画《红梅牡丹》赠送建场 10 周年纪念。

1958 年听取北硿农场场长汇报后不久，何香凝老人曾决意要亲自到北硿看望归侨，当时周总理得知此事，考虑到何香凝年届八十高龄，路途遥远，便力劝她不去为好，以后有机会让廖承志代表她到永春看望归侨。1990 年 11 月 3 日，国务院侨办主任廖晖在参加华侨大学 30 周年校庆之后，专程来到当年在其祖母何香凝亲自关怀下建立起来的永春北硿华侨茶果场，替其祖母实现到农场看望归侨的愿望。看到北硿农场柑橘成林，归侨生活安康，倍感欣慰。当晚廖晖还执意住在农场简朴的招待所里，与农场干部和归侨一起促膝谈心，令归侨感动不已。

（二）王兆国赋诗赞美永春芦柑

1988 年 6 月 14 日，时任福建省省长的王兆国在泉州市市长陈荣春陪同下到永春湖洋乡上坂村、桃源村视察，看到农业综合开发取得的成效时，两人互为补充，即兴赋诗："高山远山森林山，低山近山茶果山，溪边平地水稻田，林茂粮丰茶果香。"真实描绘了山村农业综合开发如诗如画的美景。在湖洋桃源村视察柑橘园时也留有诗句："金山银山花果山，一亩可得三千三，喜得东风不断吹，留取青山万代传。"

（三）潘心城诗作《咏永春芦柑》

1992 年 12 月 4 日，时任福建省财政厅厅长的潘心城作诗《咏永春芦柑》："金秋永春芦柑红，百里山川映彩虹，桃源城中花不谢，橘乡处处更繁荣。"

（四）沈兆敏赋诗赞美永春芦柑

中国农业科学院柑橘研究所所长沈兆敏曾高度评价永春芦柑："世界芦柑看中国，中国芦柑看福建，福建芦柑看永春。"2008 年 11 月 25～26 日，沈兆敏参加永春县"生态·芦柑"新闻采风活动时，即兴赋诗赞美永春芦柑："民以食为天，食果为乐，果以柑为先，柑以永春优。"

二、其他芦柑诗文作品

（一）林士堉诗作《永春首届芦柑节感怀》

1979 年 11 月—1984 年 10 月担任永春县委书记的林士堉，得知 1991 年 11 月将举办永春首届芦柑节，撰写诗作《永春首届芦柑节感怀》刊载于《橘红》1991年第5期：

> 万里云天鹏博，扶摇直上。锐意振兴中华，中枢决策高一筹。
>
> 几番关注桃源，明珠珍果，赢得举国信赖，人民业绩自千秋。

（二）苏中亚诗作《深切怀念尤扬祖先生》

1980年12月至1983年11月担任永春县县长的苏中亚，1992年纪念尤扬祖诞辰100周年时，撰写《深切怀念尤扬祖先生》一文刊载于《橘红》1992年第6期，文中赋诗怀念尤扬祖：

> 百年大事论废兴，南渡贸迁业有成。
>
> 场开猛虎千秋计，果植芦柑四海名。
>
> 香醋醇醪闻远近，轮机水电放光明。
>
> 重教兴医挥金玉，报国怀乡无限情。

（三）李文港诗作《纪念尤扬祖先生诞辰100周年》

1980年12月至1984年11月担任永春县人民政府副县长的李文港，1968年9月到猛虎农场工作，1978年10月任猛虎农场副场长，1992年撰诗《纪念尤扬祖先生诞辰100周年》刊载于《橘红》1992年第6期：

> 扬祖先生值怀念，独资开发猛虎山，合办天马果林场，山地种果树样板。
>
> 漳州引进桶柑柑，榕城二请技术员，珍惜人才重科学，橘花芳香果满园。
>
> 热爱桑梓建水电，创办学校和医院，建造工厂与桥梁，家乡旧貌换新颜。
>
> 百年春秋弹指间，聚会纪念史无前，千秋大业如磐固，千歌万曲颂不完。
>
> 今朝产柑百万担，全国品评夺首冠，莺歌燕舞笑颜开，永春芦柑四海传。

（四）刘成业诗作《柑橘》

1984年10月至1988年8月担任永春县委书记的刘成业，在永春县委报道组工作期间，撰写大量有关柑橘的文章、作品。撰写的《柑橘》刊于《永春风物》（福建省永春县《永春风物》编写组，1984年7月），文中赋诗赞美永春芦柑：

> 柑橘登山云中栽，四时留得春常在，永春山山似仙境，何须翘首觅蓬莱。

（五）林玉壁诗作《永春芦柑》

1984年11月至1991年1月担任永春县县长的林玉壁，在首届永春芦柑节举办之际，撰诗赞美永春芦柑，刊载于《橘红》1991年第5期：

> 永春芦柑漫山中，基地伟业树丰功，银锄挥汗献硕果，远销四海齐称颂。

（六）洪辉煌诗作《永春—柑橘》

1989年8月至1995年3月担任永春县委书记的洪辉煌，在晋江地委组织部工作期间，撰写诗作《永春—柑橘》刊载于《永春文艺》1983年第2期。其后，担任永春县委书记期间，组织永春芦柑参加全国、全省优质柑橘评比，举办四届永春芦柑节，芦柑品牌建设成效显著。《永春—柑橘》诗作：

> 没有云彩
>
> 天空是无底的空虚
>
> 没有风帆
>
> 大海是悲哀的死寂

如果没有柑橘

永春将失去多少迷人的诗意

呵，柑橘——

山区致富的天使

有了你

"天马"跨越原始的荒漠

奔腾着生命的活力

有了你

"猛虎"告别凄凉的孤独

焕发着进击的雄姿

踏遍桃源重重山

多少柑园翡翠绿

览尽桃源道道岭

树树玛瑙红满枝

呵，永春——柑橘的故乡

呵，柑橘——永春的骄子

如果我们说

永春又扩建一片柑橘

那就是说

这里又播下绿色的希冀

如果我们说

永春已开始采摘柑橘

那就是说

这里在收获着生活的充实

爱永春的人们请爱柑橘吧——

永春人都有像柑橘一样

甜美的心灵

每颗柑橘都包含着永春人

虔诚的心意——

愿祖国山川永远如春

愿富民政策比春更绿

（七）刘永乐诗作《橘乡之歌》

作家刘永乐以芦柑为题材创作了《橘魂》《柑橘园》《橘林与"戴帽"》《秋梢》《根》《柑橘树—绿色的钥匙》《芦柑节畅想曲》《情满橘乡（组诗）》《芦柑节之歌》《永春橘林》《橘乡之歌》等作品。其诗作《橘乡之歌》刊载于《橘红》1991年第7期：

山卷阵阵绿浪

树摇粒粒太阳

桃城举起金酒杯

橘酒晶莹溢醇香

啊　客自远方来

一杯暖胸膛

闽南深情盛满怀

永春芦柑任君尝

今日我们播种霞彩

明天我们收获希望

溪弹支支南曲

岭吟融融月亮

桃城举起金酒杯

醉了十里小村庄

啊　客自橘乡去

身如鼓双桨

闽南橘园满春光

永春芦柑美名扬

今日我们播种友谊

明天我们收获理想

（八）郑秀觉诗作《橘香更比春意浓》

作者郑秀觉诗作《橘香更比春意浓》刊载于《橘红》（第二期，1980 年 2 月 10 日）：

铁臂银锄山河动，垦出果园万座峰；

一颗汗水一粒种，株株橘树绿茸茸。

秋来橘林提灯笼，歌声装进果箱中；

车车柑橘运四海，橘香更比春意浓。

（九）辛文诗作《高山橘红》

作者辛文诗作《高山橘红》刊载于《橘红》（第二期，1980 年 2 月 10 日）：

千山万岭绿涛涌，梯田耸翠九霄连。

柑黄橘红焕异彩，凤歌云舞庆丰年。

甘美津津欲迷人，芳馨绵绵醉天仙。

多种经营结硕果，飞车满载唱凯旋。

（十）刘铁全诗作《桃源柑橘红》

作者刘铁全诗作《桃源柑橘红》刊载于《橘红》（第三期，1980 年 3 月 20 日）：

桃源处处春意浓，五业并举乐融融。

陶令可惜未曾见，桃花源里柑橘红。

（十一）周秉恒诗作《诗，要像橘》

作者周秉恒诗作《诗，要像橘》刊载于《橘红》（第三期，1980 年 3 月 20 日）：

诗，要像橘——

甜得沁人心脾，

酸得令人牙软，
富有个性味道强烈！

诗，要像橘——
一腔乳汁欲溢，
一表绚丽金黄，
表里是美的统一！

诗，要像橘——
不畏风寒霜欺，
严冬叶绿果红，
最早传递春的信息！

（十二）王南斌诗作《橘红时节》

诗人王南斌诗作《橘红时节》刊载于《橘红》1991 年第 7 期：

这种时候正好可以上山
摘几个橘子
摘几朵微笑

那些藏不住的丰收喜悦
随山泉而走
在山涧里溅出的点点笑意
打湿涧边印有水纹的山石
吻过多少脚底留下的
炽热心事

取下一个橘子
像握住一枚红日
暖回那些几重烟波之外的
思乡愁肠
橘皮内
是个围得紧紧的城
那是一瓣瓣月亮
照见阿哥劳作的身影
是一条条船儿
把阿妹的心绪漂向遥远
这藏满酸甜日月的橘子
就等这个深秋的一个
回眸

这个秋风夹笑声的季节
有一个橘仙子的童话
点满山峦

(十三) 郑其岳诗作《采柑女》

作家郑其岳以芦柑为题材创作了《山民·大山·柑橘》《面对橘树》《橘颂》《采柑女》等散文诗作品。《采柑女》刊载于《福建文学》1994 年第 9 期：

每一颗柑橘都是一个小小的城，采柑女是城里豪放的公主。

十指在空中作千姿百态的舞蹈，太阳也看得脸红心跳，只有月亮潜入她们的心底作一面明镜，随时再现一些诱人的细节。

根从脚下延伸而去，象敏感的神经，感受着岁月的更迭。

柑橘成熟了，秋声拂面而过，使采柑女出落得鲜亮可爱。采柑女挺挺胸脯，露珠也为之动容。

剪刀声如清脆的鸟鸣，顺着山道，流向远方。

扁担刚柔相济，有时比岩石健壮，有时比山道柔软。

她们作一次又一次的围城，有的想冲入城里，有的想冲出城外。

(十四) 陈秀冬辞赋作品《芦柑赋》

辞赋作家陈秀冬创作的《芦柑赋》刊载于《永春文艺》(总第 9 期，2006 年 12 月)：

赋为荔枝，诗咏榴莲；盛言百果之中，皆云荔枝果王。众说纷纭、有曰香蕉兮、有言榴莲兮、有曰木瓜兮。余意不然，果之美者，当以芦柑，于形于味，无一可比；故论香蕉则不及荔枝，其荔枝甜而不及橘甘。吾之家乡，泉州永春；芦柑盛产，远销四海。家家有沃野之田，户户有橘柚之园；含愁班女题纨扇，闲暇青莲赋芦柑。

桃源山多，其山蜿蜒如带。桃源水足，其水资源充沛。山多则宜植园，水足则宜灌溉。地理之优势，芦柑而盛植。蒙阳春之所栽，经数载而成材；傍丘陵山坡，映碧叠翠；蕴日月精华，灵根纵盘；承丰壤之滋润，繁枝华结；受甘霖之宵降，黛叶葱蔚；不丰其华，但甘其实。红杏雨，绿杨烟；花脸露，柑叶展；每至盛夏，青果高挂，此时摘食，青涩且酸。乾坤转毂，日月飞梭。秋至果熟，树树笼烟，山山照日，如笼悬之，好不优雅。剥橙香透甲，尝稻气翻匙。成熟之柑，个头硕大，色泽艳丽，甘甜无比。一瓣到嘴，满口流香。其质精而妙，皮可为药草；剥开观之，扁圆有瓣，白丝纵横；肉脆嫩化渣、其甜酸适度，风味浓郁，果汁丰富；其果耐于贮之，藏久而不腐。有终食累五，益气而理内。并无厌其甘。观梅美而无取，荔枝甘而自退，虽精良未能言其华，虽妙语难能誉其贵；乃解渴之佳品，堪称百果之王。

家乡之橘，人人爱之。因柑大于橘，也称为大橘。寓意大吉。闽南逢节逢庆，举案皆列芦柑。以添怡人喜气，以兆吉祥如意。桃何称乎王侯？李何谓乎伯爵？皆因人而所好，何人能辩其哉。

(十五) 姚义泗诗作《赞永春芦柑》

永春县教师进修学校退休老师姚义泗诗作《赞永春芦柑》刊载于《永春文艺》(总第 10 期，2007 年 12 月)：

今闻荒岭下，尽是芦柑乡。

树树黄金色，家家翠玉香。

晨迎台港客，暮送沪宁商。

车马奔驰急，高歌向小康。

附录一 永春县人民政府关于印发

《永春芦柑地理标志产品专用标志使用管理办法》的通知

永政文（2006）128 号

各乡镇人民政府、县直有关单位：

《永春芦柑地理标志产品专用标志使用管理办法》已经 9 月 8 日县长办公会研究通过，现印发给你们，请认真遵照执行。

永春县人民政府
二〇〇六年九月十九日

永春芦柑地理标志产品专用标志使用管理办法

第一条 2005 年 11 月 29 日，永春芦柑获国家质量监督检验检疫总局批准实施地理标志产品保护（2005 年第 165 号公告）。为了有效地保护永春芦柑地理标志产品，规范永春芦柑地理标志产品专用标志（以下简称"专用标志"）的使用，保证永春芦柑地理标志产品的质量和特色，根据《中华人民共和国产品质量法》、《中华人民共和国标准化法》和国家质检总局《地理标志产品保护规定》等有关法律法规，结合本地实际，制定本办法。

第二条 本办法所称永春芦柑地理标志产品是指在永春县现辖行政区域内生产，生产技术和产品质量符合国家标准《地理标志产品 永春芦柑》要求的具有永春地理品质特征的芦柑鲜果。

第三条 县政府成立永春芦柑地理标志产品专用标志管理工作领导小组，成员包括质监、农业、财政、广电、科技、卫生、物价、供销、商检及柑橘同业公会等有关职能单位，负责全县专用标志的推广使用管理。领导小组下设办公室（以下简称"县标志管理办"），挂靠质监局，负责专用标志使用的申请、初审和管理等日常工作。

第四条 任何单位和个人使用专用标志前，必须依照国家《地理标志产品保护规定》，向县标志管理办提出申请，经省质量技术监督局审核，后报国家质量监督检验检疫总局地理标志产品保护办公室（简称"国家保护办"）审核批准和依法注册登记，方可在其产品上使用专用标志。

第五条 具备下列条件的永春芦柑生产者，均可向县标志管理办申请使用专用标志：

（一）持有有效的工商营业执照、企业产品执行标准登记证、组织机构代码证；

（二）永春芦柑地理标志产品保护范围内生产永春芦柑，达到一定的生产规模；

（三）芦柑的生产技术、产品质量、试验方法、检验规则、标志、包装、运输和贮存应符合国家标准《地理标志产品 永春芦柑》规定的要求；

（四）建立从施肥、施药到鲜果采收、保鲜剂使用、鲜果分级、产量和贮存等全过程的质量管理体系，实行质量跟踪管理。

第六条 符合上述条件的生产者或经销者，可向县标志管理办提出申请使用专用标志。申请时应提交以下资料：

（一）永春芦柑地理标志产品专用标志使用申请书；

（二）工商营业执照、企业产品执行标准登记证、组织机构代码证的复印件，并交验原件；

（三）县标志管理办组织现场验证后，出具的芦柑产自特定地域的有关证明；

（四）相关的施肥、施药等记录；

（五）县标志管理办指定的检验机构出具的产品符合国家标准《地理标志产品 永春芦柑》的检验报告；

（六）防止专用标志使用到不符合条件的产品上的承诺书。

第七条 县标志管理办对生产者或经销者的申请进行初审，初审合格后报请福建省质量技术监督局审核，经国家质量监督检验检疫总局审查合格注册登记并公告后，即可以在其产品或包装物上使用地理标志产品专用标志，获得地理标志产品保护。

第八条 专用标志采用数码防伪技术，实行全县统一规格、统一订购、统一管理。获得使用专用标志的生产者或经销者按实际产量或销售量，实行按批申请、有偿使用。县标志管理办应建立专用标志电脑管理系统，提供自动查寻，对产品质量和专用标志使用实施管理和监督。

永春芦柑地理标志保护产品专用标志张贴于产品外包装箱醒目位置。鼓励生产者根据市场需求，推行单果包装标志。

个别永春芦柑生产者有需要不同规格、不同式样专用标志的，可向县标志管理领导小组提出书面申请，由县标志管理办统一受理，标志式样、规格由县标志管理领导小组负责监制。

第九条 生产者或经销者准备申购使用专用标志或使用包装物的，必须每年9月30日前向县标志管理办提供书面计划说明，提出当年产季申购的专用标志数量或包装物样式，每个产季后及时将专用标志或包装物使用情况报送县标志管理办。

第十条 县标志管理办应依据《地理标志产品 永春芦柑》国家标准，对申请单位申请使用标志批产品进行检验和现场产地审核，并适时组织或委托有关单位开展专用标志使用监督检查。产品检验可收取成本费用，由物价部门核准。

第十一条 获准使用专用标志的生产者或经销者，有下列行为之一时，由县标志管理办报请国家保护办撤销其资格，停止使用专用标志：

（一）未按国家标准《地理标志产品　永春芦柑》规定组织生产和销售的；

（二）产品质量连续二次经县标志管理办监督检查不合格的；

（三）在永春芦柑地理标志产品保护范围以外伪造产地、伪造或者冒用他人的专用标志；

（四）擅自将专用标志转让他人使用的；

（五）擅自印制专用标志的；

（六）其他违反法律法规规定的。

第十二条　未经县标志管理办批准，任何单位和个人都不得擅自伪造、销售和使用地理标志产品专用标志，不得伪造、销售和使用与地理标志产品专用标志相近的，易产生误解的产品名称或者产品标识。

第十三条　违反本办法第十一、十二条规定的，由质量技术监督部门依照《中华人民共和国产品质量保护法》《地理标志产品保护规定》等有关的法律法规予以处罚。

第十四条　从事地理标志产品保护管理的工作人员和其他国家机关工作人员有下列情形之一的，依法给予行政处分；构成犯罪的，由司法机关追究刑事责任：

（一）包庇、放纵使用专用标志违反本办法行为的；

（二）在专用标志招标、印制过程中假公济私、私拿回扣的；

（三）阻挠、干预县标志管理办依法管理并造成严重后果的。

第十五条　本办法由县标志管理办负责解释。

第十六条　本办法自发布之日起实施。

附录二　永春县工商局　永春县农业局

关于永春芦柑证明商标使用管理的通知

永工商（2009）78 号

各乡（镇）人民政府、县直有关单位：

为规范"永春芦柑"证明商标的使用管理，维护我县芦柑市场信誉，发挥品牌效应，保障生产者和消费者的合法权益，根据县政府专题会议纪要（〔2009〕37 号）精神，自2009 年 10 月 1 日启动实施对"永春芦柑"证明商标管理工作。经县政府同意，现将有关事项通知如下：

一、提高认识，加强领导

"永春芦柑"证明商标于 2009 年 2 月 7 日获得国家工商行政管理局商标局注册，注册号为：6655467，是具有公益性的证明商标，用以证明商品原产地和特定品质的标志。实施"永春芦柑"证明商标管理工作，提高我县芦柑在国内国际两个市场的竞争力，促进农村经济发展和农民增收具有重要意义。为切实做好"永春芦柑"证明商标使用管理工作，从工商、农业等部门抽调人员成立"永春芦柑"证明商标使用管理工作小组（办公室设在工商局），负责指导证明商标的使用管理工作。

二、加强管理，规范运作

1. 永春县柑橘同业公会是"永春芦柑"证明商标的注册人，享有商标专用权。县柑橘同业公会应依据《中华人民共和国商标法》、《中华人民共和国商标法实施条例》和国家工商行政管理总局的《集体商标、证明商标注册和管理办法》等法律法规，严格按照《永春芦柑证明商标使用管理细则（试行）》的规定，做好"永春芦柑"证明商标申请使用的许可管理。

2. 2009 年是"永春芦柑"证明商标使用推广年，为鼓励商标管理的规范实施，对申请使用者暂不收管理费。符合证明商标使用范围的申请人，可依证明商标使用管理细则规定，向注册人提出申请，经审核批准，办理相关手续后，可在产品包装上使用证明商标标识，并严格按照规定使用标识。注册人要认真行使管理监督职能，确保证明商标的规范使用。

3. 2009 年 10 月 1 日起启用印有"永春芦柑"证明商标标识的包装物，原包装物原则上不再使用。鉴于目前处于证明商标推广使用初期，部分芦柑经营者尚库存一定数量旧的包装物，为减少经营者的损失，对尚库存有旧的包装物的经营者，应于 2009 年 11 月 30 日前，将包装物的库存数量和样式，向县工商局商标广告股报备。这部分包装物在 2009 年 12 月 31 日前应先行使用。2010 年 1 月 1 日后仍有库存的，应向注册人提出申请，经许可后方可继续使用。

三、加强协作，形成合力

各乡镇、各有关部门要充分发挥职能作用，各司其职，共同做好证明商标使用管理的实施工作。要通过各种形式加强证明商标使用的意义、证明商标的使用与管理、相关法律法规的宣传，在全社会营造使用管理保护好证明商标的浓厚氛围和全新的商标观念；要加大对证明商标侵权行为的查处、打击力度，适时开展专项整治行动，强化对证明商标管理和保护，维护特色品牌的声誉和产品质量，推进永春芦柑可持续发展。

附件：《"永春芦柑"证明商标使用管理细则（试行）》

永春县工商局　永春县农业局

二〇〇九年十月十六日

"永春芦柑"证明商标使用管理细则（试行）

第一章 总 则

第一条 为规范"永春芦柑"证明商标的使用管理，切实保护其注册人、使用人的合法权益，维护社会经济秩序，促进经济发展，根据《"永春芦柑"证明商标使用管理规则》，制定本细则。

第二条 "永春芦柑"是经永春县人民政府同意，由永春县柑橘同业公会向国家工商行政管理总局商标局注册的证明商标，用于证明"永春芦柑"的原产地域和特定品质。

第三条 永春县柑橘同业公会是"永春芦柑"证明商标的注册人，对该商标享有专用权。

第四条 申请使用"永春芦柑"证明商标的，应当按照本细则，经永春县柑橘同业公会审核批准。

第二章 "永春芦柑"证明商标的使用条件

第五条 "永春芦柑"证明商标的使用条件：

1. 从事生产、经营永春芦柑的单位和个人，持有有效的工商营业执照；

2. 永春县行政区域内种植生产的芦柑，并达到一定的生产规模；

3. 果实品质特征符合 GB/T 20559—2006《地理标志产品 永春芦柑》规定的要求；

4. 生产设施完善，信誉良好，财务制度、管理制度健全。

第三章 "永春芦柑"证明商标的使用申请程序

第六条 申请人向注册人（永春县柑橘同业公会）递交申请材料，需递交的有关材料如下：

1. "永春芦柑"证明商标使用申请书一式两份；

2. 工商营业执照、卫生许可证复印件各一份，并交验原件；

3. 企业法人或负责人身份证复印件一份；

4. 企业自有商标复印件一份（没有注册商标的不必提供）。

第七条 注册人在收到申请人的申请书及有关材料后，完成下列审核工作：

1. 对申请人的资格进行审查，并组织人员对申请人的产品及产地进行实地考察；

2. 考察人员在完成产品和产地考察后，提交《实地考察报告》，并签署意见；

3. 注册人依据有关材料及《实地考察报告》，在15天内给予批准或不批准的《书面通知》（15天期限从收到申请书之日起到发出《通知》之日止，特殊情况在1个月内完成）。

第八条 注册人与经审查符合要求的申请人签订《证明商标使用许可合同》，并发给《证明商标准用证》。

第九条 在签订使用许可合同前使用人应按规定缴纳证明商标使用管理费。

第十条 申请人未获准使用"永春芦柑"证明商标的，可以自收到书面通知七日内，向县工商行政管理部门申诉，永春县柑橘同业公会尊重工商行政管理部门的裁定意见。

第十一条 注册人应建立相应的登记档案，实施编号管理，将获得证明商标使用许可的申请人报县工商行政管理局存查，并报国家商标局备案，由商标局公告。

第十二条 "永春芦柑"证明商标使用许可合同有效期为三年。在许可合同有效期内，实施年检管理，使用者于每年8月1日至8月31日期限内，向永春县柑橘同业公会办理年检手续，方可继续使用。许可合同有效期满，继续申请使用者，须在合同有效期届满前30日内向永春县柑橘同业公会提出续签合同的申请，获得批准，并续签合同后，方可继续使用该商标。

第四章 "永春芦柑"证明商标使用人的权利和义务

第十三条 "永春芦柑"证明商标被许可使用者的权利：

1. 可在其产品上使用证明商标专用标志，并受法律保护；

2. 使用"永春芦柑"证明商标进行产品广告宣传；

3. 优先参加注册人主办或协办的技术培训、贸易洽谈会、信息交流活动等；

4. 使用人对证明商标管理有建议和监督的权利；

5. 对证明商标管理费的使用进行监督。

第十四条 "永春芦柑"证明商标使用人的义务：

1. 维护"永春芦柑"特有品质和市场声誉，保证产品质量稳定；每批产品都应经检验合格后方能出售。

2. 接受注册人对产品质量的检测和商标使用监督，支持质量检测、监督人员工作；

3. "永春芦柑"证明商标的使用者，应有专人负责该商标标识的管理、使用，确保"永春芦柑"证明商标标识不失控、不挪用，不得向他人转让、出售、馈赠"永春芦柑"证明商标标识，不得许可他人使用"永春芦柑"证明商标；

4. 使用人必须按规定向注册人缴纳证明商标使用管理费。

第五章　证明商标的使用管理

第十五条　永春县柑橘同业公会是"永春芦柑"证明商标使用的管理机构，负责《"永春芦柑"证明商标使用管理细则》的制订和实施，组织、监督按规定使用证明商标，维护"永春芦柑"证明商标专用权。永春县柑橘同业公会在行使"永春芦柑"证明商标专用权的过程中接受工商、农业等部门的监督指导。

第十六条　"永春芦柑"证明商标标识由图案、文字组合而成，获准使用的申请人可将证明商标标识及准用证编号印制在产品包装上，标识印制需符合"永春芦柑"证明商标标志图案要求。

第十七条　注册人、使用人要建立健全证明商标使用的管理制度，要有专人保管，建立出入账，确保标识物品不失控、不流失、不挪用、不对外转让、出售、馈赠标识包装物，对于废次标识物要由注册人监督销毁。

第十八条　注册人负责对使用证明商标的产品跟踪管理，做好产品质量的监督检测工作。每年对获得证明商标使用权的单位或个人进行定期或不定期抽样检查，并建立相应的检查登记档案。

第十九条　为保证"永春芦柑"证明商标许可使用工作的科学性、严肃性、公正性和权威性，永春县柑橘同业公会诚请各有关部门和社会团体进行监督；同时也接受和处理使用"永春芦柑"证明商标产品的消费者的投诉，并协助工商行政管理部门调查处理侵权、假冒案件。

第六章　包装印制及管理

第二十条　准用人印制证明商标标识包装物必须符合以下要求：

1. 包装上必须印有经国家商标局核准的"永春芦柑"证明商标标识，准用证编号及企业名称等；

2. 包装物的材料必须符合行业标准，质量可靠，安全环保；

3. 产品包装的设计制作实行形式审查制度，使用人产品包装在制作前要向注册人报备样式，经审核同意后，方可生产使用。未经审核同意自行设计制作的产品，严禁使用；

4. 包装印制单位（纸箱厂等）需凭使用人提供的证明商标准用证方可印制带有"永春芦柑"证明商标标识的包装物，并将使用人准用证复印件、印制数量等存档备查。否则，将作为私自印刷追究相关责任。

第七章　证明商标的保护

第二十一条　"永春芦柑"证明商标受有关法律保护，以下行为将被认为侵权行为：

1. 未经许可，以"永春芦柑"或"正宗永春芦柑"销售产品的行为；

2. 假冒证明商标标识，或以证明商标相同或近似的文字图形作为商品名称或商品装潢，足以误导消费者的行为；

3. 用在证明商标保护范围外的产品的行为；

4. 擅自转让证明商标使用许可权，出售证明商标标识给他人的行为；

5. 产品未达到证明商标规定的质量要求的行为；

6. 非法印制、使用、销售证明商标的行为；

7. 经销明知或应知是侵犯他人证明商标专用权商品的行为；

8. 故意为侵犯他人证明商标专用权行为提供仓储、运输的行为；

9. 其他侵犯证明商标专用权的行为。

第二十二条 对于侵犯商标权的行为，注册人将依照《中华人民共和国商标法》、《中华人民共和国商标法实施条例》、《集体商标、证明商标注册和管理办法》、《"永春芦柑"证明商标使用规则》，提请工商行政管理机关处理，或直接向人民法院起诉，给予打击。

第二十三条 "永春芦柑"证明商标的使用者如违反本细则，永春县柑橘同业公会有权收回其《证明商标准用证》，终止与使用者的证明商标使用许可合同，使用者已缴纳的相关费用不予退回；必要时将请求工商行政管理机关调查处理，或寻求司法途径解决。

第二十四条 "永春芦柑"证明商标的管理费专款专用，主要用于商标注册、续展事宜，质量管理，受理证明商标投诉、收集案件证据材料和宣传证明商标等工作，经费使用情况接受相关部门、商标使用人及各界的监督。

第二十五条 本细则自 2010 年 1 月 1 日起实施；本细则由永春县柑橘同业公会负责解释。

永春县柑橘同业公会

二〇〇九年十月十六日

附录三　永春芦柑综合标准（福建省地方标准）

永春芦柑　芦柑品种

（DB35/T 105.2—2005）

前　言

《永春芦柑综合标准》分为五项标准：

——DB35/T 105.2《永春芦柑　芦柑品种》；

——DB35/T 105.3《永春芦柑　育苗技术规范》；

——DB35/T 105.4《永春芦柑　栽培技术规范》；

——DB35/T 105.5《永春芦柑　采收和采后处理技术规范》；

——DB35/369《永春芦柑　芦柑鲜果》。

本标准系第一项标准。

本标准于 2000 年 9 月 30 日首次发布，2005 年 3 月 21 日第一次修订；与标准前一版本相比主要变化如下：

——删去"根系生长环境要求"（前一版本的 2.1.1.2）；

——增加"树形"（本版的 3）。

本标准由福建省质量技术监督局、福建省农业厅提出。

本标准由福建省农业厅归口。

本标准起草单位：福建省农业市场信息办、永春县农业局、永春县质量技术监督局。

本标准主要起草人：陈跃飞、陈石榕、陈希鹏、黄国良。

本标准所代替标准的历次版本发布情况为：DB35/T 105.2—2000。

1　范围

本标准规定了永春芦柑的品种性状。

本标准适用于永春栽培的芦柑品种。

2　主要器官的生长发育特性

2.1　根

2.1.1　根的组成与分布

根系由主根、侧根、须根组成。须根一般无根毛，主要依靠菌根吸收水分和养分。根系分水平根和垂直根，一般根系垂直分布可达 1m 以上，水平分布达树冠 1～2 倍。

2.1.2　根系生长周期

根系一年有三次生长高峰，与枝梢交替生长。春梢转绿后至夏梢抽发前是全年发根量最多的生长高峰；夏梢抽生后至秋梢前出现第二次生长高峰，发根数量少；第三次在秋梢停止生长后，发根数量也多。

2.2 芽

芽为裸芽，无鳞片，只有苞片，为复芽；叶腋除1个主芽外，尚有2～4个副芽；芽具早熟性，一年内能多次抽梢。

2.3 枝梢

2.3.1 春、夏、秋、冬梢特性

2.3.1.1 春梢分为结果枝和营养枝，营养枝可成为翌年结果母枝，成年树以春梢为主要结果母枝。

2.3.1.2 夏梢生长充实可成为结果母枝，幼树可利用夏梢扩大树冠，初结果树多抹除夏梢提高着果率。

2.3.1.3 秋梢多数可成为良好结果母枝，幼年结果树秋梢为主要结果母枝。

2.3.1.4 冬梢应避免抽生，及时抹除。

2.3.2 枝梢生长特性

丛生性强，顶端优势明显，枝条直立；具有顶芽自剪、假轴分枝习性。

2.4 叶

2.4.1 形态

常绿单身复叶，叶身与翼叶间有节，保留复叶的痕迹。叶椭圆形，叶缘呈不明显的钝锯齿状，先端微钝，顶端微凹，基部略圆，叶面浓绿光滑，背面绿色，油胞稍明显。

2.4.2 寿命

一般寿命17～24个月，长者达2～3年。叶以春梢发生量最多，正常落叶主要在每年春梢大量形成期。

2.5 花

2.5.1 形态

多为完全花，由花梗、萼片、蜜盘、花瓣、子房、花柱、柱头、花丝、花药等组成。

2.5.2 开花期

开花期因果园立地条件而异，一般3月上、中旬现蕾，4月上、中旬初花，4月中旬至5月初谢花，花蕾期约1个月，从现蕾到谢花约1个半月。

2.5.3 花芽分化期

果实成熟前后至春季萌芽前。

2.6 果实

2.6.1 果实形态

2.6.1.1 果实横径多为6.0～8.0cm，果形指数0.70～0.80，单果重120～160g。

2.6.1.2 果形扁圆或高扁圆形，顶部微凹，间有6～8条放射状沟纹，柱痕较大，有的呈小脐；蒂周常有6～8个瘤状突起，或呈放射条沟与棱起。

2.6.1.3 果皮橙黄色至深橙色，中等厚，有光泽，较坚硬，易剥皮。

2.6.1.4 囊瓣肥大，长肾形，9～12瓣，易分离；汁胞纺锤形，橙黄色。

2.6.1.5 种子长椭圆形，胚浓绿色，多胚。

2.6.2 生理落果

果实发育过程中有两次生理落果，第一次在谢花后开始，幼果连同果梗、萼片一起脱落，主要原因是花器发育不完全或授粉受精不良。第二次生理落果一般在5～6月，幼果从蜜盘处产生离层脱落，主要是营养物质或水分供应不足，致使胚中途停止发育造成落果。

3 树形

自然生长树冠多成为自然圆头树形或多主枝放射树形。

4 适应性

适应性广，适宜于山地、水田、平地等栽培，以南亚热带气候区红壤山地栽培效果最佳。

5 生物学年龄时期

山地栽培一般营养生长期2～4年，8～10年生后进入盛产期，盛产期可持续达40～50年生以上才进入衰老更新期。

6 果实经济性状

6.1 产量

嫁接苗定植后约3年开始结果，盛产期果园一般单产2 000～3 000kg/亩，平均株产40～75kg。

6.2 果品质量

果肉质地脆嫩，汁多化渣，甜酸适口。一般每100ml果汁含糖11～13g，酸0.5～1.0g，维生素C20～30mg，可溶性固形物10％～15％，可食部分占果实65％～75％。

永春芦柑 育苗技术规范

（DB35/T 105.3—2005）

前 言

《永春芦柑综合标准》分为五项标准：

——DB35/T 105.2《永春芦柑 芦柑品种》；

——DB35/T 105.3《永春芦柑 育苗技术规范》；

——DB35/T 105.4《永春芦柑 栽培技术规范》；

——DB35/T 105.5《永春芦柑 采收和采后处理技术规范》；

——DB35/369《永春芦柑 芦柑鲜果》。

本标准系第二项标准。

本标准于2000年9月30日首次发布，2005年3月21日第一次修订；对前版标准部分条文的一些提法、文字进行了适当修改。

本标准由福建省质量技术监督局、福建省农业厅提出。

本标准由福建省农业厅归口。

本标准起草单位：福建省农业市场信息办、永春县农业局、永春县质量技术监督局。

本标准主要起草人：陈跃飞、陈石榕、陈希鹏、黄国良。

本标准所代替标准的历次版本发布情况为：DB35/T 105.3—2000。

1　范围

本标准规定了永春芦柑嫁接育苗技术、苗木出圃和苗木假植的技术要求。

本标准适用于永春芦柑嫁接育苗。

2　规范性引用文件

下列文件中的条款通过本标准的引用而成为本标准的条款。凡是注日期的引用文件，其随后所有的修改单（不包括勘误的内容）或修订版均不适用于本标准，然而，鼓励根据本标准达成协议的各方研究是否可使用这些文件的最新版本。凡是不注日期的引用文件，其最新版本适用于本标准。

GB 5040　柑橘苗木产地检疫规程

GB/T 9659　柑橘嫁接苗分级及检验

GB 15569　农业植物调运检疫规程

3　育苗技术

3.1　苗圃选择

3.1.1　地面平整开阔，背风向阳，日照良好，坡度平缓。距离病虫害疫区 5km 以上。

3.1.2　土层深厚，疏松肥沃，排水良好，富含有机质，pH 5.5～6.5，以沙质壤土和轻壤土为宜。

3.1.3　水源充足、排灌方便。

3.1.4　交通运输方便。

3.1.5　苗圃地不宜连作育苗。

3.1.6　苗圃防疫措施按 GB 5040 中的有关规定执行。

3.2　砧木

3.2.1　砧木品种

3.2.1.1　福橘

福橘砧根系旺盛，主根明显，须根发达，嫁接后树冠较高大直立，产量高，果大皮薄质优，抗性强；但投产较迟，早期产量较低，树冠偏高大。

3.2.1.2　枳壳

枳砧主根浅，须根发达，嫁接后树冠较开张、矮化；砧部肥大皱褶，接穗部较小；早结丰产优质，抗病性强；但冬季易出现叶片黄化、落叶现象，果园易早衰。

3.2.2　种子的准备

3.2.2.1　种子的采收

采种母树必须品种纯正、生长健壮、无检疫性病虫害。采种用的果实必须充分成熟，枳壳亦可嫩籽采种。枳壳8～10月采种，福橘11～12月采种。取种后应及时洗净阴干至种皮发白，互不粘着，贮藏备用。

3.2.2.2　选种

播种前用水选或粒选严格选种，选择粒大、饱满、新鲜、无病虫害的种子。

3.2.2.3　消毒处理

播种前种子放于50～52℃热水中预浸5min，然后移入55～56℃的恒温热水中浸泡50min消毒，处理完毕立即摊开冷却，阴干后即可播种。

3.2.2.4　贮藏

种子如不立即播种，可用沙藏保存。将阴干的种子和洁净湿润的粗河沙均匀混合或分层堆放在室内阴凉通风处贮藏。河沙的用量为种子的3～4倍，河沙含水量约5%（以在手中能捏成团，放开手随即松散为度），堆积高度一般不超过50cm，在其表面加盖塑料薄膜等物保湿。贮后每隔10～15天检查一次，根据沙的干湿情况及时调整湿度，保持种子既不干枯又不霉烂。

3.2.3　播种

3.2.3.1　整地及施用基肥

苗地应提前1～2个月进行全园翻耕20～30cm，晒白，表土整细开畦。畦面宽约1m，畦高15cm，畦沟宽30cm，畦长依地形而定。畦四周比畦面略高，畦面平整。结合整地翻耕，每亩施用堆肥或土杂肥1 500～2 000kg，钙镁磷肥150kg等作基肥。

3.2.3.2　土壤消毒

结合整地深翻，撒施适当用量的农药，翻入土中以防治地下害虫。

3.2.3.3　播种时期

冬播在11月至次年1月，可随采随播；春播在2月中旬至3月中旬进行；枳壳嫩籽播种的，可在8～9月进行。

3.2.3.4　播种方法

可用撒播或条播。条播用宽幅条播，就地定苗、嫁接；在畦上开横沟，沟宽10～15cm，沟距20～25cm，沟深约2cm，种子均匀播在沟中。撒播的种子要均匀地撒在畦面上，粒距约1cm。播种后用木板将种子稍加镇压，使种子陷入土中，再盖上一层约1cm厚的火烧土或细沙土，以不见种子为度，并在畦面上盖一层3～5cm稻草，最后引水灌溉至土壤湿润。

3.2.3.5　播种量

福橘种子撒播时每亩用种量30～40kg，条播时20～30kg。枳壳种子撒播时50～60kg，条播时25～35kg。

3.2.3.6　播种后管理

播后应保持苗床土壤既湿润又不过湿。种子发芽后可逐渐抽去稻草，苗高10～15cm时，可将稻草全部去掉。苗木长出3～4片真叶时即可施肥，薄肥勤施，及时间苗除草，防治病虫害。

3.2.4 砧苗移植

3.2.4.1 移植时间

移植时间为 5～6 月。

3.2.4.2 移植方法

采用撒播的应及时移植，株距 12～15cm，行距 20～25cm；采用条播并拟就地嫁接育苗的，每隔 12～15cm 留一株小苗，其余的及时间苗移植。

3.2.4.3 移植后管理

移植后视土壤干湿情况，经常浇水；雨后松土除草，薄肥勤施，一般每月施肥一次，及时防治病虫害，抹除主干 10cm 以下的萌蘖，砧苗长至 30cm 时进行摘心，使砧木加粗生长达到嫁接标准。砧木距地面 5～10cm 处横径达 0.7～1.0cm 时可供嫁接。

3.3 接穗

3.3.1 母树选择

母树应选品种纯正、生长健壮、丰产稳产、无检疫性病虫为害的成年结果树。

3.3.2 建立采穗圃

建立采穗母本园，保证有充足、健壮的一年生春梢或秋梢作接穗。

3.3.3 接穗的采集

在枝条已充分成熟，新芽又未萌发时采穗。从采穗圃或健壮结果母树树冠中上部采集生长充实、芽眼饱满、粗细适中、枝面平直、叶片完整、叶色浓绿、无病虫害、已木质化但尚未萌发新芽的秋梢或春梢作接穗。不宜采集树冠下部、内膛郁蔽枝、徒长枝作接穗。采穗宜在静风、晴朗、露水干后的上午或下午阳光较弱时进行。采后立即剪去叶片，每 50～100 条扎成一捆，挂上标签。

3.3.4 接穗的贮藏

接穗随采随接成活率最高。未能及时嫁接的，应采取贮藏措施。短期运输贮藏的可每 100～200 条接穗用湿布或湿棉纸包裹，外包塑料薄膜保存。应保持湿润又防止过湿，并保持一定透气性；较长期贮藏的可用沙藏法，用含水量约 5％的湿润、清洁河沙，以手可捏成团、放手即松散为度；将捆扎好的接穗分层埋藏于沙内，最上层加盖湿麻袋或塑料薄膜以保持水分。贮后每隔 10～15 天检查一次，及时喷水调节湿度。

3.4 嫁接

3.4.1 嫁接方法

采用单芽切接。

3.4.2 嫁接时期

早春砧木树液开始流动至春芽萌发前进行。

3.4.3 操作要求

要求刀平手稳，削面平直光滑，削穗切砧深度恰到形成层，配穗时使接穗与砧木的形成层对准贴紧，用 0.02～0.04mm 厚、0.8～1.2cm 宽的聚乙烯带子露芽包扎，松紧适度。

3.4.4 嫁接后管理

3.4.4.1 检查补接

接后 20～30 天检查成活情况，未成活的及时补接。

3.4.4.2　抹芽解缚

及时抹去砧木上的萌芽，接穗新梢老熟后解除包扎的薄膜。

3.4.4.3　肥水管理

薄肥勤施，以充分腐熟的人粪尿为主，配合化肥施用。新梢抽出 10～15cm 时施第一次肥，春梢老熟夏梢抽发前施第二次肥，苗木摘心剪顶前要施足肥料，促进分枝和枝梢健壮。在每次新梢转绿期可根外追肥促进转绿。苗地应保持湿润，保证苗木正常生长。

3.4.4.4　病虫防治

及时防治各种病虫害。

3.4.4.5　摘心定干

接芽成活时，应选留一个生长良好、粗壮的枝梢，其余抹去。当苗木长至 30～40cm 时进行摘心定干，促其分枝，以后在主干上选留 3～4 个分布均匀、生长健壮的枝条培养作为主枝。

4　苗木出圃

4.1　分级

芦柑嫁接苗分级标准见表 1。

表 1　芦柑嫁接苗分级标准

砧　木	级　别	苗木高度 (cm)	苗木径粗 (cm)	每条主枝的长度 (cm)	符合长度的主枝条数 (条)	根　系
枳　壳	一　级	≥60	≥1.0	≥20	≥3	根系发达，主根长 20cm 以上，侧根 3 条以上
	二　级	≥45	≥0.8	≥15	≥3	
福　橘	一　级	≥75	≥1.0	≥20	≥3	
	二　级	≥50	≥0.8	≥15	≥3	
注 1：苗木高度自地面量至苗木顶端。						
注 2：苗木径粗以卡尺测量嫁接口上方 2cm 处最粗直径。						

4.2　检验

芦柑嫁接苗检验按 GB/T 9659 的规定执行。

4.3　出圃时期

符合出圃规格要求的苗木，可在嫁接后第二年春季或秋季出圃。春季出圃的可在春节前后苗木萌芽前进行，就近栽植的也可在 4 月下旬至 5 月上旬春梢老熟后雨天出圃；秋植的在 10～11 月秋梢停止生长、新梢木质化后出圃。一般以春季萌芽前出圃为佳。

4.4　起苗

起苗前 1～2 天，苗圃地要灌水使土壤湿透，减少挖苗伤根。就近栽植的可带土起苗。外运的可不带土起苗，不带土的苗木根系修剪后应沾上泥浆，保护根系。起苗后可根据整形要求，剪去多余的枝叶和嫩枝，并对根系作适当修剪。

4.5　检疫和消毒

苗木出圃前应剪除病虫为害的枝叶，喷一次 0.5～0.8 波美度的石硫合剂等。发现有检疫性病虫害的不可出圃，苗木产地检疫、调运检疫分别按 GB 5040 和 GB 15569 的规定执行。

4.6 包装和运输

苗木分级、检疫消毒、根系沾泥浆后，经适当晾干即可包装，包装材料可用稻草或编织袋。一般不带土的苗木，可30～50株包成一捆；带土的苗木宜单株包装。苗木包装后，应挂上标签，标明品种、砧木、等级、数量、出圃地和出圃日期等，取得当地植物检疫机关检疫证书后，即可装车起运。堆放苗木时不要挤得太紧，堆码不宜过高，以防发热而落叶。运输途中应防止日晒。

5 苗木的假植

5.1 假植的方法

不符合出圃规格的苗木或需大苗定植的可经假植一年后出圃。假植时应按苗木等级大小分开假植，一般株行距为40～50cm×60～70cm。

5.2 假植管理

薄肥勤施，春季疏除全部花蕾，夏秋梢及时摘心促进分枝，及时防治病虫害。

永春芦柑　栽培技术规范

（DB35/T 105.4—2005）

前　言

《永春芦柑综合标准》分为五项标准：

—— DB35/T 105.2《永春芦柑　芦柑品种》；

—— DB35/T 105.3《永春芦柑　育苗技术规范》；

—— DB35/T 105.4《永春芦柑　栽培技术规范》；

—— DB35/T 105.5《永春芦柑　采收和采后处理技术规范》；

—— DB35/369《永春芦柑　芦柑鲜果》。

本标准系第三项标准。

本标准于2000年9月30日首次发布，2005年3月21日第一次修订；与标准前一版本相比主要变化如下：

—— 按照NY 5014—2001《无公害食品　柑橘》、NY/T 5015—2002《无公害食品　柑橘生产技术规程》和NY 5016—2001《无公害食品　柑橘产地环境条件》等标准，对芦柑生产技术规范进行修订；

—— 对前版标准部份内容、条文的一些提法、文字进行适当修改。

本标准由福建省质量技术监督局、福建省农业厅提出。

本标准由福建省农业厅归口。

本标准起草单位：福建省农业市场信息办、永春县农业局、永春县质量技术监督局。

本标准主要起草人：陈跃飞、陈石榕、洪永生、黄国良。

本标准所代替标准的历次版本发布情况为：DB35/T 105.4—2000。

1　范围

本标准规定了永春芦柑栽培的生产目标、园地选择、园地规划、栽植、土壤管理、施肥、水分管理、树冠管理、花果管理、植物生长调节剂应用、病虫害防治的技术要求。

本标准适用于永春芦柑栽培。

2　规范性引用文件

下列文件中的条款通过本标准的引用而成为本标准的条款。凡是注日期的引用文件，其随后所有的修改单（不包括勘误的内容）或修订版均不适用于本标准，然而，鼓励根据本标准达成协议的各方研究是否可使用这些文件的最新版本。凡是不注日期的引用文件，其最新版本适用于本标准。

GB/T 8321（所有部分）农药合理使用准则

NY/T 5015—2002　无公害食品　柑橘生产技术规程

NY 5016—2001　无公害食品　柑橘产地环境条件

DB35/T 105.3—2005　永春芦柑　育苗技术规范

3　生产目标

3.1　产量目标

嫁接苗定植 3 年开始结果，单株产量 4 年生树≥5kg，6 年生树≥20kg，8 年生树≥40kg，10 年生以上树≥50kg。盛产期果园目标单产每亩 2 500～3 000kg，大小年结果幅度≤20％。

3.2　质量目标

一级以上优质果率 60％以上。

4　园地选择

4.1　气候条件

以年平均气温 18～21℃，≥10℃年积温 6 000～7 350℃，一月平均气温 8.5～12.5℃，极端最低气温历年平均值≥－3.5℃，极端最低气温≥－6℃；年日照时数 1 500～2 100h；年降雨量 1 500～2 100mm，空气相对湿度 75％～80％的地区为适宜。

4.2　土壤条件

以质地良好，疏松肥沃，土层深度≥80cm，地下水位 1m 以下，有机质含量＞1.5％，pH5.0～6.5 为宜。土壤环境质量应符合 NY 5016—2001 中的 4.4 的规定。

4.3　水质

灌溉水质量应符合 NY 5016—2001 中的 4.3 的规定。

4.4　大气质量

产地环境空气质量应符合 NY 5016—2001 中的 4.2 的规定。

4.5　地形地势

以海拔高度低于 600m，坡度 25°以下，坡向南坡、东南坡或东北坡为适宜；冬季易受寒害地区应避免选择北向坡。

5 园地规划

5.1 果园道路

主干道贯穿全园并与外路相通，能通行载重汽车；支道与主干道衔接并和果园小区相连，能通行拖拉机和小型果园机械；果园内还应规划人行耕作通道。

5.2 排灌设施

修筑必要的排灌和蓄水设施，使排灌方便，达到雨后不积水，干旱能灌溉。

5.3 营造防护林

山顶或陡坡不宜种果的地段，特别是果园的风口，应营造防护林。防护林选择适应性强的速生树种，并与芦柑没有共生性病虫害。

5.4 修筑梯田

坡地果园修筑等高梯田，梯田间距（行距）保持 4～4.5m，梯壁高不超过 1.2m 为宜；坡度较大的果园，梯台宽应达 3.5m 以上，在梯田后壁留草带或耕作通道，留足空间。梯田外沿筑梯埂，后挖背沟。梯面略向内倾斜，梯地水平走向应有 3‰～5‰ 的比降。梯田最高一层上面设拦洪沟，沿盘山道路内侧开好排水沟。

6 栽植

6.1 苗木质量

应符合 DB35/T 105.3—2005 中的 4.1、4.2 和 4.5 的规定。提倡种植脱毒苗、大苗壮苗，小苗可经假植后种植。

6.2 栽植时间

春植在春梢萌发前，或在春梢老熟后，秋植在秋梢老熟后进行，以春梢萌发前栽植为主。

6.3 栽植密度

永久性株行距 4～4.5m，每亩约种植 40 株；计划密植可在永久性株间加密 1 株。

6.4 栽植穴

挖长、宽各 1m，深 0.8～1.0m 的定植穴或壕沟定植，每 1m³ 分层压绿 50～100kg，石灰 1～2kg；上层每穴施饼肥 2～3kg 或其他优质有机肥料，磷肥 1～2kg，与土壤拌匀后回穴。植穴应在植前 2～3 个月准备完成，待填土沉实、肥料腐熟后种植。

6.5 栽植技术

6.5.1 苗木根部带土或沾上泥浆定植。

6.5.2 栽植后苗木根颈部应露出地表。

6.5.3 定植时根系要舒展，不能弯曲，浇足定根水，树盘覆草，及时浇水，直到成活。

7 土壤管理

7.1 深耕扩穴改土
7.1.1 深耕方法

苗木定植 2～3 年后逐年在定植穴或壕沟外全园扩穴改土，成年柑橘园长期耕作后可再行局部轮换深耕改土。

7.1.2 深耕深度

幼树扩穴改土 0.6～0.8m，成年树再次深耕 0.4～0.6m。

7.1.3 深耕时期

幼年果园深耕伤根少，对深耕时期要求不严格。成年果园深耕宜逐年局部轮换进行，不可一次伤根过重而影响生长。在冬季树体相对休眠期，或夏季 5～6 月、秋季 8～9 月新根发生高峰前进行深耕较为有利。

7.1.4 深耕结合施用有机肥和石灰

深耕应结合施用基肥、石灰等改土材料。一般每 1m³ 分层压填 50～75kg 绿肥或杂肥、1～2kg 石灰，上层施用 5～10kg 饼肥等优质有机肥料。

7.2 中耕翻土

每年或隔年结合冬季清园进行一次 15～20cm 深的全园中耕翻土，树干周围应浅耕。中耕翻土可结合施用基肥、石灰等改土材料改良土壤。

7.3 草生栽培

7.3.1 在深耕改土的基础上，果园施行自然草生栽培。

7.3.2 让果园自然生草，选留浅根、矮生、与芦柑无共生性病虫害的良性草，铲除恶性草。

7.3.3 草生果园在其旺盛生长季节和旱季到来之前，每年割草 3～4 次，覆盖树盘，控制青草高度。

7.3.4 幼年果园在树盘一定范围内不应施行草生，以免影响树体生长。

7.4 培土

坡地果园视水土流失状况每隔多年进行一次培土，可培入无污染或经无害化处理的土壤，每次培土约 10cm 厚，于冬季或高温干旱季节前进行。培土宜结合施用基肥、石灰改良土壤。建园时可在梯田后壁预留草带土墩，供培土之用。

7.5 覆盖

幼年柑橘园在高温干旱季节进行山草树盘覆盖，厚度 10～15cm。

7.6 套种

幼年果园可在树盘外套种豆科作物。

8 施肥

8.1 施肥原则

提倡多施有机肥，合理施用无机肥，叶片营养诊断配方施肥。所施用的肥料应为农业行政主管部门登记或免于登记的肥料。

8.2 肥料种类

包括有机肥料、微生物肥料、化肥和叶面肥料等。

8.3 施肥方法

8.3.1 土壤施肥

有机肥宜结合深耕改土或中耕翻土施用，化肥浅施，磷肥与有机肥混合深施，化肥与有机肥配合施用。施肥时在树冠滴水处周围开深、宽 20～25cm 的环状沟、放射沟或条状沟施肥；结合果园深耕、中耕翻土施肥；多雨季节施氮、钾化肥也可用撒施，施后耙入土中；施肥的方法和位置应经常轮换。不可过量集中施肥，以免对根系或树体生长造成伤害。

8.3.2　根外追肥

可结合喷施农药进行叶面追肥，以补充树体营养或矫治缺素症。果实采收前 20 天内停止叶面追肥。

8.4　施肥时期

8.4.1　幼年树

冬季施用基肥，春、夏、秋梢每次梢前施一次肥，在新梢转绿期给予追肥或根外追肥。

8.4.2　成年树

8.4.2.1　土壤肥力基础较差的果园，应保证施肥次数：

a）采果肥

结果多、树势弱可在采前施些速效肥，采后重施基肥；树势好，结果适中集中在采后施用。全年的有机肥可集中在采后施用。

b）萌芽肥

春梢萌发前约半个月施用，生长强旺的初结果树可少施或不施萌芽肥，萌芽肥以氮肥为主。

c）稳果肥

在谢花后施用。初结果树和树势旺、花果量少的树应少施或不施。切忌施用过量氮肥促发夏梢加剧落果。除施适量氮肥外，结合施磷、钾、镁肥。

d）壮果肥

于 7 月上中旬施用，以氮、钾为主；依结果量调整氮肥用量。

8.4.2.2　土壤肥力基础好的成年果园，可减少施肥次数。把全年的有机肥料和约占全年 50％的化学肥料集中在采后春梢前施用，将剩余的化学肥料于生理落果结束，着果稳定后 7 月上中旬施用。应保证有机肥用量和选用缓效性复合肥料。

8.4.2.3　成年芦柑园施肥时期及肥料分配率推荐方案见表 1。

表 1　成年芦柑园施肥时期及肥料分配率推荐方案（％）

肥料类别		果实采收后（基肥）（12～1 月）	春梢萌发期（2 月）	开花幼果期（4～5 月）	果实发育期（7 月）
有机肥料		100			
化肥	氮肥	20～25	25	20	30～35
	磷肥	60		20	20
	钾肥	30		20	50
注1：营养基础好的果园，以采收后春梢前和果实发育期施肥为主，年施肥 2～3 次。 　2：营养基础较差的果园，应在芦柑采后、春梢萌发、开花幼果和果实发育等时期及时施肥。					

8.5　施肥量

推荐的施肥用量见表2。

表2　柑橘园三要素推荐用量与换算肥料用量（kg/株·年）

肥料种类名称		幼树（树龄）			成年树（株产）					
		一年生	三年生	五年生	20 kg/株	40 kg/株	60 kg/株	90 kg/株	120 kg/株	150 kg/株
三要素	氮（N）	0.20	0.30	0.40	0.45	0.75	0.90	1.10	1.30	1.50
	磷（P_2O_5）	0.05	0.07	0.14	0.15	0.25	0.30	0.40	0.50	0.60
	钾（K_2O）	0.05	0.07	0.14	0.225	0.375	0.45	0.60	0.75	0.90
肥料量	油桐饼	1.50	2.00	2.50	3.00	5.00	7.50	10.0	11.5	12.5
	尿素	0.43	0.65	0.87	0.98	1.63	1.96	2.39	2.83	3.26
	钙镁磷	0.28	0.40	0.78	0.83	1.39	1.67	2.22	2.78	3.33
	硫酸钾	0.10	0.14	0.28	0.45	0.75	0.90	1.20	1.50	1.80

注：1. 三要素推荐用量不含有机肥成分。

2. 尿素按含氮（N）46%，钙镁磷含磷（P_2O_5）18%，硫酸钾含钾（K_2O）50%换算肥料用量，使用不同肥料可按其纯含量换算用量。

3. 土壤肥力基础好、有机肥用量多、肥效高的果园，表中推荐的化学氮肥用量尚可减少20%～30%。

4. 隔年每亩施用石灰50～100kg，直至土壤pH≥5.5。

9　水分管理

9.1　灌溉

芦柑树在春梢萌动、开花期（3～5月）和果实膨大期（7～10月）对水分敏感，若发生干旱应及时灌溉。

9.2　排水

多雨季节或果园积水时应及时排水。

10　树冠管理

10.1　保持独立树冠

保持树体之间不相互交叉、有一定间距的独立树冠。成年树冠以控制冠幅4～4.5m、树高3m以内，树冠间距25cm以上为宜。

10.2　培育自然开心树形

自然开心树形主干高25～30cm，一般主枝3个，主枝与水平成60°～70°角向三方向开展延伸；每个主枝上配2～3个副主枝，副主枝与水平约成20°角；着生在副主枝上的侧枝可从水平到20°角。副主枝与侧枝应均匀分布，相互错开。

10.3　枝梢管理技术

10.3.1　幼年树

10.3.1.1　管理要点

未结果幼年树枝梢管理的目标为培育大量枝梢，促进树冠形成。可通过夏、秋梢摘心,抹芽放梢等措施促进树冠生长。

10.3.1.2 夏、秋梢摘心

夏、秋梢当能分辨基部 8～10 片叶时摘心去顶,长度控制在 20～25cm。结果前一年秋梢不宜摘心,以免花少果少。

10.3.1.3 抹芽放梢

在夏、秋梢 3～5cm 时进行抹除,每隔一段时间抹一次,直至所要求的时间停止抹芽,放梢生长。结果前幼树一般一年留 3 次梢,一是春梢,二是 5 月下旬至 6 月中旬放夏梢,三是 8 月中旬放秋梢。初结果树应抹除早夏梢以提高坐果率,于芦柑生理落果结束,坐果稳定后 6 月底至 7 月初适量放夏梢,8 月中旬放秋梢。随着结果量增多,一年留 2 次梢,一为春梢,二于 7 月下旬至 8 月上旬放晚夏梢或秋梢。

10.3.2 初结果树

枝梢管理的目标为继续扩大树冠和不断提高产量。可通过控夏梢提高坐果率,促发秋梢加速树冠充分形成和增加结果母枝数量。

10.3.3 成年树

宜通过修剪,把春梢结果枝控制在春梢总数的 45%～50%,另 50%～55% 春梢营养枝培育为翌年主要结果母枝,控制减少夏、秋梢抽发的数量。

10.4 修剪技术

10.4.1 修剪时期

采果后春梢萌发前冬剪为主,6 月中旬至 7 月上旬夏剪为辅。

10.4.2 技术要点

芦柑丛生性强,枝条直立,顶端优势明显,修剪时应抑强扶弱,抑上促下,开张枝条角度,促进中下部的芽萌发抽梢。对较长的夏秋梢及时摘心,降低分枝位置。树冠上部及时疏去生长过旺的直立强枝,抑制徒长;下部去弱留强,选优去劣,均衡生长势。密生的枝群应及时疏剪,及时疏除或拉、撑直立、交叉、重叠的大枝,使枝干分布合理,从属分明,通风透光。不断回缩更新衰弱枝组,保持枝梢生长健壮,丰产稳产。提倡采用大枝简化修剪为主的修剪技术。

10.5 矫形修剪

芦柑自然生长的树冠多数成为主枝众多而紊乱的自然圆头形或多主枝放射树形,宜进行矫形修剪,改造为自然开心树形。

10.5.1 主枝的确定

自然生长的树冠无明确的主枝,改造时应确定选留 3～4 个主枝,选择与水平成 60°～70°角,直立伸展,弯曲少,比较均衡配置于各方的主枝。对遮面大的中央直立主枝要坚决除去。选留的主枝过高时应予回缩,矮化树冠。

10.5.2 副主枝的配置

副主枝与水平成约 20°角开张为宜,副主枝之间要保持一定的间距,使树体呈一定层性。越在下方的副主枝宜越长,渐向上的宜渐短,使树冠呈三角形。

10.5.3 侧枝的改造

侧枝应依次配置在骨干枝上,下部的长,渐向上则渐短,使其绿叶层略呈长三角形。

10.5.4　改造注意事项

郁蔽果园应先行疏伐使树冠成为独立树形，生长势较弱的果园应先行改土增肥再进行树冠改造。树冠改造不可操之过急和过份强调树形，应因树随势矫形，对多余主枝的去除和选留主枝顶端的回缩，均应分年进行。

10.6　疏伐改造郁蔽果园

计划密植果园即将封行时应保证永久树的生长，对临时加密树逐年缩伐，最后全株间伐。对非计划密植的不规则郁蔽果园应视具体情况确定永久树，对影响永久树生长的临时树的大枝逐年缩伐，2～3 年内间伐临时树。每亩约植 50 株，株间部分交叉郁蔽的果园，可对树冠大枝轮换回缩更新修剪，矮化缩小树冠，既解决通风透光条件又更新树冠。

11　花果管理

11.1　保花保果

主要通过田间常规栽培措施保证适宜结果量。对适龄不结果或适龄低产园，在加强管理的基础上，可采取环割、扭枝等适当措施促进结果。不宜片面追求产量而采取各种保花保果措施。

11.2　疏花疏果

首先在冬季通过修剪控制结果母枝数目，调整结果枝与营养枝比例；次年大年结果的树，冬季对树冠外围的部分枝条进行短截、回缩，减少花量，增加春梢营养枝。其次在生理落果结束，稳果后分期进行人工疏果；疏去病虫为害、机械损伤的幼果，畸形果，容易日烧部位的果实，树冠内部日照差没有商品价值的果实及过度密生的果实。盛产期果园以控制亩产 2 500～3 000kg 为宜。

12　植物生长调节剂应用

12.1　使用原则

尽量避免使用植物生长调节剂，宜通过农业栽培措施实现优质、高效、安全生产目标。允许有限度使用能改善树体生长状况、提高果实产量、改善品质，并对环境和人体健康无害的植物生长调节剂。

12.2　使用技术

使用的植物生长调节剂种类应符合 NY/T 5015－2002 中的 3.6 的规定。要严格按照规定的浓度、时期和次数使用，安全间隔期（最后一次使用距采果的天数）在 20 天以上。

13　病虫害防治

13.1　防治原则

改善果园生态环境，综合运用各种防治措施，创造不利于病虫害发生和有利于天敌繁衍的环境条件，保持果园生态系统的平衡和生物多样化，减少病虫害的发生。坚持"预防为主，综合防治"的植保方针，提倡以农业防治、物理防治和生物防治为主，按照病虫害的发生规律和经济阀值，科学使用化学防治技术，有效控制病虫危害。

13.2 植物检疫

禁止检疫性病虫害从疫区传入保护区，保护区不得从疫区调运苗木、接穗、果实和种子，一经发现立即销毁。

13.3 农业防治

优先采用农业措施，通过改善生态环境，选用抗病品种、砧木，疏伐郁蔽果园、培育自然开心树形、矮化树体、施行草生栽培，保证果园通风、排水、日照良好，园地清洁，加强管理健壮树势，提高树体自身抗病虫能力。

13.4 物理机械防治

可利用灯光、色彩诱杀害虫，机械或人工捕捉害虫。

13.5 生物防治

使用苏云金杆菌、苦·烟水剂等生物农药防治病虫。利用性诱剂诱杀害虫。

13.6 化学防治

13.6.1 农药使用

13.6.1.1 积极采用生物防治，多用生物农药、矿质农药，尽量少用化学农药。

13.6.1.2 不得使用的高毒、高残毒农药：六六六，滴滴涕，毒杀芬，二溴氯丙烷，杀虫脒，二溴乙烷，除草醚，艾氏剂，狄氏剂，汞制剂，砷、铅类，敌枯双，氟乙酰胺，甘氟，毒鼠强，氟乙酸钠，毒鼠硅，甲胺磷，甲基对硫磷，对硫磷，久效磷，磷胺，甲拌磷，甲基异柳磷，特丁硫磷，甲基硫环磷，治螟磷，内吸磷，克百威，涕灭威，灭线磷，硫环磷，蝇毒磷，地虫硫磷，氯唑磷，苯线磷等以及国家规定禁止使用的其他农药。

13.6.1.3 使用药剂防治应符合 GB/T 8321（所有部分）的要求，严格控制施药量、施用次数与安全间隔期，注意不同作用机理的农药交替使用和合理混用，避免产生抗药性。

13.6.2 防治要点

坚持田间观测，加强病虫测报，以防为主，及时准确地开展病虫防治。重视冬季清园消灭越冬病虫，减少病虫源；歼灭春季第一代病虫，压低病虫基数；控制夏、秋季病虫盛发期。

主要病虫害防治要点见表3。

表3 主要病虫害防治要点

病虫名称	防治要点
疮痂病	春梢萌芽 2～4mm 和谢花三分之二时为主要防治时期。
炭疽病	增施钾肥，增强树势；重点 4～5 月和 8～9 月保梢和防治果柄炭疽。
黄龙病	种植无病苗木，加强栽培管理，增强树势，重视防治木虱，及时挖除病树。
砂皮病	春梢萌发、开花幼果期及时喷药保护；多年发病果园在幼果期和暴风雨过后要增加用药次数。
红蜘蛛	越冬期、4 月份第一次发生高峰期和 9 月份第二次发生高峰期为防治重点时期。
锈壁虱	越冬期、5 月初发期、7～9 月盛发期重点防治。
蚧 类	越冬清园，5 月中旬至 6 月上旬第一代幼蚧高峰期，7 月中旬至 8 月上旬第二代幼蚧高峰期，9 月中下旬第三代幼蚧高峰期重点防治。
粉虱类	各代 1～2 龄幼虫盛发期是药剂防治的最佳时期，其中 4 月下旬至 5 月上中旬第一代 1～2 龄幼虫盛发期是一年中防治的关键时期。

（续）

病虫名称	防治要点
蚜　虫	春、夏、秋梢抽发期注意防治。
潜叶蛾	在夏、秋梢抽出 1～2cm 时，间隔 5～7 天连续用药 2～3 次。
木　虱	春、夏、秋梢新梢嫩芽期用药防治。

永春芦柑　采收和采后处理技术规范

（DB35/T 105.5—2005）

前　言

《永春芦柑综合标准》分为五项标准：

——DB35/T 105.2《永春芦柑　芦柑品种》；

——DB35/T 105.3《永春芦柑　育苗技术规范》；

——DB35/T 105.4《永春芦柑　栽培技术规范》；

——DB35/T 105.5《永春芦柑　采收和采后处理技术规范》；

——DB35/369《永春芦柑　芦柑鲜果》。

本标准系第四项标准。

本标准于 2000 年 9 月 30 日首次发布，2005 年 3 月 21 日第一次修订；对前版标准部分条文的一些提法、文字进行了适当修改。

本标准由福建省质量技术监督局、福建省农业厅提出。

本标准由福建省农业厅归口。

本标准起草单位：福建省农业市场信息办、永春县农业局、永春县质量技术监督局。

本标准主要起草人：陈跃飞、陈石榕、颜惠斌、黄国良。

本标准所代替标准的历次版本发布情况为：DB35/T 105.5—2000。

1　范围

本标准规定了永春芦柑的采收、采后处理、贮藏等技术要求。

本标准适用于永春芦柑的采收和采后处理。

2　规范性引用文件

下列文件中的条款通过本标准的引用而成为本标准的条款。凡是注日期的引用文件，其随后所有的修改单（不包括勘误的内容）或修订版均不适用于本标准，然而，鼓励根据本标准达成协议的各方研究是否可使用这些文件的最新版本。凡是不注日期的引用文件，其最新版本适用于本标准。

DB35/369　永春芦柑　芦柑鲜果

3 采收

3.1 采收时期

3.1.1 贮藏或长途运输销售用果于果皮转色 1/2～2/3，11 月中旬至 12 月上旬分期采收。

3.1.2 采后就地销售用果于果实全面转色，11 月底至 12 月中旬采收。

3.1.3 加工果汁、果酱用果在充分成熟时采收，制糖水橘瓣罐头的在八至九成熟时采收。

3.2 采收工具

3.2.1 采果应使用圆头且刀口锋利的专用采果剪。

3.2.2 采果篓用塑料桶或竹编果篓，容量 5～7.5kg，竹编果篓内要衬垫棕皮或编织布。

3.2.3 果园内短途搬运果实的容器用容量约 25kg 的竹篓、木箱或塑料箱，需用车辆运输的用木箱或塑料箱，竹篓内应衬垫棕皮或编织布，以塑料周转箱最佳。

3.2.4 采果梯用 2～4m 高双面梯。

3.3 采收方法

3.3.1 采果应在晴天露水干后进行。

3.3.2 采收人员应剪平指甲。

3.3.3 采收时应由下而上，由外到内顺序进行。

3.3.4 果实离采收者近时采用一次剪法采收；离人较远时采用二次剪法，即第一剪离果蒂 1～2cm 处剪下，第二剪齐果蒂剪平；不可拉果伤蒂。

3.3.5 采收搬运要小心谨慎，轻拿轻放轻运，避免损伤。

3.3.6 采后果实不应受到日晒雨淋。

3.3.7 要根据果实成熟度分批采收。

4 采后处理

4.1 分级

4.1.1 果实分级按 DB35/369 的规定执行。

4.1.2 果实分级在采果后进仓前进行。

4.2 药剂处理

4.2.1 采后近距离速销的可不进行药剂处理，不单果包装，直接装箱运销。

4.2.2 长途运销或用于贮藏的果实，采收当天分级后进仓前进行防腐保鲜药剂处理，药剂使用应符合国家有关规定。

4.3 预贮发汗

药剂处理后果实在通风处预贮发汗，一般 5～7 天，视果实水分状况和预贮场所通风条件而定。

4.4 包装

4.4.1 预贮发汗后用于贮藏的果实用约 0.02mm 厚的高压聚乙烯薄膜袋单果包装，马上外运销售的也可用其他包裹纸（袋）单果包装。包装材料不应对果实造成损伤，其卫生要求应符合国家有关规定。

4.4.2 单果包装后不用于贮藏的果实可装箱运销。

5　贮藏

5.1　装箱贮藏

经预贮发汗、单果包装后的果实用容量不超过 25kg 的木箱或塑料箱装果贮藏。

5.2　贮藏条件

以温度 5～8℃，相对湿度 85％左右最佳。

5.3　贮藏仓库

采用墙体隔热、能自然通风换气的专用仓库最佳。阴凉通风的普通仓库或民房也可用于贮藏。

5.4　仓库管理

5.4.1　最重要为通风降温，库内果箱排列应留有通风道，利用昼夜温差，通过通风窗口、孔道自然通风换气，保持库内通风和较低的温度。

5.4.2　仓库应清洁卫生，不得与有毒、有害、有异味物品混贮；并注意防止鼠害。

5.5　贮藏期限

3～4 个月。

5.6　出库

出库时剔除烂果等不合格果实，装箱运销。

永春芦柑　芦柑鲜果

（DB35/369—2005）

前　言

本标准中的 4.4 卫生要求为强制性条款，其余为推荐性条款。

《永春芦柑综合标准》分为五项标准：

——DB35/T 105.2《永春芦柑　芦柑品种》；

——DB35/T 105.3《永春芦柑　育苗技术规范》；

——DB35/T 105.4《永春芦柑　栽培技术规范》；

——DB35/T 105.5《永春芦柑　采收和采后处理技术规范》；

——DB35/369《永春芦柑　芦柑鲜果》。

本标准系第五项标准。

本标准于 1999 年 12 月 19 日首次发布，2000 年 9 月 30 日第一次修订，2005 年 3 月 21 日第二次修订；与标准前一版本相比主要变化如下：

——按照农业部发布实施的 NY 5014—2001《无公害食品　柑橘》，对芦柑鲜果安全卫生指标进行修订；

——芦柑鲜果等级划分由原分为特级、一级、二级三个级别，每级分为Ⅰ等、Ⅱ等改为分为一等、二等二个等次，每等分为特级、一级、二级。并对各等级果实感官与理化指标进行相应修改。

本标准由福建省质量技术监督局、福建省农业厅提出。

本标准由福建省农业厅归口。

本标准起草单位：福建省农业市场信息办、永春县农业局、永春县质量技术监督局。

本标准主要起草人：陈跃飞、陈石榕、洪永生、黄国良。

本标准所代替标准的历次版本发布情况为：

——DB35/369—1999；

——DB35/369—2000。

1 范围

本标准规定了永春芦柑的等级划分，质量要求，试验方法，检验规则，标志、标签与包装，运输与贮存的技术要求。

本标准适用于永春芦柑鲜果的生产、销售。

2 规范性引用文件

下列文件中的条款通过本标准的引用而成为本标准的条款。凡是注日期的引用文件，其随后所有的修改单（不包括勘误的内容）或修订版均不适用于本标准，然而，鼓励根据本标准达成协议的各方研究是否可使用这些文件的最新版本。凡是不注日期的引用文件，其最新版本适用于本标准。

GB 191　包装储运图示标志

GB/T 5009.11　食品中总砷及无机砷的测定

GB/T 5009.12　食品中铅的测定

GB/T 5009.17　食品中总汞及有机汞的测定

GB/T 5009.20　食品中有机磷农药残留量的测定

GB/T 5009.38　蔬菜、水果卫生标准的分析方法

GB/T 5009.102　植物性食品中辛硫磷农药残留量的测定

GB/T 5009.104　植物性食品中氨基甲酸酯类农药残留量的测定

GB/T 5009.145　植物性食品中有机磷和氨基甲酸酯类农药多种残留的测定

GB/T 5009.146　植物性食品中有机氯和拟除虫菊酯类农药多种残留的测定

GB/T 5009.147　植物性食品中除虫脲残留量的测定

GB/T 6388　运输包装收发货标志

GB 7718　预包装食品标签通则

GB/T 8210　出口柑橘鲜果检验方法

GB/T 8855　新鲜水果和蔬菜的取样方法

GB/T 10547　柑橘储藏

GB/T 13607　苹果、柑橘包装

NY 5014　无公害食品　柑橘

DB35/T 105.5—2005　永春芦柑　采收和采后处理技术规范

3　等级划分

永春芦柑鲜果按果实感官与理化指标分为一等、二等二个等次，每个等次按果实横径不同分为特级、一级、二级。

4　质量要求

4.1　感官指标要求见表 1。
4.2　果实横径指标见表 2。
4.3　理化指标要求见表 3。
4.4　安全卫生指标应符合 NY 5014 的规定（指标要求见表 4）；出口销售应符合进口国有关规定。

表 1　感官指标

项　目	一　等	二　等
基本要求	果实完整、新鲜，具芦柑品种特征，无异常滋味和气味，果面洁净，果形正常。果蒂完整，剪口平齐。不得有浮皮、枯水、水肿和萎蔫现象。不得有未愈合的损伤、裂口，不得有变质果、腐烂果和显示腐烂迹象的果。	
果　形	果形整齐，无畸形果。	果形基本整齐，无畸形果。
色　泽	正常着色面积不少于果皮的 80%。	正常着色面积不少于果皮的 60%。
果　面	果皮光滑。	果皮尚光滑。
缺　陷	枝叶磨伤斑痕、色斑、油斑、日灼斑、锈螨蚧类和一切非正常果皮斑迹、附着物，其分布面积合并计算不超过果皮总面积的 10%。	枝叶磨伤斑痕、色斑、油斑、日灼斑、锈螨蚧类和一切非正常果皮斑迹、附着物，其分布面积合并计算不超过果皮总面积的 15%。

表 2　果实横径指标

级　别	果实横径，mm
特　级	＞80～≤90
一　级	＞70～≤80
二　级	＞60～≤70

表 3　理化指标

项　目	一　等	二　等
可溶性固形物，%	≥11.0	≥10.0
总酸，%	≤0.8	≤1.0
可食率，%	≥70	≥65

表 4　安全卫生指标（mg/kg）

项　目	指　标
砷（以 As 计）	≤0.5
铅（以 Pb 计）	≤0.2
汞（以 Hg 计）	≤0.01
甲基硫菌灵（thiophanatemethyl）	≤10
毒死蜱（chlorpyrifos）	≤1
杀扑磷（methidathion）	≤2
氯氟氰菊酯（cyhalothrin）	≤0.2
氯氰菊酯（cypermethrin）	≤2
溴氰菊酯（deltamerthrin）	≤0.1
氰戊菊酯（fenvalerate）	≤2
敌敌畏（dichlorvos）	≤0.2
乐果（dimethoate）	≤2
喹硫磷（quinalphos）	≤0.5
除虫脲（diflubenzuron）	≤1
辛硫磷（phoxim）	≤0.05
抗蚜威（pirimicarb）	≤0.5
注：禁止使用农药在柑橘果实中不得检出。	

5　试验方法

5.1　感官、可溶性固形物、总酸量、可食率、果实横径检验
按 GB/T 8210 规定执行。

5.2　砷的测定
按 GB/T 5009.11 规定执行。

5.3　铅的测定
按 GB/T 5009.12 规定执行。

5.4　汞的测定
按 GB/T 5009.17 规定执行。

5.5　甲基硫菌灵的测定
按 GB/T 5009.38 规定执行。

5.6　毒死蜱、杀扑磷的测定
按 GB/T 5009.145 规定执行。

5.7　氯氟氰菊酯、氯氰菊酯、溴氰菊酯和氰戊菊酯的测定
按 GB/T 5009.146 规定执行。

5.8　敌敌畏、乐果、喹硫磷的测定
按 GB/T 5009.20 规定执行。

5.9　除虫脲的测定

按 GB/T 5009.147 规定执行。

5.10　辛硫磷的测定

按 GB/T 5009.102 规定执行。

5.11　抗蚜威的测定

按 GB/T 5009.104 规定执行。

6　检验规则

6.1　组批规则

同一生产单位、同等级、同一包装日期的柑橘作为一个检验批次。

6.2　抽样方法

按照 GB/T 8855 规定执行。

6.3　交收检验

每批产品交收前，生产单位都应进行交收检验，检验内容包括感官指标、果实横径、净含量、包装、标志、标签，检验合格并附合格证的产品方可交收。

6.4　型式检验

型式检验的内容为本标准中质量要求所规定的所有项目。在正常生产时每年至少要进行一次型式检验；国家质量监督机构、主管部门提出要求或购销合同有要求时也应进行型式检验。

6.5　容许度
6.5.1　重量差异

产地交货净重不得低于标示的重量；销售地交货净失重应在标示重量的 2% 以内。

6.5.2　质量差异

按照表 1 感官要求，不符合其中任何一项指标要求的果实以个数计不得超过 5%；其中腐烂果产地交货不得出现，销售地交货不得超过 2%。

6.5.3　大小差异

与标示级别不相符的相邻级别的果实以个数计不得超过 5%，不得出现隔级果。

6.6　判定规则

每一等次和级别的果实必须符合该等次和级别的要求。其中卫生指标有一项不合格，或重量、质量、大小差异超过容许度时，即判定该产品不合格。各项指标均符合一等品要求时，定为一等品；其中感官指标和理化指标部分项目符合一等品要求，其余符合二等品要求时，定为二等品；有一项或多项不符合二等品最低要求时，则判该产品不合格。

抽检指标有不合格的，应加倍抽样对不合格项进行复检，复检不合格则判该项指标不合格；若复检合格，应再取一份样品作第三次检验，以第三次检验结果为准。

6.7　检验期限

交收检验应在产地交货或货到目的地 24h 以内检验。

7 标志、标签与包装

7.1 标志

包装储运图示标志应符合 GB 191 规定；运输包装收发货标志应符合 GB/T 6388 规定。

7.2 标签

按 GB 7718 规定执行。

7.3 包装

7.3.1 果实单果包装按 DB35/T 105.5—2005 中的 4.4 规定执行。

7.3.2 运销果实一般用容量 5～15kg 的纸箱包装，每一果箱只能装同一等次、同一级别的果实。

7.3.3 每批次包装箱规格应做到一致，其规格质量按照 GB/T 13607 规定执行。

8 运输与贮存

8.1 运输

8.1.1 短途运输

果实采收后由果园至收购站、包装场、仓库或本地销售的短途运输要求轻装轻运、轻拿轻放。

8.1.2 长途运输

8.1.2.1 果实采后应及时进行防腐保鲜药剂处理，预贮发汗后用聚乙烯薄膜或其他包裹纸单果包装后装箱运输。

8.1.2.2 及时运输，快装、快运、快卸，轻装轻放。

8.1.3 运输工具

运输工具必须清洁、干燥、卫生、无异味；注意通风、防晒、防冻与防雨；不得与有毒、有害、有异味物品混运。

8.2 贮存

8.2.1 常温贮存按 GB/T 10547 规定执行。

8.2.2 冷库贮存须经 2～3 天预冷，保持库内温度 5～8℃、相对湿度 85％左右最佳。

8.2.3 贮存场所应清洁卫生，不得与有毒有害物品混存混放，注意防止鼠害。

后记

　　明、清年间，永春县已有柑橘栽培的相关记载，但数百年间仅零星种植。20 世纪 50 年代成片栽培试验获得成功后，历经 60～70 年代推广种植、80～90 年代快速发展、90 年代中期后的转型升级，永春芦柑生产从无到有，从少到多，从多到强，成为柑橘出口量连续 10 多年居全国首位的著名"中国芦柑之乡"。在数十年发展历程中，展现了永春人民艰苦创业、开拓进取、科学发展的精神。组织编纂《永春芦柑志》，记载产业发展历程，以史为鉴，承前启后，继往开来，提供交流，具有重要意义。

　　2008 年 3 月，永春县地方志编纂委员会在《永春县二轮修志专志、乡镇志、村志编纂规划》中把《永春芦柑志》列入专志编纂规划。2015 年 6 月，县志办公室与县农业局商议确定组织编纂《永春芦柑志》。《永春芦柑志》由永春县农业局原副局长、农业技术推广研究员陈跃飞，永春县县志办公室原主任林士农和福建农林大学园艺学院原院长、果树学教授潘东明编纂。陈跃飞执笔撰写初稿，林士农、潘东明分别对文稿进行修改补充，讨论定稿。2017 年 5 月完成初稿，送请邱筱彬、汪立新、陈丽红、颜志嘉等审阅，提出修改的意见和看法。全志于 2018 年 2 月编纂完稿。

　　编纂过程中，得到众多单位和有关人士的热情帮助与鼎力支持，在此一并致谢。由于编者水平有限，志中不足之处在所难免，敬请专家、读者批评指正。

编　者

2018 年 3 月

图书在版编目（CIP）数据

永春芦柑志/永春县农业局，永春县地方志编纂委
员会办公室编纂．—北京：中国农业出版社，2018.6
　　ISBN　978-7-109-24068-1

Ⅰ.①永…　Ⅱ.①永…②永…　Ⅲ.①柑－作物经济
－农业经济史－永春县　Ⅳ.①F326.13

中国版本图书馆 CIP 数据核字（2018）第 080874 号

中国农业出版社出版
（北京市朝阳区麦子店街 18 号楼）
（邮政编码 100125）
责任编辑　姚　红　王琦瑢
————————————
中国农业出版社印刷厂印刷　　新华书店北京发行所发行
2018 年 6 月第 1 版　　2018 年 6 月北京第 1 次印刷
————————————
开本：787mm×1092mm　1/16　印张：14　插页：16
字数：312 千字
定价：78.00 元
（凡本版图书出现印刷、装订错误，请向出版社发行部调换）